珍藏本
纪念版

汉译世界学术名著丛书

征服新西班牙信史

下册

〔西〕贝尔纳尔·迪亚斯·德尔·卡斯蒂略 著

林光 江禾 译

商务印书馆
SINCE 1897 The Commercial Press

2017年·北京

HISTORIA VERDADERA DE LA CONQUISTA DE LA NUEVA ESPAÑA

(2)

por

Bernal Dìaz del Castillo

Editora del Consejo Nacional de Cultura

LA HABANA, 1963

根据古巴国家文化委员会出版社 1963 年版译出

本书在翻译中参考了下列版本：Edición de Miguel León-Portilla (tercera edición. 1985; Madrid, España)

本书承西班牙文化部图书总局资助翻译出版

目　　次

第一百十四章

我们急行军奔赴墨西哥城

佩德罗·德·阿尔瓦拉多被围及墨西哥城发生动乱的消息传来，开拓帕努科和瓜萨夸尔科的行动，随即停止。科尔特斯料想，纳瓦埃斯的旧部必不甘心随同我们前去救援，便去说服他们，许以财富和官职，要他们抛弃前嫌，因为他们前来就是为了谋生，既已来到可为天主和国王陛下效力的国度，他们定能发财致富。他为他们费了不少唇舌，他们才异口同声表示愿意同往——他们若知墨西哥的兵力，肯定谁也不会去了。

我们立刻急行军来到特拉斯卡拉，在此处得知，蒙特苏马及其首领在获悉我们击溃纳瓦埃斯之前，一直不停地攻打阿尔瓦拉多，且已击毙他手下七名兵士，焚烧了他们的住所；获悉我们得胜后，他们才停止攻打。但是，听说蒙特苏马从未下令供应水和粮食给阿尔瓦拉多及其手下官兵，他们因而困顿不堪。

我们刚刚到达特拉斯卡拉，当地的印第安人便将这一消息告诉我们。科尔特斯立即下令清点所率部众，查明我们的人马和纳瓦埃斯的人马，合计有兵士一千三百余人，马九十六匹，弩弓手八十名，火枪手亦为八十名；科尔特斯认为，带领这些人马便可安然进入墨西哥城。此外，特拉斯卡拉的酋长们还交给我们两千名印第安武士。

我们随即急行军到达特斯库科，该城首领一个也不露面来迎接我们，整个城池十室九空。1520 年 6 月圣约翰节那天我们到达墨西哥城，当时酋长们、统领们以及我们认识的印第安人，均未在街上露面，所有的房屋也都不见人影。

我们走到往日居住的住所时，蒙特苏马到院子里与科尔特斯说话，拥抱他，迎接他，祝贺他战胜纳瓦埃斯。科尔特斯既已顺利到达，根本不想听蒙特苏马废话，蒙特苏马忧心忡忡地走回自己的住所。

我们大家在离开墨西哥去攻打纳瓦埃斯前居住过的地方安顿停当，纳瓦埃斯的人也已在其他住处住下，便去探望阿尔瓦拉多以及与他一起留下的兵士们，同他们叙谈。他们将墨西哥人攻打他们并给他们造成的困苦告诉我们，我们也对他们讲述战胜纳瓦埃斯的经过。

科尔特斯力图了解引起墨西哥城动乱的原因，因为我们都很明白，蒙特苏马并不愿意看到这样的事发生，在那段危险时刻同阿尔瓦拉多在一起的许多兵士都说，如果这是按蒙特苏马的意愿或是在他指使下干的，他们准已被斩尽杀绝了；蒙特苏马倒是安抚墨西哥人，劝他们停止进攻。

佩德罗·德·阿尔瓦拉多告诉科尔特斯，动乱的起因是墨西哥人要解救蒙特苏马，而且是他们的维奇洛沃斯神给他们的谕令，因为我们在神庙内安放圣母玛利亚的圣像和十字架。他还说，来了许多印第安人，要拆除圣坛上的圣像，因拆不动，印第安人便当作惊人的奇迹禀报蒙特苏马；蒙特苏马于是嘱咐他们让圣像留在原处，而且不要再动其他念头，如此圣像才得以保留。

佩德罗·德·阿尔瓦拉多还说，纳瓦埃斯曾派人告知蒙特苏马，自己要来释放他，并逮捕我们，结果全属虚妄。科尔特斯本人也对蒙特苏马说过，我们一有船便立刻全部乘船离开这片疆土；可是我们没有走，我们的许诺也尽是空话。现在墨西哥人眼看来了更多神使，便想不如在纳瓦埃斯的人和我们的人来到墨西哥城之前，杀死佩德罗·德·阿尔瓦拉多及其手下兵士，救出蒙特苏马王，然后再把我们和纳瓦埃斯的人斩尽杀绝，何况他们断定纳瓦埃斯必将战胜我们。

佩德罗·德·阿尔瓦拉多对科尔特斯说完这些为自己开脱的话，科尔特斯问他，何以要在墨西哥人跳舞和举行庆祝活动时袭击他们。他答道，他确知庆祝活动、跳舞、祭祀维奇洛沃斯神及特斯卡特普卡神一结束，他们就将按他们早已商定的计划攻打他，他是从一个祭司、两个首领及其他墨西哥人处获悉种种情况的。科尔特斯听毕对他说道："可是，他们对我说，他们举行庆祝和跳舞，是得你允许的。"阿尔瓦拉多说此话是实，他是为了使他们放松警惕才允许的；为了使他们害怕，不来攻打，他才抢先进攻他们。

科尔特斯听毕此话，不禁怒气冲天，说阿尔瓦拉多把事情办得太糟，而且犯了大错；说他宁愿蒙特苏马被解救，也不愿听到这种情况。科尔特斯说毕，便不再同阿尔瓦拉多谈及此事。

第一百十五章

我们在墨西哥城受到攻击

在特斯库科时，科尔特斯发现无人出迎，所得供应均为粗粝食物，我们办交涉找不到首领，城里十室九空；到达墨西哥城时光景相同，他所见的不是开市贸易，而是处处居民逃避一空，又听佩德罗·德·阿尔瓦拉多说起如何冒失攻打墨西哥人。科尔特斯为了吹嘘自己，在来墨西哥城的途中想必对纳瓦埃斯手下的指挥官们说过，他如何受敬重，而且一呼百应，沿途印第安人定会出迎并举行庆祝，还会送金子给他；在墨西哥城，他可以对蒙特苏马王及其属下首领随意发号施令。现在，眼前的一切都有违他的想法，印第安人连食物都不供应我们，他于是万分恼怒，对他带来的许多西班牙人显得暴躁，同时又极为伤心沮丧。

恰巧此时蒙特苏马王遣两个首领来，请科尔特斯去看他，说要与他面谈。科尔特斯回答他们的是这样一句话："既不开市贸易，又不吩咐给我们送食物，就别来这一套！"我们的指挥官们听见科尔特斯说这种话，便对他说："大人息怒，这位蒙特苏马王敬重我们，为我们办了许多好事，而且为人和善，这些您都知道；如果不是这样，我们早已性命难保，他们也早已把我们吃了。再说，他连女儿都给了您。"

科尔特斯听后更为动怒，因为这些话听来无异于对他的申斥，便说道："这么一个私下与纳瓦埃斯勾结的狗东西，我怎能以礼相待？你们也见到，眼下他连食物都不供应我们。"我们的指挥官答道："还是以礼相待为好，请接受这个忠告。"因墨西哥城内有许多西班牙人（包括我们的人和纳瓦埃斯的人），科尔特斯便认为什么情况都应付得了，说起话来火气十足，而且态度粗暴。他怒冲冲地要那两个首领告诉蒙特苏马王，要他立刻下令开市贸易，如若不然，他必将有所行动。

两个印第安首领完全明白科尔特斯说的侮辱他们君王的话，甚至也完全明白我们的指挥官们就此事对科尔特斯的批评；他们便按自己的理解，把此事禀报蒙特苏马。可能是因为动怒，也可能是因为他们早已商定攻打我们，不出一刻钟光景，一名身负重伤的兵士急急来到。他是从墨西哥城附近的塔库巴城来的，带着几个属于科尔特斯的印第安女子，其中一个是蒙特苏马的女儿，大概是在我们去攻打纳瓦埃斯时，科尔特斯把她们托付塔库巴酋长的。

这名兵士说，他来时所经过的城镇和道路，到处是全副武装的印第安武士。他们夺走他带来的几个印第安女子，还使他身上两处挂彩，他若不放她们走，准已经被他们捉住，装上一条独木船送去祭神了。他还说，他们已拆毁一座桥。

科尔特斯立即命迭戈·德·奥尔达斯指挥官带领四百名兵士（其中大部是弩弓手和火枪手，另有几名骑兵），去查实那名身负重伤的兵士带来的消息。他还对奥尔达斯说，倘若不动干戈便可将此事悄悄平息，就请照此办理。

迭戈·德·奥尔达斯依令而行，但刚到半道便出来许多队墨西哥武士向他猛攻，平屋顶上也站满许多武士。头一回合便打死他八名兵士，其余兵士皆被打伤，奥尔达斯本人也三处挂彩。他无法前进一步，只得缓缓撤回住所。

在迭戈·德·奥尔达斯遭受许多队墨西哥武士攻击的同时，更多的武士向我们住所冲来，掷来许多投枪，用投石器投射石弹，还放射许多箭矢。这一回合打伤我们不下四十六人，其中十二人伤重毙命。攻打我们的墨西哥武士人多势众，正向住所撤退的迭戈·德·奥尔达斯无法进来，因为他遭到前后夹击，平屋顶上也有墨西哥武士攻打他。我们的大炮、火枪、弩弓、长矛、利剑，我们高强的格斗本领，都不太顶事，尽管我们的剑和矛刺死扎伤他们不少人，他们仍从剑刃、矛尖间钻过来，将我们团团围住，丝毫不失高昂的斗志，我们根本无法把他们赶开。

末了，我们用大炮、火枪和弩弓猛射，又用剑刺矛扎使他们遭受损伤，奥尔达斯方得趁机带领他身负重伤的兵士（其中已有十四人丧命），冲进我们的住所，在此之前他虽想猛冲，却根本无法通过。许多队武士仍然不停攻打我们，说我们像女人一样不中用，把我们叫作无赖，还骂我们别的东西。可是，他们到此为止给我们造成的一切损失，较之他们后来所做的仍算不得什么——他们一边从四面向我们夹击，一边放胆潜入我们的住所放火焚烧，我们在浓烟和大火中无法行动，最后只能撒土灭火，并把起火的大厅堵死，以制止火势蔓延，他们确乎以为能把我们活活烧死在房子里。

战斗持续一整日，夜间还有许多武士前来攻打我们，他们大量投射投枪、石弹，放箭，还有乱飞的石块，这些东西落了一天一夜，在庭院和周围地上堆得像场院里的谷堆。

当天夜里我们忙于治伤，忙于堵塞墙上被打开的口子，为第二日做好准备。天一放明，科尔特斯决定率领我们的人和纳瓦埃斯的人出击，带上我们的大炮、火枪和弩弓，奋力战胜他们，至少需让他们感到，我们比前一日更厉害更勇猛才行。

我们作出这一决定时，墨西哥人也作出类似决定。他们打得很英勇，而且他们身强体壮，又人多势众，队伍不时换班，即使有一万名特洛亚的赫克托耳①，再加上同样人数的罗兰②，也抵挡不住他们的进攻，因为大炮、火枪、弩弓都制伏不了他们，虽然我们每次攻击都要杀死他们三四十人，他们却比开始时更加顽强，更加斗志昂扬。有时我们夺得一块地盘或一段街道，他们便向后撤退，让我们追上去，离开我们的据点和住所，以便于他们更安全地攻打我们，满以为我们不能活着回到住所，因为他们可在我们撤回时重创我们。

前面说过，他们的房屋之间都用木吊桥相通，木桥一旦吊起，我们要去焚毁他们的房屋，只能从很深的水里过去。从屋顶掷来的大小石块我们抵挡不住，他们就这样攻打我们，伤了我们许多人。我不知道自己描述此事时何以如此轻描淡写，因为当时同我们在一起的有三四个到过意大利的兵士，他们一再向天主起誓说，无论是在基督徒之间作战时，还是在抵抗法国国王的炮兵或土耳其苏丹时，都没见过如此猛烈的鏖战，也没见过有人像那些印第安武士那样，作战时包围得如此严密。

我们费了九牛二虎之力才退到我们的住所，许多队武士仍然对我们紧紧进逼，他们高声喊叫，打唿哨，吹号，擂鼓，骂我们无赖，没本事，骂我们不敢跟他们打上一整天，只会往回缩。当天他们又打死我们十一二名兵士，我们回到住所时全都伤得不轻。我们当夜商定，此后两日由营地内全部身体健壮的兵士，带四辆用硬木建

① 希腊神话中的特洛伊英雄，人品高尚，是故乡的英勇保卫者；在特洛伊战争期间，他是特洛伊人的统帅。——译者

② 十一世纪流行于法国的史诗《罗兰之歌》中的英雄，为查理大帝（742—814）麾下的骑士，屡建奇功，最后奋战而死。——译者

造的塔形战车出击，每辆战车内可隐伏大约二十五人，车上有小窗和射击孔供射击之用，与之配合的有火枪手和弩弓手，同他们一起出击的还有其他兵士、火枪手、弩弓手、炮手及其他一切人等，骑兵也要去冲杀一番。这个计划既已商定，我们当天没有出战，而是全力建造战车，并加固被他们攻破的围墙。

当天大批武士成群结队前来攻打我们的住所，他们不只是从十一二处，而是从二十多处攻打我们，因此我们全体也需分头对付，而且还要在其他方面对付他们，这种情况我真不知如何记述才好。当我们建造战车及加固有缺口的围墙时，又有许多武士企图攀墙攻入我们的住所，大炮、弩弓、火枪、骑兵的冲击和剑劈矛扎都无法打退他们。他们叫嚷，当天就要把我们斩尽杀绝，拿我们的心和血去祭他们的神明，还要在他们举行庆祝活动时饱餐我们的大腿和手臂，拿我们的躯体去喂他们关养的豹、狮子和各种蝰蛇，让它们把躯体狼吞虎咽地吃掉，为此他们早两天就不给它们喂食了；他们还说，我们将无法享用我们手中的黄金和全部布匹；还说要把那些跟我们在一起的特拉斯卡拉人关进笼子喂胖，然后慢慢拿他们的身体祭神。他们咬牙切齿地要我们把蒙特苏马王交给他们，还提了其他一些要求。夜间的情况仍然如此，他们打唿哨，呐喊，掷投枪、石弹，放箭，片刻不停。

翌日天刚破晓，我们祷告天主之后，便从住所推出塔形战车，用大炮、火枪、弩弓开道，骑兵也冲杀几阵。尽管我们杀死他们不少人，却丝毫不能使他们后撤；他们比前两天打得更顽强更猛，而且来了更多武士。我们也下定决心，哪怕付出全体的生命作代价，也必须把我们的塔形战车推进到巍峨的维奇洛沃斯神庙。

我不详述他们在一所设防坚固的房屋内猛攻我们的经过，也不详述他们击伤马匹的情景；当时我们的骑兵发挥不了作用，因为每当骑兵冲入武士队伍，要冲垮他们时，他们立即射来无数箭矢，掷来无数投枪和石弹，尽管骑兵全身披甲也无济于事；即使骑兵追上去，墨西哥人也会从水渠和湖里逃命，而且那些地方还造有抵挡骑兵的其他工事，另有许多印第安人立即用很长的矛枪把骑兵扎死。于是，骑兵的威力一丁点也施展不出来。

焚烧或捣毁房屋的办法也徒劳无益，我已说过，因所有房屋均建于水上，且房屋之间都用吊桥相通，泅水过去十分危险，屋顶上又有无数大小石块和防御工事，冲上去只会送命。我们倒是点着了几所房屋，但每所房屋即使烧上一整天，也不可能烧到另一所房屋去，因房屋都建于水中，彼此不相毗邻，且屋顶又无其他易燃物。

我们终于推进到他们巍峨的神庙，此时突然有四千多墨西哥人登上神庙，带着长矛、石块、投枪，早已守在上面的武士队伍不计在内。他们的抵抗使我们长久攻不上去，塔形战车、大炮、弩弓、火枪都无济于事，骑兵也一样，因庭院全用大石板铺成，极其光滑，马匹虽想冲击，可四个蹄子一踩上石板就滑倒。我们的炮击断送了他们十至十五条性命，我们的剑劈矛扎和骑兵冲杀又击毙他们许多人，尽管如此，他们仍坚守台阶，不让我们攻上去；另有许多敌人从两侧夹攻，使我们无法攻上巍峨的神庙。我们齐心协力猛攻猛打，扔掉业已毁坏的塔形战车，终于攻上神庙。

此次战斗中，科尔特斯一如往常，表现得十分勇敢。我们在这场鏖战中打得何等激烈啊！我们人人血流如注，个个浑身是伤，还有一些人不幸阵亡，见者莫不感到惊心动魄。我们凭靠天主指引，到平日供奉圣母像的地方去，竟找不到那像，据我们所知，似乎是蒙特苏马敬奉圣母，下令把像保存起来了。

我们放火烧他们的偶像，把他们供奉维奇洛沃斯神与特斯卡特普卡神的那个大殿的一大部分也焚毁了。特拉斯卡拉人当时给我们大力帮助。焚烧偶像事毕，就在我们边作战边放火之时，据守在大神庙内的祭司及三四千印第安人（全是首领）见我们往下撤退，将我们打下六至十级台阶，另有更多成群结队的武士站在大神庙的墙垛和凹面上，向我们掷来无数投枪，射来无数箭矢；这两路武士的进攻，我们实在招架不住。

我们决定，不管有多大困难和生命危险，都要回到我们的住所去；我们的战车已被打坏，我们都挂了彩，且有十六人阵亡；印第安人始终向我们紧紧进逼，背后又有成群的武士。我在这里无论如何描述，也无法向当时不在场的人讲明这场恶战的情景。

我们出击之际，一群群墨西哥人也在不停攻打我们的住所，不折不挠地要攻进去，这一情况上面尚未提及。这场战斗中，我们俘获两个重要的祭司，科尔特斯命我们严密看守。

我曾在墨西哥人和特拉斯卡拉人中，多次见过他们绘制的有关这场战斗及我们攻上大神庙的画，他们把这一事件当作了不起的英雄事迹；尽管在他们绘制的画面上我们个个身负重伤，血流如注，并有许多人战死，可我们还是放火烧了神庙；此事令他们颇为佩服，因神庙上有无数武士守卫，在墙垛和凹面上、在神庙下边的地面上都有许多印第安人，院子内也满是人，边上还有许多人，我们的塔形战车又被打坏，可我们还是登上了神庙。

此事按下不表。却说我们费九牛二虎之力返回住所，不仅有许多印第安人一路追击，还有更多的印第安人包围着我们的住所，他们已拆毁几堵围墙要往里攻，因我们到达而停止；然而在当日白天余下的时间里，他们仍不停投掷投枪和石块，放箭；夜里则不停呐喊，投掷石块和投枪。

当夜，我们忙于包扎伤口，掩埋死者，准备翌日出战，修补并加固被拆毁的围墙，堵住被打开的其他口子，商讨如何方能在战斗中少受伤亡；可是几经商讨，仍找不到任何办法。

我还要说说纳瓦埃斯手下的人对科尔特斯的咒骂以及他们说的话；他们咒骂科尔特斯和这片疆土，还咒骂迭戈·贝拉斯克斯把他们派到这里来，说他们本来在古巴岛自己的家里安居乐业，却给弄得迷了心窍。

闲话少叙，言归正传。我们决定向墨西哥人求和，以便离开墨西哥城。可是天一破晓，便来了更多的武士队伍，严严实实把我们的住所包围起来，前几日他们投射许多石块和箭矢，当天他们投射的石弹和箭矢那就更密了，呐喊声和唿哨声也更响了；另外一些武士队伍力图从别处攻入我们的住所，尽管我们使他们遭受惨重损失，我们的大炮和火枪却发挥不了作用。

科尔特斯见此情势，决定让蒙特苏马王去屋顶劝说他们，叫他们停止进攻，说我们愿意离开墨西哥城。科尔特斯的代表说，当他们把这些话告诉蒙特苏马王时，他十分悲痛地说："马林切还想打我的主意吗？我已经不想活，也不想听他说什么了；都因为他，我才落到这个地步。"他不肯来，据说他还说他已不想见科尔特斯，也不想听他虚伪的言辞、诺言和谎话了。于是，那位施恩会神父和克里斯托瓦尔·德·奥利德去找他，恭恭敬敬对他说亲切的话，蒙特苏马说道:“我认为,我已没办法停止这场战斗了,因为他们已另立君王,而且打定主意不让你们活着离开这里。所以我认为,你们大家必死无疑。”

蒙特苏马同许多看守他的我们的兵士一起上屋顶,站在工事后边,开始十分亲切地对印第安人说话,劝他们停战,说我们将离开墨西哥城。许多墨西哥首领和统领看清是他,立刻命令部众安静,不要投射投枪和石弹,也不要放箭。他们中的四个人来到蒙特苏马能与之交谈的地方,哭泣着对他说道:“啊,君王,我们伟大的君王,您和您的儿女、亲戚所遭受的一切不幸,真叫我们难过!我们现在通知您,我们已经把您的一位亲戚立为君王。”他们告诉蒙特苏马,这个人名叫奎特拉瓦克,是伊斯塔帕拉帕的酋长。他们还说,这场战斗一定要进行到底,他们已向他们的神明许愿,不把我们统统打死决不停战;还说,他们天天祈求维奇洛沃斯神和特斯卡特普卡神,保佑他健康并从我们的手心里获得自由;还说,如果他能像他们希望的那样获得自由,他们仍将把他当作君王,并比往日更好地待他,他们请他原谅他们。

此番恳谈尚未结束,突然掷来无数石块和投枪(我们那些拿盾牌保护蒙特苏马的兵士,见他同印第安人交谈时他们便停止进攻,一时疏忽,未能及时拿盾牌护住他),有三块石头击中他:一块击中头部,一块击中手臂,一块击中腿。众人要求蒙特苏马接受治疗,要求他吃东西,对他说宽慰的话,但他概不接受;我们稍不注意,他身边的人已来告诉我们,他已一命归天。

科尔特斯为他恸哭,我们全体官兵也无不如此,在我们这些认识他、同他有过交往的人中,有几个哭得如同死了父亲一样伤心,只要知道他是何等善良的人，就不会对此感到奇怪了。据说，他已在位十七年，是墨西哥前所未有的好君王，在他统治的疆土上，他曾在三次战争中打了胜仗。

第一百十六章

科尔特斯决定将蒙特苏马已经去世的消息通知攻打我们的统领和首领

话说我们大家见蒙特苏马去世，都深为哀痛，埋怨一直同蒙特苏马在一起的那位施恩会修士没能说服他皈依基督。修士辩解说，他不相信那么点儿伤能致命，准是蒙特苏马命人给他服用能失去知觉的药物了。经反复议论，科尔特斯下令释放囚禁的一个祭司和一个首领，让二人往见被推举为君王的那个名叫奎特拉瓦克的酋长及众首领，将蒙特苏马王已经亡故和他们二人目睹他身亡的情况（他的死和伤都是他们自己人造成的），以及我们大家为他悲伤的情形转告他们；让他们按蒙特苏马的君王身份予以安葬，要他们推举同我们在一起的那个蒙特苏马的侄子为王，因为王位应由他或蒙特苏马的其他儿子继承，他们推举的那个人是无权为王的；并让他们来议和，以便让我们离开墨西哥城。说我们尊敬蒙特苏马，因此我们不摧毁他的城池，眼下他既已亡故，他们若不按上述要求办，我们就要进攻他们，焚烧所有的房屋，使他们遭受惨重损失。

为了使他们相信蒙特苏马确已亡故，科尔特斯命我们囚禁的六个重要的墨西哥首领和祭司，把蒙特苏马抬去交与墨西哥统领，并把蒙特苏马临死时的嘱咐告诉他们。那几个抬他的，都是他去世时在他身旁的人，他们把实情全部告诉奎特拉瓦克，说蒙特苏马是被他们自己用三块石头砸死的。

他们见蒙特苏马死得好惨，便大哭起来，他们为蒙特苏马发出的号啕声，我们听得十分真切。虽然如此，他们的猛攻并没有停止，不断向我们投射投枪、石弹，放箭，随后他们发动了更大规模、更凶猛的攻势，并对我们说："现在你们可要受惩罚了。你们不是派人来求和吗？那你们出来吧，咱们也好商量该怎么办啊。"他们就此事及其他事情说了一大套话，说他们已推选出一位好君王，这位君王的心肠没有那么软，决不会像他们善良的蒙特苏马，拿几句假话便可诓过他；还说，安葬蒙特苏马的事用不着我们操心，我们还是留神自己的性命吧，再过两日，我们将被杀得一个不留，看我们还能不能派人去同他们谈诸如此类的事情。说话间他们又是高声呐喊，又是打呼哨，投射过来雨点般的石弹、投枪和箭矢，另有许多成群结队的武士，想方设法在我们住所的许多地方放火。

科尔特斯和我们大家见此情况，决定第二天全体冲出营地，从另一边进攻，那边是有许多房屋的陆地，我们要尽可能摧毁一切，向堤道挺进；全体骑兵要把成群的武士冲散，用矛枪扎他们，或把他们赶进湖里，哪怕他们把马杀死。我们作出这样的决定，是为了看看用摧毁与杀戮的办法，是否可以使他们停止攻击，达成某种妥协，以便我们得以脱身，不致再遭伤亡。第二天，我们虽然个个奋勇战斗，杀死许多敌人，还焚毁约二十所房屋，甚至即将攻到陆地，可是与他们给我们造成的巨大伤亡相比，这一切就不足挂齿了。

我们一座桥也守不住，因为所有的桥都已摇摇欲坠。许多墨西哥人来攻打我们，他们在骑兵可能冲到的地方修起掩体和障壁。就是说，到那时为止，我们虽已经历了无数艰难险阻，也是等待我们的却是更大的困难与危险。

第一百十七章

我们决定逃出墨西哥城

眼看我们的兵力日渐削弱，墨西哥人的兵力有增无减，我们有许多人阵亡，余下的人也都个个负伤；尽管我们英勇战斗，却无法打退他们，也不能摆脱夜以继日向我们进攻的成群结队的武士；我们的火药日见短缺，粮食与水也是如此，而蒙特苏马王已经去世，我们派人向他们要求议和与停战，他们概不接受；总之，眼看死亡近在面前，桥梁也已被他们吊起，科尔特斯和我们全体官兵决定在夜间趁武士队伍最为松懈大意之时逃走。为了使他们更加麻痹大意，当日下午我们派遣被我们囚禁的一个祭司（他是他们中相当重要的人物），同其他几个俘虏一起去向墨西哥人说，要他们八天之内放我们走，说我们可以把金子全部交给他们；这么做是为了麻痹他们，以利于我们当夜逃走。

此外，我们有个名叫博特略的兵士，好像是很正派的拉齐奥[1]

① 意大利的一个地区。

人，到过罗马；有人说他是巫师，有人说他有鬼仆，也有人称他为占星家。这个博特略四天前说过，他推算吉凶（也可能是占卜星象）发现，那天夜里我们若不离开墨西哥城，我们谁也无法逃命。

统帅随即下令用木材和极结实的板材造一座吊桥，以便携带着架到桥梁已遭拆毁的地方，指派四百名特拉斯卡拉印第安人和一百五十名兵士放置、搬移这座桥，并保护辎重和人马全部通过。指派两百名特拉斯卡拉印第安人和五十名兵士搬运大炮；派贡萨洛·德·桑多瓦尔和迭戈·德·奥尔达斯打先锋；指派弗朗西斯科·德·绍塞多和弗朗西斯科·德·卢戈率领由一百名矫健的年轻兵士组成的一队人马，走在当中，以便支援战斗最需要的地方。科尔特斯本人、阿隆索·德·阿维拉、克里斯托瓦尔·德·奥利德及其他几位指挥官，也被安排在当中。殿后队伍中派有佩德罗·德·阿尔瓦拉多和胡安·贝拉斯克斯·德·莱昂，与纳瓦埃斯的官兵夹在一起；还指派三百名特拉斯卡拉人和三十名兵士，负责看管囚禁人员并保护堂娜玛里娜和堂娜路易莎。

直到夜间一切方安排就绪，为了取出黄金以便带走或分发，科尔特斯命他的侍从克里斯托瓦尔·德·古斯曼及伺候他的其他兵士，带领众多特拉斯卡拉印第安人将黄金、珠宝和银子扫数搬出，放在大厅内。科尔特斯对国王派来的官员阿隆索·德·阿维拉和贡萨洛·德·梅希亚说，要他们妥为照管属于国王陛下的那份黄金，给他们六匹受伤的瘸腿马和一匹母马，还给他们八十多名友好的特拉斯卡拉人。

他们胡乱把铸成的大金锭尽可能装上，剩下许多金子堆在大厅内。这时科尔特斯把自己的秘书及其他几位国王的公证人叫来，说道："请为我作证，对这些黄金我已无法可想。在这所住处和这个大厅内本有黄金七十万比索，你们都见到了，现在既无法称也无法妥为保存，凡是想要黄金的兵士，我就把这里的金子给他；不然，也准得留给那帮狗东西了。"

许多纳瓦埃斯的兵士和我们的一些兵士一听此话，便将金子装起来。我虽然一心只想逃命，竟也抓起几只装有大约四颗绿宝石(印第安人极珍视这种宝石)的小盒子，撩起胸前的武器，赶忙揣到怀里。这几颗宝石十分贵重，后来为我治伤和糊口派了大用场。

我们得知科尔特斯决定的当夜离开及通过各座桥的方案之后，因天色有些阴暗，且又雾气弥漫，细雨霏霏，便在午夜前搬出那座桥，带上辎重、马匹和扛黄金的特拉斯卡拉人上路。桥迅速架好，科尔特斯及其随从还有许多骑兵首先通过。恰在此时，墨西哥人的说话声、号声、叫喊声和唿哨声大作，他们用土话对塔特卢尔科的人说："快坐上你们的独木船出来，神使们逃跑了；截住他们，一个也别让逃命！"我还没明白过来，便见无数武士成群结队向我们扑来，湖上到处是独木船，我们无法招架。我们的许多兵士已经通过，就在此种情况下，一大群墨西哥人冲上来夺桥，要把我们打死打伤，我们奋力抵抗。正是祸不单行，因为下雨，有两匹马滑倒，落入湖中。我和科尔特斯带领的其他人一见这种情况，连忙跑到桥的另一端以脱离危险，攻上来的武士是如此之多，尽管我们拼命厮杀，那座桥是再也用不上了。结果桥上和堤道口中顷刻间到处是死马、印第安男女和奴仆、行囊和箱子。

我们担心被他们斩尽杀绝，便沿堤道往前猛冲，发现有许多手持长矛的武士，成群结队地守候着迎击我们，对我们恶语相加，其

中有人喊道:“喂,下流坯,你们怎么还没死哟!”我们对他们剑劈刀砍,才得以通过,虽然他们伤了我们六个人。若说我们商定过什么方案的话,那也是糟糕透顶的方案。科尔特斯和首批骑马通过的那些官兵,为了逃命,为了到达陆地,保全性命,快马加鞭沿堤道朝前直奔而去;那些驮黄金的马匹和特拉斯卡拉人也都平安逃出。

我敢说,我们的骑兵和兵士若在桥上互相等候,我们准得全军覆没,一条命也留不下。这是因为,我们沿堤道前进时,墨西哥武士队伍攻杀上来,一边是水,一边是平屋顶,湖上到处是独木船,所以我们已经毫无办法。我们把火枪和弩弓都丢在桥上,又是在夜间,我们还能干什么?我们只能这么干:冲杀上去,对想捉拿我们的人砍上几刀,一直往前奔,直到离开堤道。若是白天,那就会更糟,我们这些人得以逃脱,全是仰仗天主保佑。当夜攻打我们的武士成千上万,他们还坐独木船来捉拿我们的兵士,此情此景谁见了都会胆战心惊。

我们沿堤道向前趱行,来到塔库巴村附近,科尔特斯在那里同先行到达的贡萨洛·德·桑多瓦尔、克里斯托瓦尔·德·奥利德等指挥官以及其他骑兵汇集,他们大声说道:“统帅大人,咱们等一等吧,人家会说我们这是逃跑,把他们撂在桥上等死。咱们回去救救他们吧,说不定有人还活着,你看他们一个也没逃出来。”科尔特斯答道,我们这些人能够逃脱,就是了不起的奇迹了。话虽如此,他还是带领没负伤的骑兵和兵士回去,但没走多远,很快便遇上佩德罗·德·阿尔瓦拉多,他身负重伤,因栗色马已被杀死而持矛步行,随带四名同他一样身负重伤的兵士和八个特拉斯卡拉人,他们身上的许多伤口都在淌血。

科尔特斯带领一部分指挥官前往堤道时，我们在塔库巴的庭院内停留；许多武士队伍已从墨西哥城到来，大声向塔库巴村和埃斯卡普萨尔科村发出命令。于是，这两个村的人也开始投射投枪、石块和箭，还举起长矛进攻。我们冲杀了几阵，既是自卫也是进攻他们。

再来说说佩德罗·德·阿尔瓦拉多。科尔特斯及一部分指挥官遇见他时，他便是那么一副狼狈相；又见堤道上再没有兵士走来，佩德罗·德·阿尔瓦拉多不禁泪如泉涌，他说胡安·贝拉斯克斯·德·莱昂同其他许多骑士（有我们的人，也有纳瓦埃斯的人，计八十余人），都已死在桥上；他说自己同那四名兵士，在坐骑被杀死后，冒重重危险，跨过布满通道的尸体、马匹和箱笼才过了桥；他说所有的桥上和堤道上，到处都是武士。那座悲惨的桥，后来人们都把它叫做"阿尔瓦拉多跳跃处"，我敢说在那危急时刻，绝没有一名兵士会停下来看他如何跳跃，因为我们一心只想逃命，进攻的墨西哥武士如此之多，我们性命难保。攻占墨西哥城以后，我才听到"阿尔瓦拉多跳跃处"这一说法，见于一个叫做贡萨洛·德·奥坎波的所写的诽谤文章，因这些文章颇为卑劣，除其中一句外，这里不予援引："你想必记得在桥上的那次跳跃。"此事我不想多提。

我们接着往下说。却说我们在塔库巴停留之际，周围各村落的许多墨西哥武士聚集起来，杀死我们三名兵士，我们便商定尽快离开该处。五个特拉斯卡拉人找到不经大路通往特拉斯卡拉的一条路，顺顺当当带领我们来到坐落在一个山冈上的一片村舍。附近有一座神庙，建造得像堡垒，我们便在庙内休息。

话说我们一路走，墨西哥武士一路跟，而且用投石器向我们投射箭、投枪和石块;他们包抄我们,还不停地攻打,确是令人担惊受怕。

我们就在那座堡垒般的神庙内宿营,包扎负伤者,并燃起许多火堆。至于吃东西,我们想都没想。攻占大墨西哥城以后,我们在那座神庙所在的地方建造一座教堂,名叫救世圣母堂,备受崇拜,如今从墨西哥城到那里朝圣和做九日祭的善男信女极多。

我们处置过伤口又用棉布条包扎,治伤的情形看了令人心酸,因伤口已经感染,都肿胀起来,痛得难受。更令人伤心落泪的是那些阵亡的骑士和英勇的兵士,他们是胡安·贝拉斯克斯·德·莱昂、弗朗西斯科·德·绍塞多、弗朗西斯科·德·莫拉、优秀骑手拉雷斯及其他许多科尔特斯手下的我们的人。我仅提到这少数几位,因为要写下许多死者的名字,一下子也写不完。纳瓦埃斯的人身上全都塞满黄金,所以绝大多数留在桥上。至于那个占星术士博特略,占星术对他毫不灵验,他同他的马都死在那里。蒙特苏马的子女、我们带走的囚禁人员、特斯库科的酋长卡卡马津及外地的其他首领,也都死在桥上。

这些事情按下不表,且来说说我们对面临的局面作何打算。我们当时个个负伤,逃出的仅二十三匹马。大炮、小炮和火药,我们一样也未能救出来;弩弓所剩不多,我们很快修好弓弦,还造了箭。最糟糕的是,我们不知我们的朋友特拉斯卡拉人的意愿将如何。

那天夜里我们始终受墨西哥人围困,便决定午夜同我们的向导特拉斯卡拉人一起离开该处;他们一丝不乱,在前面为我们带路,走在中间的是负伤者和拄长杖子的瘸子,一些不能行走和伤势极重的就骑在瘸腿的和不适于冲锋陷阵的马匹的后背上；没有受伤的骑兵分头走在前面和两侧。我们最健壮的人全部负责抗击墨西哥人，负伤的特拉斯卡拉人走在队伍当中，其余健壮的人同我们一起抵抗。墨西哥人始终在袭扰我们，他们高声叫喊，打唿哨，还说：“不管你们往哪儿跑，一条狗命都别想留下！”我们不明白他们说这种话目的何在。

前面忘了记述我们见到堂娜玛里娜和希科滕加的女儿堂娜路易莎还健在时的高兴心情。几个特拉斯卡拉人和一个名叫玛丽亚·德·埃斯特拉达的妇女（她是我们在墨西哥唯一的一个西班牙妇女）在桥上帮助她们脱逃。在特拉斯卡拉和墨西哥城时他们送给我们的女仆，绝大多数都死去了。

那天我们走到一个叫做瓜尔蒂坦[①]的大村落所属的一片村舍和田庄。然后，我们经过一些田庄和小村落，墨西哥人始终对我们紧追不舍。他们集中许多人马，竭力要消灭我们；他们把我们包围起来，用投石器投射无数石块、投枪、箭，还用双手抡的砍刀砍我们，在一条难行的通道中打死我们两名兵士，还击毙一匹马，打伤我们许多人。我们剑劈刀砍，也结果他们一些人，骑兵也把他们收拾一通。我们就在那儿所村舍内宿夜，吃下被他们击毙的那匹马。

翌日一大早，我们开始登程，队伍比以前更加整齐，仍由半数骑兵打头。在相距一西班牙里多点儿的一处平川上，我们都以为已平安无事，在前面打探的侦察兵却回来报告说，旷野上遍地是正在守候我们的墨西哥武士。听到这种消息时，我们虽然心中发毛，

① 应为“夸乌蒂特兰”。

但并不气馁，仍然要迎击他们，战斗到最后一息。

我们就地休息片刻，下达的命令是：骑兵们半勒缰绳来回冲击，要不停地刺杀他们，用长矛扎他们的脸，直到冲散他们的队伍；全体兵士用剑刺杀他们时，要刺透五脏六腑，以此为我们的死伤者洗雪深仇大恨，只有如此（但愿能得天主保佑），我们方能死里逃生。

我们虔诚祈求天主和圣母玛利亚保佑，并念诵圣徒圣地亚哥的名字祈祷，事毕之后便见敌人向我们包围上来，骑兵每五人为一组冲垮他们，我们大家也一起冲上去。

啊，目睹一场如此可怖的摧毁性战斗，是何等惊心动魄的事！我们同他们扭成一团厮打，我们用刀剑朝他们猛劈猛砍；那些狗东西打得好凶猛，用长矛、镶燧石的木斧和双手抡的砍刀给我们造成惨重伤亡；因地势平坦，我们的骑兵来去驰骋，随意用矛攻击，虽然人和马都挂了彩，仍然猛冲猛杀，骁勇万分。

我们全体没有马的兵士，仿佛人人力气倍增，尽管我们负过伤，现在又受了更多的伤，我们都不停下来治疗包扎伤口，因当时的情况不允许这样做，而是士气昂扬地抢上去砍杀他们。至于科尔特斯及其他几位指挥官，虽然伤势很重，还是骑马到处奔袭，去冲垮敌人的队伍。科尔特斯对我们这些正在与敌人扭做一团厮打的人说，我们挥剑砍杀，要砍在那些有身份的首领身上，因为他们全戴着很大的黄金羽饰，身穿华贵的盔甲，还带着标志。那位英勇的桑多瓦尔胆识过人，极力给我们鼓劲道：“嘿，先生们，今天定是我们得胜的日子！要相信天主，我们一定能活着离开此地，一定会有好结果！”由于天主的意旨，科尔特斯同随行的几位指挥官来到一大队墨西哥武士所在之处，率领他们的是墨西哥人的大统领，他的旗帜迎风招展，他身着华贵的金盔甲，头戴很大的银羽饰。

这个大统领率领的许多墨西哥人全是首领，他们都戴着很大的羽饰，科尔特斯见到他时便对其余的指挥官们说道："嘿，先生们，咱们冲垮他们，要冲得他们个个挂彩才行！"科尔特斯及其他骑士们默祷着天主冲上去。科尔特斯策马向那个墨西哥大统领冲去，打落他的旗帜，其他指挥官冲垮了由许多印第安人组成的那支队伍。那个打旗的统领虽然受到科尔特斯的冲击，还没有倒下，与科尔特斯在一起、骑一匹金黄色良种母马的胡安·德·萨拉曼卡追上去，刺他一枪，摘下他戴的华贵羽饰，交给科尔特斯，同时说因为科尔特斯第一个冲向那个人，打落他的旗帜，使他们的人失去斗志，所以那个羽饰应是科尔特斯的。可是，大约三年之后，国王陛下却把这件羽饰当作纹徽的标志赐予萨拉曼卡，他的后人把它挂到家族的专用帷幔上去。

再来说说我们的战斗。凭天主的意旨，在那个打旗的统领及其他许多人战死之后，他们的攻势减弱了。我们全体骑兵对他们紧追不舍，我们不饿也不渴，仿佛根本没经历什么艰难险阻，只是一个劲砍杀，越打越顺手。我们的特拉斯卡拉友军个个勇猛无比，挥动剑、双手抡的砍刀和在那里抢到手的其他武器，打得又出色又勇敢。

乘胜追击的骑兵回来时，我们大家都为逃过如此众多的敌人而连声感谢天主，因为在西印度各地发生过的战斗中，从未看见过也从未遇到过如此众多的武士集中在一起——集中在那里的都是墨西哥、特斯库科、湖周围各村落及其他许多邻近地区的精锐部队，人们都认为那次战斗中我们必定是一个也活不成了。他们穿的盔甲何等华贵，镶嵌许多金子，还有羽饰和标志，而且率领的有多少重要人物啊！这场著名激战发生的地点附近有个村落，叫奥通巴；这场战斗以及我们占领墨西哥城之前的许多次战役，都被墨西哥人及特拉斯卡拉人详详细细画下来或雕成像。此次著名的奥通巴战役发生于1520年7月14日。

我要说大约五天内被杀害和被捉去祭神的兵士，当在八百六十人左右，包括在图斯特佩克村被杀害的七十二人，还有五个西班牙妇女；那些被杀害于图斯特佩克村的都是纳瓦埃斯的人；被杀害的特拉斯卡拉人约一千二百人。死伤如此惨重，所以分给我们的那份黄金大家都无法受用；在桥上，纳瓦埃斯的人所以比科尔特斯的人死得多，就是因为他们动身时身上塞满黄金，金子的重量使他们跑不动也游不动。

我们当时吃着叫做“阿约特”的一种南瓜，高高兴兴向特拉斯卡拉进发，因为我们担心墨西哥武士重新聚集起来，他们仍在我们够不着的地方叫骂，用投石器向我们投射石弹、投枪和箭，一直尾随我们，直到我们来至另外的一片村舍和一个村落。我们前往的所在，有一座建造精良的神庙和坚固的房屋，当夜我们就在那里歇息，包扎伤口，虽然墨西哥武士队伍对我们始终紧追不舍，倒是再也不敢攻上来，所以我们得以稍事休息。

从我们住宿的村落和房屋，可以望见离特拉斯卡拉不远处的山峦，一见那山峦，我们便像见到自己的家一样高兴。可是，我们怎能知道特拉斯卡拉人是否仍忠于我们呢？他们的态度如何？住在比利亚里卡的人处境如何，是死是活？科尔特斯对我们说，虽然我们人数很少，现在只剩下四百四十人、二十四马、十二名弩弓手和七名火枪手，而且已经没有火药，个个都是受伤、断臂、瘸腿的，我们却应看清，我主耶稣基督在保佑我们，让我们死里逃生，为此我们需永远感谢他、赞美他。他说，当初同他一起经过特拉斯卡拉，并最早进入墨西哥城的兵士，有四百五十人，而此次回来，我们的人数是减少了。他要求我们，在特拉斯卡拉务必不可惹恼他们，也不可拿他们任何东西；他还将此事告诉纳瓦埃斯的人，因他们与我们不同，都不习惯受指挥官约束。此外，他说愿天主保佑，特拉斯卡拉人仍对我们友善、忠诚，如若不然（天主不容这种事发生），我们便需坚定勇敢地转而动用武力，为此我们应做充分准备，派侦察兵先行。

我们走到山坡上的一处泉边，那里有从前留下的围墙和壁障，我们的特拉斯卡拉朋友说，该处便是墨西哥人与他们的分界线；于是我们停下休息，洗洗涮涮，并吃了所带的一点点可怜的干粮。休息过后，我们继续行军，来到一个特拉斯卡拉人的叫做瓜奥利帕尔[①]的村落，该村接待了我们，还供给我们食物，只是很少，且需付给他们小金块和绿宝石（我们有的人有这些东西），他们不肯白给。我们在村内休息一日，给自己也给马匹治伤。

这个消息一传到特拉斯卡拉首府，马塞埃斯卡西、老希科滕加和奇奇梅卡特克莱及其他许多酋长和首领，还有韦霍辛戈的全体居民，立即来到我们停留的那个村落，拥抱科尔特斯和我们全体官兵，有的人哭着对科尔特斯说："马林切哟！我们为你和你的全体

① 应为"韦约特利潘"。

弟兄的不幸感到难过，也为跟随你们的许多我们的人惨遭杀害而难过！我们早已对你们说过多次，要你们不要轻信墨西哥人，因为他们迟早准会袭击你们的；你们却不信我的话。事情既已发生，眼下只能先为你们治伤，供应你们吃喝。你们现在已是在自己家里，歇着吧，我们这就回村给你们安排住宿。马林切，能从那座如此坚固的城池里及其桥上逃命，这已经是很了不起的了。告诉你吧，如果以前我们认为你们勇敢，现在我认为你们更加勇敢了。我很明白，我们这些村落里的妇女和男人，一定会为自己的儿子、丈夫、兄弟和亲属的阵亡而哭泣。你不必为此心酸。多亏你们的神明，是他们把你引到这里，使你能从如此众多的武士中脱逃，我四天前就知道他们等在奥通巴，要杀害你们。我想带领三万名我们的武士去找你们，只是我们没能出发，因为我们没有集合起来，我们正在设法召集。”

科尔特斯及我们全体官兵拥抱了他们，并向他们表示感谢。科尔特斯将保存下来的黄金和宝石饰物，赠送给所有的首领，每个兵士都尽可能拿出一些东西；我们有些人也把自己的东西送给认识的人。他们见堂娜路易莎和堂娜玛里娜安然无恙时，显得何等欢欣，然而他们为战死而没有归来的印第安人哭得何等伤心，尤其是马塞埃斯卡西，他为自己的女儿堂娜埃尔维拉痛哭，还为胡安·贝拉斯克斯·德·莱昂之死痛哭，因为他的女儿就是送给胡安·贝拉斯克斯的！

我们就这样同所有的酋长一起来到特拉斯卡拉首府，他们让科尔特斯住在马塞埃斯卡西家里，希科滕加把他的家给佩德罗·德·阿尔瓦拉多居住；我们在那里治伤并渐渐复原，虽说受伤的人又死了四个，其余的兵士也还没有康复。

第一百十八章
我们来到特拉斯卡拉的首府及最大村落

我们在瓜利帕尔村待了一天，因不知在比利亚里卡的人是否出事，很是担心；科尔特斯于是立刻写信派三个特拉斯卡拉人送去，把我们在墨西哥城遭遇的严重危险，以及我们如何死里逃生的经过通知他们，但没有告以我们的死亡人数。他要他们时刻保持高度警惕，并须处处留神；他问他们有无健壮的兵士可以派来；他还问他们是否有火药或弩弓，因为他想返回墨西哥城周围去骚扰一下。信使速去速回，带来的回信说，比利亚里卡派的援兵随后就到。比利亚里卡派来四个兵士和三个水手，一共七个人，由一个名叫伦塞罗的兵士带领。他们来到特拉斯卡拉时，个个不是有病就是瘦骨嶙峋，我们常拿他们消遣逗趣，说他们是“伦塞罗救援队”，来的七人中，五个浑身脓疮，两个肚子鼓得老高。

逗趣的话到此打住，倒是需说说我们在特拉斯卡拉期间同小希科滕加之间发生的事情以及他所表示的恶意。在该城，人们得知我们是从墨西哥城逃亡而来，而且有许多兵士丧命，特拉斯卡拉的印第安人也死去不少；他们还得知，我们前来是为了求援并在该地区避难。因此，小希科滕加便去找他的所有亲友以及他认为支持他的人，对他们说，一旦看准合适的时机——晚上也好，白天也好——就杀掉我们，然后去同墨西哥当时新推选的君王奎特拉瓦克和解。此外，他们还可以夺取我们存放于特拉斯卡拉的布匹、衣物，和当时从墨西哥城带出的黄金，这些东西一到手，他们就都富裕了。

他的父亲老希科滕加得知此事后便责骂他，说他不该有如此想法，说这样行事很不对；还说，马塞埃斯卡西、奇奇梅卡特克莱及特拉斯卡拉的其他酋长若是知道了，必定要把他和赞同他的人杀死。尽管父亲责骂他，他只当耳边风，仍然打着坏主意。

此事传到小希科滕加的死敌奇奇梅卡特克莱耳中，他便告诉了马塞埃斯卡西。二人商议之后，把老希科滕加和韦霍辛戈的酋长们召集起来，下令把小希科滕加捆绑后带来。马塞埃斯卡西对众人说了一番道理，问他们曾否记得或听说过，一百多年来特拉斯卡拉全境可曾有过像神使们来到他们疆土后这样兴旺、富裕的景象；还说，他们在各地区从未像现在这样受人敬重；他说，他们现在有许多棉布和黄金，还能吃上盐，而且他们特拉别卡拉人不论跟随神使到何处，都因神使之故而受到尊敬，尽管他们有不少人在墨西哥城遭到杀害。他要大家想一想他们祖先多年以前对他们说过的话，说是会有人从日出处来，成为他们的统治者；而现在，小希科滕加何以要如此背信弃义，起坏心要袭击并杀害我们，说如此行事极不应该，小希科滕加无法为其恶劣行为和一向埋藏心中的邪恶辩解。眼下，他看见我们溃败的情景，本应来帮助我们，使我们复元，以便打回与他们为敌的墨西哥人的村落去，他却要干那种背信弃义的勾当。

听了马塞埃斯卡西和他瞎眼父亲希科滕加说的话，小希科滕

加答道,他所说的与墨西哥人讲和的主意是好主意,还说了一些令马塞埃斯卡西、奇奇梅卡特克莱以及他的瞎眼老父亲受不了的事;他们立即站起来揪住他,扯破他的领口和斗篷,还咒骂着把他推下台阶去,他的斗篷全被扯破,若没有他父亲在场,他们定会杀了他,同他一起密谋的那些人都被捉拿。当时我们都在场,然而那时不是惩处他的时候,所以科尔特斯不敢多说。

话说我们为了治伤,在该村落逗留二十二天。科尔特斯随即决定,让我们到附近的特佩亚卡地区去,因为到墨西哥城来的我们的兵士和纳瓦埃斯的兵士,有很多人在那里及其附近的卡丘拉[①]村遭到杀害。

科尔特斯将这一决定告知我们的指挥官,他们便去动员纳瓦埃斯的兵士准备作战,可是他们不惯征战,又刚从墨西哥城、桥上和奥通巴战役中死里逃生,一心只想回古巴,回到他们有众多印第安奴隶的庄园和金矿上去,便咒骂科尔特斯及其征服行动,而且决定告诉他,他们不想去特佩亚卡,什么仗都不想打,只想回家去,他们从古巴来已经损失够多了。科尔特斯委婉亲切地劝说他们,相信能说服他们跟我们去特佩亚卡。然而他劝说也罢,斥责也罢,他们就是不听;那些人见对科尔特斯说的话毫无用处,便当着国王公证人的面,向他递交一份正式请求书,要立即前往比利亚里卡,不要再去打仗;提醒他,我们已经没有马匹,没有火枪,没有弩弓,没有火药,也没有打绳索用的麻纤维和军需品;说我们人人都已负伤,我们的兵士和纳瓦埃斯的兵士总共只剩下四百四十人;还说墨

① 应为“克乔拉克”。

西哥人已从我们手中夺取山隘和通道，倘若我们再等下去，我们的船只也都要被船蛆吃光了。他们在请求书中还提及其他许多事情。

他们把请求书递交科尔特斯并读给他听，请求书中数落科尔特斯许多不是，但他予以有力的驳斥。此外，我们这些追随科尔特斯的人，都请他不要准许任何一个纳瓦埃斯的人或其他人返回古巴，说大家都要来为天主和国王效力，这才是正道，而不要回古巴去。

经反复说服，他们终于同意跟随我们出征，然而是有条件的，科尔特斯答应一有机会就放他们回古巴去。尽管如此，他们依然私下非议科尔特斯及其征服行动，说他们放弃家庭与安逸，付出的代价太高；说他们跑到此地来，连性命都难保全。

第一百十九章
我们前往特佩亚卡地区以及在该地区的行动

科尔特斯请求特拉斯卡拉的酋长们派遣五千名武士，跟随他去征讨并惩罚那些杀害过西班牙人的村落——特佩亚卡、卡丘拉和特卡马查尔科；他们十分乐意，准备派出四千名印第安人，倘若说我们去那些村落的愿望很强烈，那么马塞埃斯卡西和老希科滕加要攻打那几个村落的愿望更为强烈，因为那几个村落的人来抢掠过他们的田庄。

我们一切准备就绪，就动身上路；这次出征，我们未带大炮，也未带火枪，因已全部留在桥上，少数几支抢出的火枪，也没有火药可用。我们带上十七匹马，六把弩弓，四百二十名兵士（大部使用剑和圆盾），另有大约两千名特拉斯卡拉友军；我们还带上够一天用的给养，因我们前去的地区人口稠密，且有充足的玉米、鸡和当地产的一种狗。

翌日，我们在一片平川地上同墨西哥人及特佩亚卡人鏖战一场，因为是在玉米田和龙舌兰地内交手，尽管墨西哥人作战勇猛，还是很快被骑兵冲垮，而我们这些不骑马的兵士行动也很迅速。再看看同我们友好的特拉斯卡拉人吧！他们与敌人战斗何等英勇，而且紧追不舍。

特佩亚卡的人见驻守他们村落的墨西哥人原先说的话全是吹牛皮，此时被我们打得溃不成军，也不和墨西哥人打声招呼，便一起投到我们这边来。我们收下他们，他们便归顺了国王陛下，把墨西哥人赶出他们的村子去。我们来到特佩亚卡村，在该村建立一个镇，取名边安镇，因它位于通往比利亚里卡的路上，而且就在附属于墨西哥城的一个富庶地区内，盛产玉米，守卫边界的是我们的特拉斯卡拉友军。该镇任命了镇长和镇政会议成员，下令攻打周围附属于墨西哥的地区，尤其是攻打曾经杀害过西班牙人的那些村落。铸了一个 G 字形（意即“战争”）的烙铁，用以给捉来当奴隶的人打烙印。我们从边安镇出去攻打周围地区，大约四十天工夫，那一带村落都平定下来，而且受到惩罚。

当时墨西哥城推选出另一位君王，因为将我们赶出该城的那位君王因患天花亡故。他们推选为君王的是蒙特苏马的侄子或近亲，名叫瓜特穆斯，是个年约二十五岁的青年，在印第安人中算是十分英俊的了，而且勇敢无比，使人害怕得不得了，他的百姓在他面前全怕得发抖。他娶的是蒙特苏马的女儿——在印第安女子中可算是个绝色美人。

这位墨西哥的瓜特穆斯王得知我们已击溃驻守特佩亚卡的墨西哥武士队伍，特佩亚卡也已归顺国王陛下，为我们效力并供应我们粮食，我们已在那里住下，因此他担心我们攻打瓦哈卡及其他地区，并把所有的村落都争取到我们一边，使差遣几个信使到这些地方的各个村落去，通知他们严阵以待，送金饰给酋长们，减免其他村落的贡税；尤其是他还下令派出人数众多的武士队和驻军，以防我们侵入他们的疆土，派人告知他们要顽强抵抗我们，免得像特佩亚卡、卡丘拉及特卡马查尔科那样，全部沦为我们的奴隶。

特佩亚卡周围各村落既已平定，科尔特斯决定让一个名叫弗朗西斯科·德·奥罗斯科的人当指挥官，带领大约二十名伤病兵士，留驻边安镇，我们大队人马则全部开往特拉斯卡拉。科尔特斯下令伐木建造十二条双桅帆船，以便再度前往墨西哥城，因为我们很清楚，若没有双桅帆船，我们便无法控制那个湖，也无法进攻，如果再从堤道进入那座宏伟的城池，我们的性命必遭巨大危险。

马丁·洛佩斯精于破料、制模板、算尺寸，他指点众人如何建造轻捷灵活的帆船，并且亲自动手；他不但在历次战斗中确是一个好样的兵士，在建造双桅帆船中为国王陛下效力也十分卖力，干起活来简直是条好汉。

我们到达特拉斯卡拉时，我们的好朋友、国王陛下的忠臣马塞埃斯卡西已患天花亡故。他的去世使我们大家都很悲痛，科尔特斯尤为伤心，如他自己所说，直如死了父亲一般。他穿上黑色丧服，我们不少官兵也照他的样子行事。科尔特斯和我们大家抚慰马塞埃斯卡西的儿子和亲人；当时，在特拉斯卡拉对统治权和酋长之位的归属有分歧意见，科尔特斯便指定并命令由马塞埃斯卡西的一个嫡子继承，因这是其父临终的嘱咐。他告诫他的儿子和亲人，千万不可不听马林切及其弟兄们的命令（因为我们正是统治这片疆土的人）；他还对他们提供许多有益的劝告。

老希科滕加、奇奇梅卡特克莱以及特拉斯卡拉其余的所有酋长都自告奋勇为科尔特斯出力，不仅愿意伐木造船，也愿意在攻打墨西哥人的战争中做我们让他们做的一切事情。科尔特斯为此十分亲热地拥抱他们，向他们致谢，随即撺掇他们信奉基督，忠厚的希科滕加心甘情愿地说，他愿意成为基督徒。那位施恩会神父以当时在特拉斯卡拉所能举行的最盛大的仪式，给他施行洗礼，为他取名堂洛伦索·德·巴尔加斯。

再来说说我们的双桅帆船。马丁·洛佩斯得到帮他干活的印第安人的大力帮助，很快伐好木，短短几天便把木料全部破好，并在每块木料上标明各自的部位，造船的技工、工匠和造船工都按他的记号进行建造。

科尔特斯随即派一个叫圣克鲁斯的优秀、勤勉的兵士，率人去比利亚里卡取来沉船上的铁器和钉子，取来锚、帆、帆缆、绳索和麻絮，以及造船的全套工具，又命令所有的铁匠都来。他又命令把炼树脂的锅及以前从船上取下的一切东西都运来，为此派出一千多印第安人，由于那些地区所有的村落都是墨西哥人的对头，所以都派人去搬运。我们没有炼制的松脂，印第安人又不会提取，科尔特斯吩咐四个懂这项技术的水手，到韦霍辛戈附近的松林里去提取松脂，那里有的是优质松木。

科尔特斯见建造双桅帆船的木材已经伐好，使我们为难的那些纳瓦埃斯的人也已返回古巴(因他们总是吓唬我们，当他们听我们说要去围攻墨西哥城时，便扬言我们没有足够力量对付墨西哥人的强大兵力)，再也不必为这些人烦心，便决定率领我们全体兵士开赴特斯库科城。此事是经多次激烈争论之后才商定的，因部分兵士认为，查尔科附近的阿约辛戈有许多河渠，是造船的最佳地点；其他兵士坚持认为特斯库科最好，因该城周围有许多村落，只要该城掌撑在我们手中，我们便可以把它作为出发点攻打墨西哥城附近地面；我们在该城驻扎下来之后，可根据事态的发展作出最有利的决定。开赴特斯库科城一事决定之后，几名兵士送来信件，说是由卡斯蒂利亚或加那利群岛来的一条船已到达比利亚里卡，是一条大船，载有许多货物、火枪、火药和弩弓，还有弩弓的弦、三匹马及其他武器；货主兼船长是胡安·德·布尔戈斯，大副是弗朗西斯科·德·梅德尔，还来了十三名兵士。科尔特斯立刻派人向他购买全部武器和火药，还购买他运来的所有货物。胡安·德·布尔戈斯本人、梅德尔以及船上的全体乘客，随后也来到我们所在的地方，在那样的时刻来了如此及时的支援，我们都兴高采烈地迎接他们。

第一百二十章

我们全部人马向特斯库科城挺进

科尔特斯见有如此精良的枪械、火药、弩弓和马匹到手，又已知道我们大家都迫切希望攻取雄伟的墨西哥城，便决定要求特拉斯卡拉的酋长们派一万名印第安武士，随同我们向特斯库科进军。老希科滕加立刻说很乐意满足这一要求，不仅可以派一万人，只要科尔特斯愿意，还可以派更多的人；还说，要派勇敢的酋长、我们的好友奇奇梅卡特克莱统领这拨人马。科尔特斯为此向他致谢，然后清点人数（我已记不清楚我们兵士及其他人等共有多少人）。1520 年圣诞节后一日，我们排列得整整齐齐地开拔了，我们走到一个村落宿营，该村供应我们所需物品。

从该村往前，便是墨西哥人地界，我们走得更加小心翼翼。我们的炮兵、弩弓手和火枪手都排得整整齐齐；始终有四名骑马的侦察兵，另有四名持剑和圆盾的跑得很快的步兵同骑兵一起行进，以观察道路是否适合马匹通过。我们在途中得到警告，前头一条难走的山路已被伐倒的树木阻塞，因为墨西哥和特斯库科都已知道，我们正向他们的城池挺进。

当天我们没有遇到任何障碍，走了大约三西班牙里，来到山麓宿营，当夜天气相当冷。夜间我们派有巡逻队、探子、值夜人和侦察兵。

天刚破晓，我们开始攀登一处山隘，山路被一条条沟壑隔断，我们难以通过，路上还摆放很多木头和松树，幸亏我们带来许多特拉斯卡拉朋友，很快排除了障碍。我们同一队火枪手、弩弓手走在前面，我们的朋友边伐树，边把伐倒的树移开，使马匹得以通过；我们直登山顶，还往山下走了一小段路，直到望见墨西哥湖及建造于水上的巨大城池。我们一见到湖，便连声感谢天主又让我们见到它。于是，我们想起我们上一次的溃败，想起我们被赶出墨西哥的时刻，我们发誓，定要靠天主保佑，在此次攻打墨西哥城的战斗中，打出另一种局面来。

然后，我们开始下山，望见特斯库科及其所属村落均已点燃巨大的烟火信号。再往下去，我们与一大队墨西哥武士和特斯库科武士相遇，他们在一条崎岖难行的通道上守候我们，那里有一道很深的山沟，上面是一座拆毁的木桥，沟底溪水在湍急奔流；我们当即打败那群武士，安然通过那座桥。特斯库科人从田庄和山沟里（而且是在马匹无法奔驰的地方），向我们一个劲儿地狂呼乱叫。我们的特拉斯卡拉朋友抢走他们的鸡，凡能抢的东西都抢得一件不剩，尽管科尔特斯下过命令说，只要他们不进攻，我们也不打。特拉斯卡拉人说。他们若是心肠好，不想打仗，就不该到路上攻打我们，就不该到山沟和桥上不让我们通过。

我们到隶属于特斯库科的一个村落[①]宿营，村内已空无一人。当夜我们十分留神，防备埋伏在崎岖通道上的众多武士前来袭击，我们已了解到他们的情况，因我们在第一座桥上俘获五个墨西哥

① 即科阿特佩克村。

人，他们交代有众多武士守候在该处的情况。

天刚放明，我们便起程向特斯库科进发，该城距我们的宿营地点约二西班牙里。我们走了不到半西班牙里，便见我们的侦察兵急急回来，兴高采烈地报告科尔特斯说，来了十来个印第安人，带来金子制作的标志，没带任何武器；还报告说，他们经过的所有村舍和田庄，都没有人像前一日那样向他们叫喊；看来已平安无事。科尔特斯及我们全体官兵都大喜过望。

科尔特斯当即吩咐休息，一直休息到印第安人来到。他们是七个特斯库科当地的首领，带来一面挂在长杆上的金旗，走到之前先把他们的金旗低垂下来，显得十分谦卑，是和平的表示。他们走到科尔特斯面前时，我们的通译堂娜玛里娜和赫罗尼莫·德·阿吉拉尔也在场，这几个印第安人说："马林切，我们的主人和特斯库科酋长科科约阿辛[①]派我们来求你，希望你接受他的友谊，他正怀着获得和平的愿望在特斯库科城等候你，为表示诚意，他请你收下这面金旗，求你下令所有的特拉斯卡拉人及你的弟兄们，不要在他的疆土上干坏事，请你在他的城里住宿，他定当供应你所需的一切。"他们还说，部署在山沟和险道上的武士不是特斯库科人，而是墨西哥人，是瓜特穆斯派来的。

科尔特斯听到这些求和的话，高兴得了不得——我们大家的心情也相同，就拥抱那几个使者，对其中三个格外亲热，因他们是那位好心的蒙特苏马的亲戚，我们这些兵士也都认识他们——他们本都是蒙特苏马的统领。科尔特斯考虑了他们的请求，立即遣

① 应为"科阿纳科奇津"。

人将特拉斯卡拉的统领叫来，十分和气地命令他们，切不可在该地干任何坏事，也不可拿他们任何东西，因他们已经讲和。他们照办了。至于食物，他对他们不加禁止——无非是玉米和菜豆，还有鸡和狗，因为这些东西很多，家家户户都有。

当时科尔特斯征询我们指挥官们的意见，他们认为印第安人此次求和以及采取的方式，全是假装的，因为若是真心求和，就不必如此急急赶来，更不必带粮草来。尽管如此，科尔特斯还是接受了那面约值八十比索的金旗，对使者连声道谢，并对他们说，他从来不干残害国王陛下的臣民的事，而是帮助他们，照料他们，如果他们信守他们所说的和平，他就帮他们反抗墨西哥人；他还要求他们的酋长科科约阿辛以及特斯库科的其他全体酋长和首领给他黄金和衣服，说被害的那些西班牙人既已无法死而复生，他也就不向他们提什么要求了。

那几个使者答道，他们定当遵命将他的话禀报他们的主人，但是下令杀害西班牙人的，是蒙特苏马去世时在墨西哥被推选为君王的那个人，他叫奎特拉瓦克；是他占有了全部掠夺的东西，还命人把全部神使押往墨西哥城，他们随后都被送去祭了神。科尔特斯听毕这种答复并不反驳，以免吓住他们，便让他们走，只留一个在我们处。

我们随即向邻近特斯库科的某地区开拔；在该地区，他们给我们供应充足的食物和我们需要的一切物品，我们则把我们住宿的房屋内的一些偶像捣毁。次日一早，我们开往特斯库科城，在大街小巷和所有房屋内都见不到妇女、小伙子和儿童，所见的都是惊恐不安、如临大敌的印第安人。我们前往一些很宽敞的住所和房间安营。

科尔特斯命人召集我们全体官兵，嘱咐我们切勿走出我们住宿的大院，并要我们做好准备，因为他觉得城内不太平，需看看情况到底如何。他命佩德罗·德·阿尔瓦拉多、克里斯托瓦尔·德·奥利德和一些兵士（其中有我）登上一座巍峨的神庙，还让带上二十来个火枪手充当我们的卫队；我们从神庙高处可望见湖和城，一切都一览无余。我们望见各村落的居民都带着财物、包裹和妻小，有的走向山上，有的走向湖边的芦苇丛，湖上到处是大大小小的独木船。

科尔特斯得知这一情况后，便要捉拿派人送金旗的那个特斯库科酋长，当他派几个祭司为使者去传这个酋长时，此人已逃之夭夭；最早逃往墨西哥城的就是这个特斯库科酋长及许多首领。当夜就这样度过，我们派出大批值夜人、巡逻队和探子以确保安全；次日一早，科尔特斯命人召集仍然留在特斯库科的全部印第安首领，因该城很大，还有许多头面人物，是逃走的那个酋长的反对派，他们与他在该城的统治权与酋长之位的归属问题上有争论和歧见。他们来后，科尔特斯便问他们，科科约阿辛是何时开始、如何进行统治的；他们说，他为了篡夺统治权，在墨西哥君王奎特拉瓦克的帮助下，害死自己的哥哥，但还有其他首领比他有更合法的权利继承特斯库科的统治权，他们提到一个青年，这个人后来在很庄严的仪式中成为基督徒，取名埃尔南多·科尔特斯，我们的统帅便是他的教父。

他们说，这个青年是特斯库科的君王内萨瓦尔平辛特莱的嫡嗣；没过多久，特斯库科全境便欢欣雀跃地推选他为合法君王，举

行了类似情况下通常举行的各种仪式，整个过程十分太平，全体臣民及附近各村落都很爱戴他，他有绝对的统治权，臣民们对他十分顺从。为了使他对我们的宗教有进一步了解，也为了使他们懂得各种礼节和学会我们的语言，科尔特斯指派安东尼奥·德·比利亚·雷亚尔和一个名叫埃斯科瓦尔的学士当他的家庭教师。

科尔特斯要求派大批印第安劳工去加宽加深几条沟渠，因为双桅帆船建成后须从这几条沟渠拖往湖上，准备出航。他还对堂埃尔南多本人及他的首领们说明何以要那样做，以及我们包围墨西哥城的方法和方式。堂埃尔南多尽他自己及其臣民的能力所及，给予一切支持；此外，他还下令派人到附近的村落去，劝说他们归顺国王陛下，接受我们的友谊与反对墨西哥的要求。

第一百二十一章
我们随同科尔特斯前往伊斯塔帕拉帕

我们在特斯库科已停留十二天，特拉斯卡拉人缺粮，因他们人数众多，特斯库科人无力充分供应。为了让特拉斯卡拉人补充粮食，不致遭受缺粮之苦，又因他们渴望与墨西哥人开战，以便为以往溃败中被然害及被掳去祭神的许多同胞报仇雪恨，科尔特斯决定自任统帅，率领安德烈斯·德·塔皮亚、克里斯托瓦尔·德·奥利德、十三名骑兵、二十名弩弓手、六名火枪手、二百二十名兵士、我们的特拉斯卡拉朋友以及堂埃尔南多交给我们的二十名特斯库科的首领，向位于距特斯库科约四西班牙里的伊斯塔帕拉帕出发。我已说过多次，伊斯塔帕拉帕的房屋一半建在水上，一半建在陆地上。

墨西哥人自从获悉我们将去攻打他们的村落，便时刻派哨兵、驻防军和武士提防我们，以便及时援救那些村落；此时，当我们队列整齐地向伊斯塔帕拉帕进发时，他们立即通知伊斯塔帕拉帕人做好准备，并派去八千多墨西哥人帮助他们。墨西哥人和伊斯塔帕拉帕人都是优秀武士，他们在陆地上守候我们，十分英勇地同我们打了好一阵子。后来骑兵把他们冲垮，弩弓手和火枪手随后冲上去，我们的特拉斯卡拉朋友个个像疯狗般扑向他们，他们赶紧撤离旷野，退入村内。

这是他们深思熟虑后定下的一条计策，我们若不迅速离开他们退入的那个村落，他们就要重创我们。他们佯作逃走，钻入停在水上的独木船和建于湖中的房屋中，其余的撤往芦苇丛。当时夜色已浓，他们任我们在陆地上安排宿营，既不出声，也不露出要进攻的意思。我们因获得战利品，又因取得胜利而心满意足。

我们于是便安心休息，虽然派了哨兵、探子、巡逻队，甚至还派了侦察兵，但不知何时大水竟淹了整个村落，若没有特斯库科来的首领高声叫喊，并通知我们赶快出屋到地势高的地方去，大家定遭灭顶之灾；敌人放出两条渠的淡水和咸水，又挖开一条堤道，于是全村立刻灌满水。我们的特拉斯卡拉朋友不谙水性，不会泅水，淹死了两个；我们冒性命危险逃出来，个个通身湿透，火药损失，随身东西也全部丢光。

在此情况下，我们浑身寒冷，又没有晚饭吃，度过了艰难的一夜。更糟的是，伊斯塔帕拉帕人和墨西哥人从他们的房屋内及独木船上对我们大声嘲笑、喊叫、打呼哨。更有甚者，便是墨西哥方面已知他们定下挖堤道放渠水淹我们的计策，派出许多营武士守在陆地和湖上，天刚放明他们便向我们猛攻，攻势之猛使我们难以招架。他们杀死我们两名兵士、一匹马，打伤我们不少人，其中有我们的人，也有特拉斯卡拉人。他们的攻势渐次减弱，我们即返回特斯库科，因受嘲弄，中了他们水淹计策，又因后来那一仗没打好（因我们没有火药）而羞恼。不过，他们还是害怕了，而且掩埋、焚烧尸体、治疗伤号及修理房屋诸事，也足够他们干的了。

第一百二十二章 特斯库科附近三个村落来人求和并请求宽恕

我们攻打伊斯塔帕拉帕返回特斯库科后过了两天，有三个要求讲和的村落来人请求宽恕，因为他们过去打过我们，又杀害过西班牙人。科尔特斯感到无暇他顾，便宽恕他们，但为此严斥了他们；他们说许多好话，保证永远反对墨西哥人，要成为国王陛下的臣民，要为我们效力，他们也确是如此行事。

随后，又有建在湖上的一个叫做梅斯基克（我们管它叫委内瑞拉）的村落，派人来向科们要求和平与友谊。看来这些人一向与墨西哥人不睦，而且打心里憎恨他们。科尔特斯和我们大家都很重视这件事，因该村坐落湖上，他们与我们结交，将带动邻近同样坐落于湖上的各村居民。科尔特斯十分感谢他们，用好言好语向他们亲切道别。

过后不久，有人来报科尔特斯，墨西哥已派出大批人马，来攻打最早来与我们交好的四个村落；他们对科尔特斯说，他们不敢守在家里，想上山去，或者到我们留驻的特斯库科来。他们报告科尔特斯如许情况，意在敦请他赴援，他当即准备好十二名骑兵、二百名兵士、十三名弩弓手和十名火枪手，还带上佩德罗·德·阿尔瓦拉多和克里斯托瓦尔·德·奥利德总领，一起前往派人向他诉苦、距特斯库科约二西班牙里的几个村落。

墨西哥人似乎是派人威胁说，要攻打并摧毁他们，因他们同我们交好。但是，他们发出威胁以及双方的争论，更主要是因为湖边几大片行将收获的玉米田，特斯库科人和那几个村落就是以那里出产的玉米供应我们营地的。墨西哥人要夺走他们的玉米，说那是他们所有，但是那片沃土上的玉米田一向是那四个村落为供奉偶像的祭司们播种并收获的。为了这几片玉米田，墨西哥和特斯库科的印第安人彼此残杀了不少人。

科尔特斯了解这一情况之后，告诉他们不必害怕，尽管待在他们家里；他答应他们，每当他们要去收玉米时，不管是为了供应我们营地，还是为他们自己获得口粮，他都会派一位指挥官带众多骑兵和兵士去保护收玉米的人。他们听到科尔特斯说的话十分高兴，我们便返回特斯库科去。从此以后，每当我们营地需要玉米，我们便召集那几个村落的全部役夫，加上我们的特拉斯卡拉朋友、十名骑兵、一百名兵士、几名弩弓手和火枪手，一起去收玉米。我提起此事，是因为我为此事去过两次，其中一次我们与众多墨西哥武士打过一场激烈的遭遇战;他们坐一千多条独木船来,在玉米地里守候我们,因我们带来我们的朋友,墨西哥人虽然作战英勇,到底还是被我们赶回独木船去。

次日,我们得知查尔科、塔马纳尔科及其所属村落的人也想来求和,但因墨西哥的驻军守在他们村内,他们无法前来;那些墨西哥驻军在他们的疆土上给他们造成许多损害,抢走他们的女子,尤其是美貌女子。再者,我们造船用的木料已在特拉斯卡拉伐好,破成板材,一直未运到特斯库科来,我们大多数兵士为此十分担心。此外,委内瑞拉村(即梅斯基克村)及其他与我们友好的村落的人对科尔特斯说,因为他们与我们交好,墨西哥人要攻打他们;而我们的特拉斯卡拉朋友,因抢到一些衣服、盐、零星杂物和金子,便有一部分人想回家乡去,但因路上不安宁而不敢走。

科尔特斯看到,既要去救援来向他求援的村落,又要去帮助查尔科人,使他们能来与我们交好,结果会落得两头都保不住,因为特斯库科始终需要防备和警惕,于是他决定把他事放到一旁,首先到查尔科和塔马纳尔科夫。他为此派贡萨洛·德·桑多瓦尔和弗朗西斯科·德·卢戈率领十五名骑兵、两百名兵士、几名弩弓手和火枪手,还有我们的特拉斯卡拉朋友前去,用一切办法把墨西哥驻军击溃,使之逃离查尔科和塔马纳尔科,以使特拉斯卡拉的那条路畅通无阻,如是便可往来于比利亚里卡而不受墨西哥武士的骚扰。

此事决定之后,科尔特斯立即派特拉斯卡拉的印第安人暗暗通知查尔科人,要他们做好准备,以便白天或夜间袭击墨西哥驻军。查尔科人盼的就是这个,便做了充分准备。

贡萨洛·德·桑多瓦尔率领队伍出发时,将五名骑兵、五名弩弓手及所有背着战利品的特拉斯卡拉人留作后卫；墨西哥人始终派有哨兵和探子，所以知道我们正在开往查尔科的途中，便又调集众多武士（在查尔科的驻军不计在内），扑向我们的后卫，即带着战利品的特拉斯卡拉人，给以沉重打击；五名骑兵及五名弩弓手抵挡不住墨西哥武士，因有两名弩弓手阵亡，其余的人也都负了伤。贡萨洛·德·桑多瓦尔虽然迅即回击，将他们击溃，而且打死十个墨西哥人，但因大湖就在近处，他们都逃上来时坐的独木船。

墨西哥人既已逃走，桑多瓦尔见与弩弓手及火枪手（两名弩弓手战死，其余的人均负伤）一起留作后卫的五名骑兵，人和马都已负伤；尽管如此，他还是斥责留作后卫的兵士说，他们既抗击不了敌人，又保卫不了自己和我们的朋友，确乎太不中用；他对他们大发一通火，因为他们都是新近从卡斯蒂利亚来的。他还责备他们说，他认为他们根本不知什么叫打仗。他随即把特拉斯卡拉印第安人连同他们的战利品，全部送到安全的地方。

桑多瓦尔将特拉斯卡拉人送回他们的家乡之后，便折返离那里很近的查尔科去，在途中行进时，发现众多墨西哥武士迎面而来；在布满大片玉米田和龙舌兰（他们饮用的酒是用龙舌兰制的）田的平川地上，他们朝他投射投枪和箭，用投石器投射石弹，还用长矛刺马匹。桑多瓦尔见一大群武士向他袭来，便给手下的兵士鼓劲，冲散他们两次，又率领火枪手、弩弓手及少数留下的友军把他们击溃，虽然他们打伤他五名兵士、六匹马和许多友军，可是他猛杀猛打，使他们为此付出了代价。查尔科人得知桑多瓦尔已到达附近地方，立刻到路上迎接他，对他既恭敬又亲热。墨西哥人在这次溃败中被俘八人，其中有三个是很重要的首领。

此事既了,次日桑多瓦尔说他将返回特斯库科,查尔科人便对他说,他们要随他去看望马林切,并同他交谈,还要带当地酋长的两个儿子同去。该酋长几日前死于天花,临终时托付全体首领及长者,要他们带他的儿子往见统帅,由统帅授予他们查尔科酋长之位,并要他们大家成为神使们的那位伟大国王的臣民,因为他们的祖先确实对他们说过,从日出处来的长胡子的人必将统治那片疆土,还说就他们已见到的各种事实判断,我们就是那种人。桑多瓦尔当即率领手下的全部人马向特斯库科进发,并带上那酋长的两个儿子、其他首领以及八个墨西哥俘虏。

科尔特斯得知桑多瓦尔到达时,高兴得心花怒放。桑多瓦尔向他报告过此行情况及那几个查尔科人何以前来的缘由,即返回自己的住所。几个首领立即来到科尔特斯面前,向他行过大礼后对他说,他们甘愿成为国王陛下的臣民,说这样做也是遵从那两个青年的父亲对他们的嘱咐,以便由他亲自将酋长之位授予那两个青年。他们说毕这番话,把约值两百比索的贵重饰物送与科尔特斯。

科尔特斯对他们极为亲热,拥抱他们,亲自将查尔科的酋长统治权授予那个哥哥,让他管辖所属各村落的一多半,又把塔马纳尔科村、奇马卢阿坎村、阿约辛戈村及其他附属的村落交与那个弟弟管辖。

科尔特斯请他们在特斯库科等候两日,因为他要派一位指挥官去特拉斯卡拉搬取木料和板材,这位指挥官将带他们同行,送他们还乡,免得途中受墨西哥人袭击。他们高高兴兴地离去,对他十分感激。

此事按下不表。却说科尔特斯决定将桑多瓦尔在查尔科战斗中擒获的八个俘虏遣返墨西哥城，去对当时已被推选为君王的瓜特穆斯说，他亟盼他们不要导致他们自己及那座如此雄伟的城池的毁灭，希望他们前来议和，他将宽恕他们在上次战斗中给我们造成的死亡和损失，绝不向他们提出任何要求。科尔特斯提醒说，战争在初起时极易挽回，到中间和末尾就困难，而且他们终将毁灭，瓜特穆斯何苦要自己的百姓全归于尽并使那座城池惨遭毁灭呢？科尔特斯要瓜特穆斯明白我主耶稣的莫大威力，他是我们信仰、崇拜的神，他始终帮助我们。科尔特斯要瓜特穆斯注意，周围所有的村落都已站到我们一边；特拉斯卡拉人一心只想战斗，以惩罚墨西哥人对他们的背信弃义，并为他们被杀害的同胞报仇。科尔特斯要墨西哥人放下武器，前来议和，他向他们保证，他必将永远尊重他们；他还通过堂娜玛里娜和阿吉拉尔，说了许多动听的道理，提出不少忠告。

我们遣去传话的那八个印第安俘虏往见瓜特穆斯，但他根本不想给予任何答复，而是修造掩体，准备武器，派人到各地区传令，若擒获我们的散兵，应解往墨西哥城祭神；他一旦派人召集，他们须立刻带领军队前去墨西哥城；他又派人到各地减免贡税，还作出许多承诺。

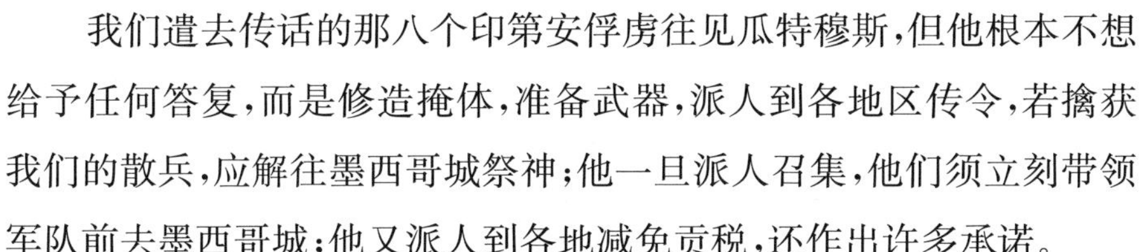

第一百二十三章

贡萨洛·德·桑多瓦尔前往特拉斯卡拉搬运造船的木料

我们始终盼望立即造好双桅帆船去围困墨西哥城，而不要白白浪费时间，我们的统帅科尔特斯因此命贡萨洛·德·桑多瓦尔立刻去搬运木料，让他率领两百名兵士、二十名火枪手和弩弓手、十五名骑兵、众多的特拉斯卡拉人和二十个特斯库科的首领，还让他带上查尔科的两个青年和几个长者，将他们平安送到他们的村落。在起程之前，他让特拉斯卡拉人与查尔科人建立了友谊。

桑多瓦尔前往特拉斯卡拉，在酋长们居住的特拉斯卡拉首府附近，遇到扛着建造双桅帆船全部木料和板材的八千人，后面跟随同样数量手持武器、头戴羽饰的人，另有两千人轮流搬运口粮。全体特拉斯卡拉人的统领由奇奇梅卡特克莱及其他酋长和首领担任。率领全队的是马丁·洛佩斯，负责伐木、破料的是他，提供船板的模板和尺寸的也是他。

桑多瓦尔一见他们扛着木料走来，十分高兴，因为他们使他不必再为此操心，他原以为需在特拉斯卡拉耽搁数日，方能带全部木料和板材动身。

他们同来时一样，队列整齐，走了两日，进入墨西哥人地界。墨西哥人从田庄、山沟以及马匹和火枪伤不着他们的地方，朝马丁·洛佩斯的队伍拼命打唿哨，大叫大喊。

特拉斯卡拉人对率领全队的马丁·洛佩斯说过，因为他们扛着木料和口粮，行动不便，在那一带路上也许会突然杀出一大群墨西哥人来，将他们击溃，于是他说，最好改变一下他们到那时为止一直保持的行进队列。桑多瓦尔当即命令骑兵、弩弓手和火枪手分开，一部分走在队伍前面，其余的走在队伍的两侧。他又命令作为统领走在全体特拉斯卡拉人前头的奇奇梅卡特克莱，同他一起留在后卫队里。这位酋长觉得那是对他的羞辱，以为别人把他看作懦夫；当时他们对他作了许多解释，他又看到同他一起走的有桑多瓦尔，这才同意。他们让他明白，墨西哥人总是袭击队伍后边的辎重。等他完全明白过来，他便拥抱桑多瓦尔，并说这样安排是瞧得起他。

他们在路上又走了两天方到达特斯库科，进城前穿上十分精美的斗篷，戴上羽饰，在鼓号声中排列成整齐的队伍，不间断地走了半日多，才全部进城，边走边高声叫喊，打唿哨，喊道："万岁，我们的国王陛下万岁！卡斯蒂利亚，卡斯蒂利亚！特拉斯卡拉，特拉斯卡拉！"

科尔特斯和一些指挥官出来迎接他们；他对奇奇梅卡特克莱以及随行的全体统领亲热万分。运来的木料、板材以及造船用的一应物件，都摆放在靠近水渠和河滩处，船将在该处建造。造船师马丁·洛佩斯从那日起急急动工建造十三条双桅帆船，协助他干活的有另外几个西班牙人、一些印第安役夫和木匠、两个带来煅炉的铁匠，建造工作进展神速，十几条船很快装配完成，只差填塞船缝和安装桅樯、索具、船帆了。船既已造成，我们营地便采取严密的防范措施，布置哨兵、侦察兵守卫双桅帆船，因为船只都放在湖边，墨西哥人三次设法放火焚烧，我们甚至捉到十五个前来放火的印第安人。科尔特斯从他们嘴里详细了解到墨西哥正在进行的一切以及瓜特穆斯的决定，即无论如何不议和，为消灭我们，他们全体将战斗到最后一息。

墨西哥还向附属的所有村落发出号召，派出使者，并减免他们的贡税。他们夜以继日地挖壕沟，加深桥下的航道，修筑坚固的掩体，造了一些用来刺马的很长的长矛，把我们大溃败之夜从我们手

中夺去的剑安在长矛上，并准备好投枪、鹿角镞长箭和圆石块，还准备好投石器和双手抡的砍刀和比这种砍刀更大的石刃木斧，以及各种武器。

再来说说我们这边的情况。双桅帆船进入大湖前必经的那几条水渠，已经加宽并挖深，可通过相当大的船只。正如前面所述，一直有八千名印第安役夫参加此项工程。

第一百二十四章

我们的统帅科尔特斯前往萨尔托坎村的一个道口，由此向其他村落进发

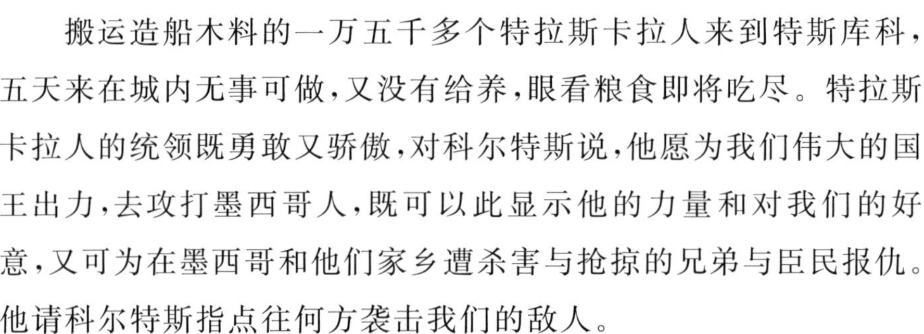

搬运造船木料的一万五千多个特拉斯卡拉人来到特斯库科，五天来在城内无事可做，又没有给养，眼看粮食即将吃尽。特拉斯卡拉人的统领既勇敢又骄傲，对科尔特斯说，他愿为我们伟大的国王出力，去攻打墨西哥人，既可以此显示他的力量和对我们的好意，又可为在墨西哥和他们家乡遭杀害与抢掠的兄弟与臣民报仇。他请科尔特斯指点往何方袭击我们的敌人。

科尔特斯说他很看重他们的好意，又说他改日要去一个距特斯库科城五六西班牙里路程的萨尔托坎村，该村的房屋虽然全建于湖上，从陆地却有入村的道口。日前他曾三次遣人去传唤该村来议和，他们竟不肯来；他又向他们派去几个使者，他们不但不来讲和，反而虐待我们的使者，把其中两人打得头破血流。他们答复说，若是打到他们村，就会遇到同墨西哥一样坚固的堡垒；不论我们何时去，都会在战场上遇到他们，因为他们的偶像答复他们，要他们在战场上杀死我们，并让他们这样答复我们。

科尔特斯准备亲自打开这个道口，命二百五十名兵士和三十名骑兵随他同往，并带上佩德罗·德·阿尔瓦拉多及克里斯托瓦尔·德·奥利德，带上众多弩弓手、火枪手、全部特拉斯卡拉人及一队特斯库科武士（其中大部是首领）。他留下贡萨洛·德·桑多瓦尔守卫特斯库科城，保护特斯库科人，并看好船只与营地，防范夜袭。他又嘱咐桑多瓦尔和造船师马丁·洛佩斯，船只须在半月之内完工，以便下水航行。

科尔特斯听过弥撒即率领部队起程，一路行进到离萨尔托坎不远处，遭遇一大群墨西哥人，他们守候在他们认为能有利地攻打西班牙人并杀伤马匹的地点。科尔特斯亲自指挥骑兵，在火枪手及弩弓手射击之后冲击他们；墨西哥人立刻躲入丛林及马匹无法追赶的地方，因而被骑兵击毙的不多，而我们的特拉斯卡拉友军却俘获并打死他们约三十人。

当夜科尔特斯在一片村舍内住宿，因该处位于几个大村落中间，丝毫不敢大意；他又得知瓜特穆斯已派出好几队武士支援萨尔托坎，这些武士坐独木船走水深的河滩。次日早上，在萨尔托坎村村旁，墨西哥人同萨尔托坎人一起对我们的人发起袭击，从河沟内投射许多投枪和箭，又用投石器投射石弹，打伤我们十名兵士和许多特拉斯卡拉友军。

骑兵丝毫未能杀伤他们，因河滩上到处是水，骑兵无法在沼泽内奔驰，也不能从那里通过。印第安人往常从陆地进村走的堤道，几日前便已破坏，他们把路刨开，挖成沟渠，再灌满水，于是我们的人无论如何进不了村，也无法杀伤他们。火枪手及弩弓手虽然射击坐独木船来的敌人，但他们带来许多防护板，把自己保护得严严实实。

我们的兵士们眼看丝毫占不了上风，且到处是水，找不到原有的堤道，便咒骂萨尔托坎村，甚而咒骂此次无谓的出征。墨西哥人及萨尔托坎人还对他们大喊大叫，把他们叫作女人，说马林切也是女人，毫无勇气，只会用谎言欺骗他们，这使骑兵更加恼恨。

随同我们一起出征的，有两个特佩特斯库科[①]的印第安人。他们对萨尔托坎人极为敌视，对我们的一名兵士说，三日前他们看见萨尔托坎人如何刨开堤道，如何把堤道挖深，挖成沟渠，从一条河沟引水灌入；又说前方不远处有条路未刨，一直通往村内。我们的兵士弄清这一情况后，弩弓手及火枪手便排列成整齐的队伍，一部分人射击，另一部分人上箭、装火药，不同时地慢慢从水中蹚过去，有的地方水深达腰部以上；我们的兵士全部渡过去，许多友军跟在他们后边。科尔特斯同骑兵一起留在陆地上掩护他们，因为他担心墨西哥军队会再攻击我们的后卫。

我们的人刚渡过河沟，敌人便攻上来，伤了我们不少人。但是，我们的人一心想攻到尚未刨开的堤道上去，便继续往前，一直冲到没有水的地面，然后从该处攻打他们，并攻进村去。我们的人就这样击毙他们不少人，他们为先前的嘲笑付出高昂的代价，我们的人夺得许多棉布、黄金以及其他战利品。墨西哥人及当地人因

① 可能是“特波特索特兰”。

是住在湖上，便飞也似地登上独木船，尽量带上一应财物逃往墨西哥城。我们的人见村民逃避一空，便放火焚烧部分房屋，因该村位于湖上，也不敢在村内住宿，便回到科尔特斯统帅等候他们的地方。

次日，科尔特斯的队伍向一个叫作瓜尔蒂坦的大村落进发。一路上，周围的村民及众多与之在一起的墨西哥人对我们的人大喊大叫，打唿哨，高声辱骂；他们都待在有河沟的地方，因此骑兵无法奔驰，也不能使他们受到任何损伤。我们的队伍就在这种情况下到达该村，当时村民已逃避一空，财物也已带走。队伍当夜在村内宿营，派出人数众多的哨兵和巡逻队；次日，队伍向一个叫作特纳尤卡的大村落进发。这个村落同前一个村落一样，居民也已逃避一空，当地的印第安人均已集中到更远处一个叫作塔库巴的村落去。我们的队伍又从这个村到另一个叫作埃斯卡普萨尔科的村落去，两村相距约半西班牙里，该村居民也已逃避一空。这个埃斯卡普萨尔科村过去为蒙特苏马加工制作金银器，我们把它叫作银匠村。队伍由该村前往一个叫作塔库巴的村落，两村相距约半西班牙里，从墨西哥溃逃出来的那个悲惨的夜晚，我们曾在此稍歇。

在我们队伍抵达塔库巴之前，途经的各个村落的众多武士，同塔库巴人及墨西哥人（因墨西哥城近在咫尺）已在旷野上守候科尔特斯，他们集合在一起开始攻打我们的人，我们的统帅率领骑兵好不容易方把他们冲散。他们彼此靠得很拢，我们的兵士猛砍猛杀迫使他们退缩；因已入夜，我们队伍便在村内宿营，派出众多哨兵和侦察兵。

次日早上，比前一天多得多的墨西哥人集合在一起，排列得整整齐齐向我们攻来，打伤我们一些兵士。然而，我们的人却迫使他们退入他们的房屋和堡垒去，并得以进入塔库巴，焚烧他们许多房屋，还抢走他们的东西。墨西哥方面获悉这一情况后，下令派更多墨西哥军队同科尔特斯作战；他们商定，在同科尔特斯交战时佯装逃回墨西哥城，一步步将我们队伍引住他们的堤道，我们队伍一上堤道，他们便装出因怯战而退却的样子。他们果然按商定的计策行事。

科尔特斯以为自己定能获胜，下令追击，直追到一座桥上。墨西哥人见科尔特斯落入圈套，等他过桥后，大量的印第安人（一些坐独木船，一些从陆地来，另一些在平屋顶上）便回身向他攻来，使他陷入极危险的境地。科尔特斯真以为自己要打败了，因为他们十分猛烈地向他所在的桥袭来，他简直无法招架。

一个为了顶住敌人的强大冲击而举着旗子的旗手身受重伤，连人带旗从桥上落入水中，险遭没顶，而且墨西哥人已揪住他，要把他拖上船去，但他奋力反抗，带着旗子挣脱他们。在这场交锋中，他们杀死我们四五个兵士，还打伤我们不少人。

科尔特斯明白，在堤道上长驱直入（如我提及的那样）是何等冒失和考虑失当，也发觉墨西哥人使他上了大当，即下令全部人马后撤，但要尽可能保持队伍整齐，也不要转身，而是面对着敌人，要步步为营。弩弓手和火枪手要轮流射击和装火药。骑兵冲击了几次，但因墨西哥人很快砍伤他们的马匹而作罢。科尔特斯就这样逃脱墨西哥军队的此次打击，到达陆地后连声感谢天主。

科尔特斯在塔库巴停留的五天内，与墨西哥人及其盟友频繁交战，然后返回特斯库科。墨西哥人以为他逃走，便对他大喊大叫;他们以为他确是败走,便在自认为能战胜他的地点守候,想杀死他的马,并设下埋伏。他看到这种情况,冲击一阵,打伤他们许多人,才使他们停止追击。

科尔特斯急急来到附属于特斯库科的一个叫作阿库尔曼的村落,该村距特斯库科约二西班牙里半,我们得知他到达那里后,即同贡萨洛·德·桑多瓦尔一起去看望并迎接他,随同前去的还有许多骑士、兵士及特斯库科的酋长。我们见到他十分高兴,因为我们有半个多月没听到他的消息,也不知道他发生的事情了。我们迎接他,向他报告有关军事的一些事务,然后在当天下午返回特斯库科,因为我们担心营地空虚,难以守卫。

科尔特斯留在该村,次日方到达特斯库科。特拉斯卡拉人夺得不少战利品,个个发了财,因而要求准许他们回乡。科尔特斯准许了这一要求,他们走没有墨西哥探子的地方,从而保住他们的财物。

我们的统帅边休息边催促加紧造船,一连过了四日,忽然有北岸的几个村落前来议和,并要求归顺为国王陛下的臣民。

此时又有几个早已与我们交好的村落派人来见科尔特斯,要求帮助抵抗墨西哥人;他们说务必要帮助他们,因为大量的墨西哥军前去攻打他们,而且已经侵入他们的疆域,抓走他们许多人,还打伤不少人。

与此同时,查尔科和塔马纳尔科两地也来人,说若不火速赴援,他们定遭消灭,因为众多的敌军正在向他们袭来。他们诉了不少苦,还带来一块龙舌兰布,上面画有向他们袭来的墨西哥军队的实况。科尔特斯不知说什么才好,也不知如何回答他们,因为他看到我们的兵士有很多人负伤和生病，有八个胁痛而亡，从他们口中和鼻孔里涌出同泥浆混在一起的血块，这是长期扛武器、连续征战以及在征战中吸入尘土所致。此外，他还看到已有三四匹马受伤而死，还看到我们轮番出击，始终不得休整。

于是，科尔特斯对先来求援的村落用好话安慰，答应很快就去帮助他们，在此之前，希望他们向邻村求助；他让他们到旷野去守候墨西哥人，同邻村一起攻打他们；墨西哥见到他们表现的决心——派兵抵抗，必定惧怕。他还说，墨西哥人树敌太多，已没有那么大兵力，能像往常那样攻打他们。科尔特斯通过我们的通译劝说他们许久，为他们鼓劲，他们方略为放心；不过，他们随即要求科尔特斯写信给与我们交好的两个邻近他们的村落，要这两个村落帮助他们。他们遵照科尔特斯的嘱咐，在旷野守候墨西哥人，与之打了一仗，在那两个与我们交好的邻村的支援下（他们把科尔特斯的信交给了那两个村落），打得很不坏。

现在回头说说查尔科的情况。科尔特斯很明白，把库卢阿人从该地区和道路上清除出去，对我们至关重要，因为前往比利亚里卡德拉维拉克鲁斯和特拉斯卡拉两地，均需途经该地区；那里又是盛产玉米的地区，我们需从那里获得给养。科尔特斯立即命令贡萨洛·德·桑多瓦尔，准备第二天前去查尔科，并下令交给他二十名骑兵、两百名兵士、十二名弩弓手、十名火枪手以及当时留在我们营地的特拉斯卡拉人（他们人数不多，大多数都带战利品回家乡去了）；还交给他一支特斯库科的队伍，与他同行的还有他的密友路易斯·马林指挥官。科尔特斯、佩德罗·德·阿尔瓦拉多和克里斯托瓦尔·德·奥利德留下守卫特斯库科城和船只。

第一百二十五章
贡萨洛·德·桑多瓦尔指挥官前往查尔科与塔马纳尔科

1521 年 3 月 12 日，桑多瓦尔听过弥撒后出发，在查尔科的一片村舍内宿营。次日早上到达塔马纳尔科，酋长们及首领们热烈迎接他，供应他食物，建议他立刻前往一个叫做瓜赫特佩克[①]的大村落，查尔科地区的武士将全部跟去，因为墨西哥的大军全部集中在瓜赫特佩克村内或通往该村的大道上。

桑多瓦尔认为最好是做好充分准备，有条不紊地开赴该村，便到附属于查尔科的一个叫做奇马卢阿坎的村落去宿营，因为查尔科人派去侦察库卢阿人的探子报告说，敌方的武士们都守候在不太远的几条山沟内。桑多瓦尔很机灵，主意又多，他让火枪手和弩弓手在前面开道，命骑兵每三人为一组，在弩弓手和火枪手射击一阵之后，骑兵便可半勒缰绳，斜端长矛，向墨西哥人冲去，径直朝敌人的脸扎去，迫使他们溃逃，并要注意互相配合。有人报告他敌军人数众多（事实确是如此），路又难行，更不知他们是否挖了陷坑或修了掩体，于是他命令步兵一致行动，未接命令不可深入敌军；他希望手下的兵士免遭伤亡，不至于出事。

① 应为“瓦赫特佩克”。

队伍继续向前，忽见墨西哥军队又打唿哨又叫喊，鼓号齐鸣，分三路猛虎般攻来。桑多瓦尔看见他们如此英勇无畏，不顾已经发出的命令，叫骑兵在敌人冲来前立刻冲上去；他本人冲锋在前，鼓励手下的兵士说："圣徒保佑，向他们冲呀！"这一阵猛冲，几支墨西哥军队被冲垮，但没有完全溃退，他们立刻又合到一起朝我们冲来；坎坷难行的通道和山沟帮了他们的忙，骑兵在陡峭的山路上跑不动，因而无法追赶他们。桑多瓦尔于是改变主意，命令全体兵士协同一致进攻敌人，弩弓手和火枪手攻在前头，持盾兵走在他们旁边；等兵士击伤敌人，使之受到损失，并听见山沟这边鸣枪发出信号时，全体骑兵随即一齐冲锋，将敌人冲溃。桑多瓦尔认为，这样可以把敌人赶入附近的一片平川地。他还布置友军同西班牙人一起攻上去，众人遵从他的命令行事。在这一阵猛冲中，我们的人受了不少伤，因为攻来的敌人很多。

他们被迫退却，逃往更加难行的通道，桑多瓦尔率骑兵尾追，但只追上三四个人。因道路难行，我们的一名名叫贡萨洛·多明格斯的骑兵，在尾追中连人带马翻下山沟，几日后便因那次坠马身亡。我之所以在此提及此人，因为他是随科尔特斯来的我们这个队伍中最优秀、最勇敢的骑手之一，我们为他的亡故痛惜万分。

却说桑多瓦尔及其所率的全部军队尾追敌人，一直追到瓦赫特佩克村；我们进村前，有一万五千名墨西哥人出来迎战，把我们包围起来，打伤我们许多兵士和五匹马。不过，该处正好是平川地，我们排成整齐的队伍，用骑兵冲垮两支敌军；其余几支敌军队伍都转身向村子退去，以便退到他们修造的胸墙处，从那里截击我们。可是，我们的兵士和友军紧紧尾追，使他们无法得逞；骑兵从各个方向紧追不舍，直追到他们退入村内，躲入抓不到他们的地方。

桑多瓦尔认为当天敌人不会再来袭击，命令部下休息，包扎伤口，准备吃饭；我们在该村获得许多战利品。我们正吃饭时，饭前派出去的两名骑兵和两名兵士回来了（两名骑兵去侦察，两名兵士是去当探子），他们边走边喊道："快拿武器！快拿武器！来了好多墨西哥军队啦！"我们有手不离武器的习惯，于是飞身上马，奔向一片空地，恰好敌军来到，我们便在那片空地上鏖战一场。敌人在胸墙后面抵抗好久，打伤我们一些人；桑多瓦尔率骑兵冲杀，兵士们放射火枪、弩弓，又用刀剑砍杀，打得敌人从几个山沟落荒而逃。是日他们没有再来。

桑多瓦尔见已打退那几次进攻，连声感谢天主，便到该村的一处果园去休息、宿营；在新西班牙的其他地方，从未见过如此美丽的果园、轩敞的建筑和值得赞美的东西，那个果园内美妙的东西如此之多，实在令人惊叹。那是个有权势的王子的果园，园子长度超过四分之一西班牙里，所以当时他们没能走遍全果园。

果园就说到这里。此次出征，我没有参加，也不是此时到的果园，而是二十来日后当我们征讨湖边那几个大村落时，才随同科尔特斯去到那里，此事以后再叙。我当时未去征讨，是因为我的脖子在靠近喉咙处被长矛扎了一下，伤势很重，险些送命，至今留下伤疤。我是在伊斯塔帕拉帕受的伤，那时敌人妄图淹死我们。

次日早上，贡萨洛·德·桑多瓦尔见墨西哥武士没有动静，便遣人去传唤该村的酋长们，告诉他们不必害怕，让他们前来议和，说过去的事他可以宽恕。使者们去和他们讲了和，可是酋长们害怕墨西哥人，都不敢来。

同日，桑多瓦尔遣人到距瓦赫特佩克约二西班牙里的一个大村落——阿卡皮斯特拉[①]村去，告诉他们还是讲和为好，不要妄图打仗，要他们记住驻在瓦赫特佩克村的那些墨西哥军队的下场，他们已被彻底击溃。他要他们来议和，并把驻守在他们疆土上的墨西哥军队赶出去；他们如不照办，他便去攻打并惩罚他们。那个村落答复说，他愿意什么时候打都成，他们正想饱餐西班牙人的肉，还要用来祭祀他们的偶像。

桑多瓦尔接到这种答复时，查尔科的酋长们正同他在一处，他们知道阿卡皮斯特拉村有很多墨西哥驻军，只等桑多瓦尔一走就去攻打查尔科，便请求他前往该村，把墨西哥人赶出去。桑多瓦尔不想去，其一是因为他本人负伤，很多兵士和马匹也都负伤；其二是因为他已打过三仗，不想做科尔特斯没有命令干的事。他率领的队伍内有几个骑士是纳瓦埃斯的人，他们劝他返回特斯库科，不要去阿卡皮斯特拉村，因为该村是个坚固的堡垒，可不要出什么事。路易斯·马林指挥官则说不可不去，劝桑多瓦尔尽力而为，因为查尔科的酋长们都说，若不把集中在堡垒内的军队打垮就回去，他们得知桑多瓦尔返回特斯库科后，查尔科将会立刻落入敌手。因两个村落仅相距约二西班牙里路程，桑多瓦尔决定前去；他让兵士们做好准备，便向该村开拔。

桑多瓦尔尚未到达，但那个村落已能远远望见时，便出来许多武士，向他投射投枪和箭，用投石器投掷石块，这些东西像冰雹般

① 应为“耶卡皮赫特拉”。

砸来，打伤他三匹马和许多兵士，我们的人却不能伤及他们一丝一毫。他们投射过后，立即爬上巉岩和堡垒，从上面对我们的队伍大声叫喊，打唿哨，吹号，击鼓。

桑多瓦尔见到这种情况，决定命令几名骑兵下马，又让其余的人在旷野的平坦处严阵以待，防备墨西哥援兵在他们向阿卡皮斯特拉村发动进攻时赶来援救。他看到查尔科的酋长、他们的首领以及印第安武士都裹足不前，不敢迎战敌军，为了试一试他们，看他们说什么，便故意问道："你们在这里干吗？为什么不去迎战他们，为什么不打进这个村落和堡垒里去？我们会保护你们的。"他们答道他们不敢，说敌人都在堡垒内，所以才请桑多瓦尔及其神使弟兄们同他们一起来，查尔科人只有在他的保护下，依靠他的勇敢，才能把敌人从那里赶出去。

于是桑多瓦尔部署队伍，由他率全体兵士，包括火枪手和弩弓手，往村子里冲锋，登上巉岩、堡垒；在此次攀登中虽然有很多人负伤（桑多瓦尔本人再度受伤，我们的友军也有许多人受伤），他们还是攻入村内，给敌人造成许多损失；而给敌人造成最大损失的却是查尔科的印第安人及我们的特拉斯卡拉朋友。我们的兵士只限于冲散、击溃敌人，并不着意砍杀印第安人，因为这样做太野蛮。我们的人更多地忙于掳获印第安女子或战利品，还常常责备我们的友军，怪他们太残酷，有时还从他们手中夺下印第安男女，免得被处死。这次进军一结束，桑多瓦尔立即率全部军队返回特斯库科，带回大量战利品，尤其是许多印第安女子。

据说，墨西哥的瓜特穆斯王听到他们军队溃败的消息时，显得十分伤心，而尤为使他气愤的是，他的臣民查尔科人竟如此胆大妄为，敢于三次拿起武器反抗他的军队。桑多瓦尔还在返回特斯库科营地的途中，瓜特穆斯便怒冲冲地决定，把在墨西哥城迅速集中起来的大批武士，同驻扎在大湖周围的武士一起，派出去讨伐；这两拨队伍共两万余人，携有各种武器，分乘两千多条大独木船，突然开到查尔科境内，要尽可能重创查尔科人。

墨西哥人来势迅猛，桑多瓦尔刚刚到达特斯库科，尚未来得及向科尔特斯汇报战况，查尔科派出的使者已坐独木船从湖上来向科尔特斯求援，报告说有两万余墨西哥人坐两千多条独木船攻来，求他尽快前去援救。

科尔特斯听到这一消息时，桑多瓦尔刚刚赶到，正欲向他汇报此次出征的经过，但科尔特斯正在气头上，根本不想听桑多瓦尔汇报，认为正是由于他的过错或不慎，才使我们的查尔科朋友遭受损失；科尔特斯不听他的申辩，却立即命他打回查尔科去，要他把全部伤号留在营地，从速带领健壮兵丁出发。

桑多瓦尔听科尔特斯下达这样的命令，又见他根本不肯听自己的汇报，心中十分气恼；但他立即起程去查尔科，他率领的军队到达查尔科时，个个被身上扛的沉重武器和长途跋涉弄得筋疲力尽。却说查尔科人从他们探子的报告中得知，墨西哥人突然前去袭击以及瓜特穆斯决定如何袭击他们之后，没有坐等我们的援兵，而是派人去向邻近的韦霍辛戈地区的人求援，那里的人全副武装连夜赶到，与查尔科人合在一起共约两万余人。他们已不害怕墨西哥人，在旷野上从容等待墨西哥人；查尔科人战斗得非常勇敢，虽然墨西哥人杀害并俘虏他们许多人，他们却杀死更多的墨西哥人，还俘虏十五名墨西哥首领、要人及许多武士。墨西哥人认为这一仗打得太丢脸，他们觉得败于查尔科人之手，比被我们打败更丢脸。

桑多瓦尔到达查尔科时发现已无事可做，也不必担心墨西哥人会再来袭击查尔科，便带上墨西哥俘虏返回特斯库科，科尔特斯见了大喜。桑多瓦尔对统帅的上次责备非常生气，既不去见他，也不向他报告情况。科尔特斯派人去对他说，那件事有误会，他以为是桑多瓦尔粗心大意，把事情弄糟，带去许多骑兵和兵士，没把墨西哥人打败，就回来了。他同桑多瓦尔很快言归于好，而且想方设法取悦于桑多瓦尔。

第一百二十六章

我们的统帅科尔特斯征讨大湖周围地区

为了使墨西哥人不敢来袭击查尔科人，科尔特斯曾对他们说我们一定会去援救他们；可是因为每周都要为支援他们往来奔波，实在感到厌烦，于是，科尔特斯下令全体兵士及军队（共三百名兵士、三十名骑兵、二十名弩弓手、十五名火枪手，加上胡利安·阿尔德雷特司库、佩德罗·德·阿尔瓦拉多、安德烈斯·德·塔皮亚和克里斯托瓦尔·德·奥利德）准备出发，又让佩德罗·梅尔加雷霍修士同行，命令我随他前往，还带上许多特拉斯卡拉人以及特斯库科朋友。他留下贡萨洛·德·桑多瓦尔统领充足的兵士和骑兵，守卫特斯库科城和双桅帆船。

1521年4月5日（星期五）早上，我们听毕弥撒，起程前往塔马纳尔科，该村落盛情接待我们，我们便在村内宿营。次日，我们前往查尔科，这两个村落相距极近。科尔特斯在查尔科村下令召集该地区的全体酋长，向他们讲话，让他们明白，我们此次来，是要湖边一带的几个村落前来与我们议和，还要察看包围墨西哥城的地形和位置；还说要把那几条双桅帆船（共十三条）放进湖里，他要求他们第二日召集他们的武士跟随我们出征。他们听明这番话后，便异口同声说，他们愿意照办。

次日，我们到附属于查尔科村的奇马卢阿坎村宿营，由查尔科、特斯库科、韦霍辛戈来的两万余友军，还有特拉斯卡拉人和其他村落的人，全都来到那个村落。我到新西班牙之后参加过的所有征战，都没有像此次这样，有如此之多的与我们交好的武士参加我们的队伍。

此时我们得到消息说，在附近的一片平川地上，有许多墨西哥人及所有与之结盟的地区的大大小小的队伍，守候在那里要与我们交锋，科尔特斯便命我们做好准备，小心前往。是日早上，我们很早听完弥撒之后便出村，在两座小山冈之间的一些巉岩中整整齐齐地往前行进。山冈上筑有堡垒和工事，坚守着许多印第安男女，他们从堡垒内对我们大喊大叫，可我们不想与之交手，只是静悄悄赶路，往前走到一个叫做亚乌特佩克的大村落，村内已空无一人。我们没有停留，继续往前，来到一处平川地，该处有几个水量极少的水泉；平川地的一侧是座大石山，上面有个难以攻克的堡垒，这一点很快便得到验证。

我们来到大石山下，只见山上到处是印第安武士，他们从山的高处对我们大叫大喊，投射石块、投枪和箭，立刻打伤我们三名兵士。科尔特斯于是命我们在那里停下，他说："看样子这些墨西哥人都待在险要的地方，并且嘲笑我们，因为我们打不了他们。"他说此话，是想到刚经过的那几个山冈上的墨西哥人。然后，他命几名骑兵和弩弓手转到大石山的另一边去，察看一下是否有更合适的上山道路，能上去攻打他们。那些兵士去后报告说，最好的地点是我们停留之处，因为所有其他地点都是陡峭的岩石，根本没有上山道路。

科尔特斯命令我们往上冲，旗手克里斯托瓦尔·德尔·科拉尔冲在前边，其他打旗的人以及我们大家，都跟在后面。科尔特斯率领骑兵守在平川地，以防其他墨西哥军队在我们攻打堡垒时来夺取我们的辎重，或袭击我们。当我们开始攀登大石山时，守在山上的印第安武士把无数大石块向我们砸来，这些大大小小的石块弹跳着滚落下来，可怕极了，我们没有被全部砸死真是个奇迹。一个名叫马丁内斯的兵士就死在我的脚边，他头戴头盔，半句话没说就完了。我们继续往上攀登，弹跳着滚落下来的滚石（我们就这样叫这种砸下的大石块），很快又砸死两个优秀的兵士。

我们仍然往上攀登。守军又砸死一个非常勇敢的名叫阿隆索·罗德里格斯的兵士和另外两个兵士。我们其余的人不是头部便是腿部被砸伤，但我们仍然坚持往上推进。

我当时身体灵活，一步不落地紧跟旗手科拉尔。我们沿着石山上凹陷进去的地方向上爬，在我从一个凹陷处往上爬时，有几块巨石朝我砸来，我万幸没被砸死。旗手科拉尔躲在生长于凹陷处的几棵有刺的、很粗壮的树后面，他头部负伤，脸上到处是血，旗子也破了,对我说:“贝尔纳尔·迪亚斯·德尔·卡斯蒂略先生!可不能再往上爬了,别被那些板石、滚石砸着你。你就在那个凹陷处避避吧!”这时我们已是手抓不牢、脚蹬不住,更无法往上爬了。

此时,我看见弩弓手的指挥官佩德罗·巴尔瓦同另外两名兵士,也像我和科拉尔那样,一个凹洞一个凹洞地往上爬,便从上边对他说:“嘿,指挥官先生,别再往上爬啦,这里手抓不牢、脚蹬不住,可别滚下去啊!”他听见我的话,显出十分勇敢的样子(也许是为了摆出大人物的气派)答道:“你怎么不说‘前进’这句话?”听到此话,我后悔不该劝他,便答道:“那就看你怎么爬到我待的地方吧。”说着,我又往上爬到更高的地方。恰在此时,印第安人把准备好的许多巨石从高处推下,石块纷纷滚落,砸伤佩德罗·巴尔瓦,又砸死他的一个兵士,他再也无法从他们待的地方往上爬一步。

旗手科拉尔此时大声说,要他们一个一个传话报告科尔特斯,我们已不可能爬往更高的地方,撤退也十分危险。科尔特斯对此十分了然,因为就在下面他站立的平地上,从高处急速落下的滚石,也砸死三名兵士,砸伤七名;他站立的地方望不见那座大石山的转折部分,因此他料定所有已登上石山的人非死即伤,而且伤势不轻。我们在上面看见他们打手势,叫喊,开枪,立刻明白那是命我们撤退。于是,我们井然有序地从一个个凹陷处往下爬,还把尸体抬下来;我们全都受了伤,身上淌着血,旗子被撕破,一共有八个人被打死。科尔特斯见到我们之后,便连声感谢天主。当下立刻有人将我和佩德罗·巴尔瓦之间发生的事报告科尔特斯;佩德罗·巴尔瓦和旗手科拉尔本人也对他禀报了此事,同时谈到这座大石山如何难攻,说弹跳的滚石没把我们砸下山去,真是奇事。此事立刻传遍全营地。

这些事就此打住。话说当时有许多墨西哥军队守候在不为我们所知的地方，企图帮助并援救大石山上的人；他们清楚我们绝不可能登山攻取堡垒，便商定在我们忙于战斗之际，由山上的人与他们共同夹击我们；此时他们果然如商定的那样赶来帮助山上的人。

科尔特斯得知他们攻来后，便命令我们全体同骑兵一起迎战他们，我们依令而行。那片土地很平坦，还有些低洼地位于几座小山之间，我们追赶敌人一直追到另一座防守严密的石山。在追击中被打死的印第安人极少，因他们都躲到我们打不到的地方去了。

我们于是返回原先要攻取的那座石山，由于该处无水，我们与马匹整日无水可喝，我提及的那里的一些水泉均已无水，只有烂泥，因我们带来的许多朋友都去打水，水泉也就枯竭了。为此下令迁移营地，我们沿一块低洼地走向另一座石山，其间距离约为一西班牙里半，我们以为到那里定能找到水，可是那里虽非无水，毕竟太少。石山附近生长着一片当地的桑树，我们便在那里停下，那右山脚下约有十二三所房屋。我们一到，该处的印第安人便开始向我们叫喊，从高处对我们投射投枪、滚石和箭；这座石山上的人比前一座还多，而且据我们事后所知，比前一座更坚固。我们的火枪手和弩弓手射击他们，可是他们站得太高，又修有许多工事，我们无法打伤他们一丝一毫；我们也没有办法冲上山去。山下的房屋之间有几条通道，我们试过两次，从这几条通道一直冲上两个山道的拐弯处，可是想从该处继续挺进（前面已提及），却比前一座石山更难。就这样，我们攻打这座石山同攻打前一座石山一样，没有赢得任何声威，墨西哥人及其盟友倒是打胜了。当夜我们在那几棵

桑树下宿营，口渴难忍，便商定次日弩弓手和火枪手全部登上靠近那座大石山的另一座石山，该石山有上山道路（虽然不好走），可从山上用弩弓和火枪射击那座大石山，也就可以攻打他们了。

科尔特斯命令优秀弩弓手弗朗西斯科·贝尔杜戈、胡利安·阿尔德雷特司库，同佩德罗·巴尔瓦指挥官一起率军前进，我们所有的兵士从山下房屋之间那几条通道和出口处发起袭击，冲上山去。我们就这样开始进攻，可是印第安人投来大大小小的无数石块，砸伤我们许多兵士。此外，我们其实爬不上山去，因为那纯属徒劳，我们即使手脚并用也无法向上攀登。

正当我们欲上不能之际，弩弓手们和火枪手们已从前述那座石山上用弩弓和火枪向印第安人射击，打死打伤他们各若干人，虽然人数不多。我们同他们交战约半小时，由于天主的意旨，他们同意讲和了；原因是他们滴水全无，而山上人很多，周围各区的男女老少全都聚集在山顶辟出的一块平地上。为了让我们山下的人明白他们要讲和，妇女们从山上朝山下挥动她们的披巾，拍打手掌，表示要为我们做饼子，武士们也停止投射投枪、石块和箭。

科尔特斯看懂他们的意图后，立刻下令不要再伤害他们。他打手势让他们派五个首领下来议和。五个首领来了，毕恭毕敬地要求科尔特斯宽恕他们，说他们是为了自卫和防守才上山的。科尔特斯怒容满面地答道，他们挑起战争确是罪该万死，但既已前来讲和，就要他们立即到另一座石山上去，把待在山上的酋长及首要人物叫来，还要他们把尸体送回去；他让他们都来讲和，说他可以宽恕他们干过的一切；不然，我们定要攻打他们，包围他们，让他们渴死，因为我们很清楚地知道他们没有水，而且那块地方到处都缺水。他们果然遵命去叫那些人来。另一座山上的那些人来到之后，一再请求科尔特斯宽恕他们干过的事，然后全体归顺国王陛下。因该地区缺水，我们立即前往一个叫做瓦赫特佩克富饶的村落，我已说过，村内有我平生见过的最美的一座果园，当夜我们全体在园内宿营。该村落的酋长们都来同科尔特斯交谈，要为他效力，这是因为贡萨洛·德·桑多瓦尔上次进村时已同他们讲和过。

次日一大早，我们起程去科尔纳瓦卡村，遇见几队墨西哥武士正从该村出来。我们的骑兵追击他们，走了一西班牙里半，他们终于躲入另一个叫做特普斯特兰的大村落，村内居民毫无防备，在我们袭击他们时，他们派出打探我们情况的探子尚未赶到。

我们在这个村落获得许多印第安女子和掠夺物，墨西哥人及当地居民均已逃走。科尔特斯三番五次派人去叫酋长们前来议和，说如果不来，便放火烧他们的村落，还要去找他们。他们答复他们不愿意来。为了使其他村落畏惧，科尔特斯把附近一带的房屋放火烧掉一半。恰在此时，我们当天经过的那个叫做亚乌特佩克的村落的酋长们来到，他们归顺了国王陛下。

次日，我们起程前往一个叫做科阿德拉瓦卡[①]的更富庶、更大的村落（现在我们一般把这个名字叫成奎尔纳瓦卡），村内有许多墨西哥武士和当地武士。该村落周围有山沟，山沟内有一条小溪，山沟深八埃斯塔多[②]，沟底溪水奔流（虽然水量不大），所以这个村落固若金汤；除通过两座桥之外，马匹无路可以进村，而两座桥都

① 应为“夸乌纳瓦克”。

② 长度单位，约合七英尺。

已拆毁。我们就这样隔着山沟和小溪同他们交战，却无法进入如此坚固的堡垒。印第安人向我们投射许多投枪和箭，并用投石器投来许多石块，比下冰雹更加密集。

正在这样僵持不下之际，有人报告科尔特斯，在前方约半西班牙里处有可走马匹的通道。科尔特斯立即率领全部骑兵前去，我们大家则留下找路；我们发现山沟旁长着几棵树，可从树上爬过沟去。虽然有三名兵士从树上落入水中，其中一人还摔断了腿，我们还是过去了。不过，这样过沟很危险，说真的，我过沟时看到这条通道如此艰险，头都晕了；可是，我同其他三十名兵士、许多特拉斯卡拉人还是爬过去了，我们开始从背后袭击正在向我们的人投射石块、投枪和箭的墨西哥人。他们发现我们出其不意地过沟时，以为我们比实际人数还要多。恰在此时，克里斯托瓦尔·德·奥利德和安德烈斯·德·塔皮亚率领其他骑兵，冒着生命危险从毁坏的一座桥上冲过来；我们也攻向敌人，他们便转身逃入密林，逃往那条很深的山沟的另一边，即我们抓不着他们的地方去了。不久，科尔特斯也率领全部骑兵赶到。

我们在该村落内获得许多战利品，有大量布匹，又有许多印第安女子。科尔特斯下令让我们当天留在村内，我们全体便在该村酋长的一座极美的果园内宿营。

我们的几名侦察兵前来报告科尔特斯，说是来了二十个印第安人，从他们的神情举止看，定是带口信或前来求和的酋长或显要人物；他们果然是该村落的酋长们。他们来到科尔特斯面前，向他施过大礼，奉上几件金饰，求他原谅他们同我们开战，又说是墨西哥的君王派人对他们说，他们的村落地势险要，让他们向我们开战,并派一大队墨西哥武士来支援他们;说他们现已看清,再强大的东西我们也能打垮并予以占领。他们求科尔特斯开恩,接受他们求和。科尔特斯对他们十分亲切,他们当即归顺国王陛下。

第一百二十七章

征途中我们遭受极度的干渴;我们在苏奇米尔科城内遇险

我们随即向苏奇米尔科进发,这是一座大城,大部房屋建于湖水之上,距墨西哥城约二西班牙里半。一路上我们队列整齐,秩序井然,穿过几片松林,行军途中始终找不到一滴水。我们肩扛武器,又加时间已迟,烈日晒得我们口干舌燥,而且不知前方是否有水可喝。我们已经走了五西班牙里,仍然无法确定人家告诉我们的路上的那口井,究竟还要走多远才能找到。

科尔特斯见全体官兵个个疲惫不堪,我们的特拉斯卡拉友军士气低落,而且他们已有一人渴死,我们也死了一个又老又有病的兵士(我想他也是渴死的),便决定在一片松树的树荫下休息,派六名骑兵到前方通往苏奇米尔科的路上去打探,看看路上有无村落或田庄,看看近处有无人家告诉我们的那口水井,以便前去宿营。

骑兵出发后,我避开科尔特斯和那几个骑兵的视线,带上我的三个勇猛、灵活的特拉斯卡拉仆人,也跟在那几个骑兵后面走。后来他们发现了我,便停下要我回去,免得我受墨西哥武士的突然袭击而无法自卫。我仍然要跟他们走,我的好友克里斯托瓦尔·

德·奥利德说我可以去,但若碰上墨西哥人,我得准备应战,并设法逃跑。我因渴得要命,便冒着生命危险去找水喝。

前方大约半西班牙里的山坡上,有很多苏奇米尔科人的田庄和房舍。骑兵便到那几间房舍去找水,找到水就足喝一通。我的一个特拉斯卡拉仆人,从一间房舍内搬出一只当地常见的那种大坛子,坛内装着十分清凉的水,我同他们二人喝了个饱。

此时我决定回科尔特斯歇息的地方去,因当地居民已开始叫人,而且对我们大叫大喊、打唿哨。我同特拉斯卡拉仆人一起带上那一满坛水,找到科尔特斯,他正带领队伍上路。我对他说,在离那里不远处的田庄里有水,我已喝过,还带来一坛水;为了不让人从我手中把水弄走,特拉斯卡拉人没让人发现水坛子,因为人渴狠了,什么法律也管不住。科尔特斯及其他骑士喝了坛子里的水,他喝得很痛快,大家都很开心,走起路来也轻快了,太阳落山前我们便走到那片田庄。大家在房舍内找到水,但不很多;有几名兵士又渴又饿,吃了几棵像刺菜蓟般的植物,结果舌头和嘴都弄破了。

这时骑兵回来报告说,水井在很远的地方,苏奇米尔科全境都在召人作战,所以还是就地宿营为好。巡夜队、探子和侦察兵立刻派定,我是派去巡夜的人员之一。

我们在次日一大早起程,大约八时抵达苏奇米尔科。我也说不清有多少武士守候着对付我们,一部分等在陆地上,一部分等在被他们拆毁的桥两旁;他们在通道上构筑许多胸墙和掩体,把上次墨西哥桥大屠杀时从我们手中缴获的剑,像铲刀那样装在他们的长矛上,许多统领都把我们的剑装在闪闪发亮的长矛上;他们投射箭和带叉的长箭,用投石器投掷石块,还用镶刀片的双手抡的砍刀。陆地上到处是墨西哥武士，我们过桥时他们同我们战斗大约半小时，我们无论用弩弓、火枪射击，还是猛打猛冲，都冲不过去；最糟的是，又有许多队武士从我们背后打来。我们一见他们打来，便从桥上冲过去，从水中半蹚半游地冲过去，有些兵士冲过去时喝了那么多水，灌得肚子圆鼓鼓的，真是不想喝也得喝。

言归正传，说说我们的战斗。过桥时他们打伤我们许多人，但我们随即剑劈刀砍，沿着几条道，把他们赶到一片陆地上去；骑兵同科尔特斯一起从另一边冲到这片陆地来，遇上一万多印第安人，他们全是墨西哥人，是来支援苏奇米尔科人的；他们大战我们的人，手持长矛守候我们的骑兵，打伤我们四名骑兵。

科尔特斯也卷入这场厮杀，他骑的那匹外号“塌鼻子”的很好的深栗色骏马，一向闲散惯了，此时也许是因为过于肥胖，也许是因为疲劳过度，突然跪倒。墨西哥武士人多势众，纷纷扑向科尔特斯，把他拉下马去，也有人说是把他连人带马掀翻在地的。不管情况如何，那匹马和科尔特斯确是摔倒了，刹那间围上去更多的墨西哥武士，想活捉他。几个特拉斯卡拉人和一个名叫克里斯托瓦尔·德·奥莱亚的勇猛过人的兵士，见此情景，赶紧冲上前去，一阵猛砍猛杀，清出地盘，科尔特斯方得重新上马，只是头部受了重伤，奥莱亚被砍伤三处，伤势也不轻。

此时，我们在近旁的兵士也都赶来。当时城内每条街上都有许多武士队伍，我们又不得不紧跟自己的旗帜，所以无法全体集合在一起，而是遵从科尔特斯的命令分散作战。不过，我们听见科尔特斯和骑兵们所在的地方一阵呐喊声、叫骂声、哀呼声和唿哨声，明白那里正打得不可开交，便冒着个人生命的巨大危险，赶到科尔特斯所在之处去。十五名骑兵已同他合做一处，正在水渠边上同以胸墙和掩体作掩护的敌人厮杀。我们赶到后，敌人便且战且退。

兵士奥莱亚因援救科尔特斯，受三处刀伤，血流如注；又因街上到处有墨西哥武士，我们劝科尔特斯回到有胸墙的地方去，好给他、奥莱亚及马匹治伤。于是我们折回，墨西哥武士一路上骚扰我们，从有胸墙和掩体的许多地方向我们投射投枪、石块和箭，以为我们折回是撤退，便气势汹汹地紧追不舍。

此时，安德烈斯·德·塔皮亚、克里斯托瓦尔·德·奥利德以及随同他们在他处战斗的全部骑兵赶来；奥利德的脸上和他的马都在流血，其余的人也各有伤痛；他们说，他们在旷野上同众多墨西哥人厮杀，简直招架不住。

我们正在给伤号用油脂烧灼伤口进行治疗时，从陆地的几条街上传来一片叫骂声、鼓号声和螺号声，许多墨西哥人来到我们正在治疗伤号的院落，向我们投射无数投枪和石块，冷不防打伤我们许多兵士。不过，他们此番骚扰的结果并不妙，我们立刻向他们冲杀过去，一阵猛砍猛杀，撂倒他们好多人；骑兵们也毫不迟疑，迎上去杀死他们许多人，虽然他们伤了我们两匹马，我们则把他们赶出那个院落。

科尔特斯见已没有敌人，让我们到另一处更大的庭院去休息，该城最大的几座神堂就坐落在这个庭院内。我们的许多兵士登上最高的那座神庙，神庙内有他们的偶像。这座神庙高踞于一切之上，我们的兵士从上面看见雄伟的墨西哥城和大湖的全景，还看见坐满武士的两千多条独木船，从墨西哥城直奔我们占据的地方而来。我们后来得知，这是瓜特穆斯派他们当夜或次日攻打我们，他同时派一万名武士从陆地上来，以便从水陆两面夹击我们，使我们一个也不能从该城逃命。次日，我们从战斗中俘获的五个墨西哥统领口中得知，瓜特穆斯另外准备一万人，要在对我们的进攻打响时，派作增援部队。

亏得天主指引，我们一见那支庞大的独木船队，立刻明白是来攻打我们的，便决定在全营地布哨，派人到敌人必将登陆的码头和水渠去，骑兵做好最充分准备，整夜马不卸鞍，守在堤道和陆地上；全体首领和科尔特斯彻夜巡视。我同另外两名兵士被派在几堵石灰和石块砌的墙上放哨，手边准备好许多石块、弩弓、火枪和长矛；独木船在水渠的码头一登陆，我们便可抗击他们，并把他们打回去。其他兵士也都被派往别的水渠处去防守。

我同两个伙伴正在放哨，忽然听见许多独木船的划桨声，他们悄悄地划桨想到我们所在的那个码头登岸；我们用大量的石块和长矛对付他们，打得他们不敢上岸，还派一个伙伴去报告科尔特斯。恰在此时，又有许多载运武士的独木船驶来，开始对我们投射无数投枪、石块和箭，我们予以反击，这时候他们打伤我们两个兵士。其时是在夜间，天色一片漆黑，敌人的独木船都划去同船队会合，一起集中到另一处小码头和很深的水渠去登岸。他们不习惯夜战，便去同瓜特穆斯派遣走陆路的队伍会合，这一来印第安人的兵力已超过一万五千人。

次日天刚破晓，墨西哥队伍都来围困我们所在的庭院。好在我们从不疏忽大意，该处又是陆地，于是骑兵们从一个方向，我们在特拉斯卡拉友军的支援下从另一个方向，冲破他们的包围，且又打死打伤他们三个统领，受伤的统领次日便死去了。

这场战斗，我们的兵士有不少人负伤。不过，这场遭遇战并未结束，骑兵因追击敌人而遇上瓜特穆斯派出增援原先那支队伍的一万名武士；率领这些武士的墨西哥统领都身佩我们的利剑，以此耀武扬威，扬言定要用我们的武器杀死我们。我们的骑兵来到他们跟前，见他们队伍庞大，因人少力单而害怕起来，连忙退到一旁，想等科尔特斯及我们大家前来支援时，再与他们周旋。我们得知这一情况后，留在营地的全部骑兵（尽管人马都有伤痛），立时翻身上马，我们全体兵士和弩弓手也带上特拉斯卡拉友军一起出发，攻上去冲散敌人，逼近他们并与之交手，一阵猛砍猛杀，使他们弃阵而逃。

我们在此处又俘获几个首领，从他们口中得知，瓜特穆斯已下令派出另一支庞大的独木船队，并派出更多武士从陆路打来。瓜特穆斯还对他的武士们说，等我们因为打过那几场遭遇战而疲惫不堪，遭受许多伤亡，开始疏忽大意，以为他不会派更多军队来攻打我们时，他再派出众多人马，定能把我们打得落花流水。我们本已做好充分准备，得知此情后，当即更加警惕，决定次日离城而去，不坐等他们发动更大规模的进攻。当天我们忙于医治伤号、擦拭武器和制备箭矢。

此时，记得发生了如下的情况：这座苏奇米尔科城十分富庶，有几处堆满棉布、衣服和棉布衬衫的大宅院，宅内还藏有黄金、其他许多财物及羽饰。特拉斯卡拉人和我们的一些兵士得知这几所宅院所在的地方，又有几个苏奇米尔科的俘虏为他们引路——这几座宅院就在湖上，可经由一条堤道走到，堤道上有两三座小桥，架在很深的水渠上，使堤道得以通行。

我们的兵士来到那里，发现宅院的屋内堆满布匹和衣服，又无人看守，他们和许多特拉斯卡拉人便扛起衣服和金器，搬往营地。其他兵士见他们满载而归，也到那几所房屋去，正当他们在屋内从几口大木箱内取出衣服时，来了一大队载运墨西哥武士的独木船，向他们进攻，打伤许多兵士，还活捉四名兵士带往墨西哥城，其余兵士纷纷逃走。

他们把那四名兵士带到瓜特穆斯面前，他从他们口中得知科尔特斯此次带来的人很少，而且许多人已负伤，他想了解的有关我们行程的一切细节，也都打听清楚；他得悉详情后，下令砍去我们那四个不幸的伙伴的四肢和首级，然后送往曾来与我们议和的同我们友好的许多村落，遣人对他们说，他认为我们一个人也不能活着回到特斯库科去。那四个兵士的心和血，被他拿去祭祀他们的偶像。

瓜特穆斯立刻又派出许多支满载武士的独木船船队，另派出几支军队从陆路打来，命令他们尽力不让我们活着离开苏奇米尔科城。四天来，我们同墨西哥人发生许许多多遭遇战，我真不想一一细述，可又不能不再说说他们的此次进攻。我要说的是，是日天刚破晓，无数墨西哥人便从河滩、堤道及陆地打来，我们好不容易才击溃他们。

我们当即出城，前往离城稍远处他们往常用作市场的一个大广场，带上我们的全部辎重和行囊，准备登程。科尔特斯于是对我们说起我们所处的危险境地，因为我们都清楚，墨西哥的全部武装力量都在前方路上地势险恶处守候我们，在河滩和水渠里又另有许多武士。他劝我们，而且也是这样命令我们，扔掉辎重、行囊，轻装前进，免得在战斗时受累。一听他说的这番话，我们都异口同声地答道，我们都是大丈夫，靠天主保佑，能保卫自己的财物、生命以及他的生命财产，若按他的话办，未免太过怯懦。他听见我们的答复，也明白我们的意愿，便说他要祈求天主帮助我们。我们对敌人的兵力作一番估计之后，将行军次序予以调整，让辎重和伤号走在队伍中间；骑兵分成两拨，一半走在前头，一半殿后，弩弓手和我们的全部友军也都走在队伍后面。我们很注重后卫，因为墨西哥人总习惯于袭击辎重。我们丝毫不能指望火枪手，因为他们的火药都已用完。

我们就这样起程。瓜特穆斯是日派来的那些墨西哥武士队伍见我们撤离苏奇米尔科，以为我们怯阵，不敢等他们来（事实确是如此），连忙大批出动，径直向我们袭来，打伤我们八名兵士，其中两名八日之后便告死亡。他们想打散我们并击毁辎重，可是因为我们如前所述的那样列阵，他们无法得手。

由苏奇米尔科到一个叫做库尤阿坎的大村落，相距约二西班牙里，一路上不断有墨西哥武士袭扰，他们总是在我们无法占上风的地方出击，向我们投射无数投枪、石块和箭，然后逃往近处的河滩和水渠。

我们约于是日十时抵达库尤阿坎，发现该村落已十室九空。该村落位于平川地上，我们决定当日和次日在村内休息，以便医治伤号，制备箭矢，因我们十分明白，在回到我们在特斯库科的营地之前，我们尚需打许多仗。

次日一大早，我们按原先排定的队形，起程向塔库巴进发，该城距我们的出发地点约二西班牙里。在途中，许多队武士分三路来袭，我们把他们全部打了回去。骑兵在平川地上追击，直追得他们躲进河滩和水渠。

我们正按前述的那种队形行进时，科尔特斯带上十名骑兵和四个马弁离开，去袭击从河滩出来打我们的墨西哥人。墨西哥人假装逃跑，科尔特斯同骑兵、马弁紧追不舍。科尔特斯此时发现，有一支大队伍埋伏在近处，此支队伍袭击他和骑兵，打伤他们的马匹，他们若不是飞速退回，准要被打死或是被俘了。结果墨西哥人还是活捉了科尔特斯带去的四个马弁中的两个，把他们送交瓜特穆斯，然后又被送去祭神。

我们全体官兵带着辎重，举着招展的旗帜，走到塔库巴，骑兵们也都到达，到达的还有佩德罗·德·阿尔瓦拉多及克里斯托瓦尔·德·奥利德。但是，科尔特斯以及他带走的十名骑兵没有来，我们不安地猜测，他别是出了什么事，便前往河滩（即我们见他离去的那个地方）找他，此时同科尔特斯一起去的其余两个马弁来到。他们说出前述的一切情况，并说他们是因为腿快才得以逃脱；还说科尔特斯及其余几个人稍后就到，因为他们的坐骑都受了伤。说话间科尔特斯到了，我们因而感到欣慰，可是他到来时眉头紧锁，且满脸泪痕。

科尔特斯到达塔库巴时大雨如注，我们在几个大院子内避雨约两小时；他同几位指挥官、阿尔德雷特司库（他当时身体不适）、梅尔加雷霍修士以及其他许多兵士，一起登上该村的巍峨的神庙，从上边俯瞰近处的墨西哥城、整个大湖和坐落在湖上的其他城池，都历历在目。

科尔特斯问指挥官和兵士们，是否要到堤道看看，因为那条堤道离我们所在的塔库巴城近在咫尺。可我们当时火药已用完，箭矢也已不多，全军的大部兵士都已负伤，便决定立即行进，以免墨西哥人当天或当夜再来袭扰，因为塔库巴离雄伟的墨西哥城太近，他们又活捉了我们的兵士，担心瓜特穆斯再派他的大部队来。

我们起程后途经埃斯卡普萨尔科，发现该城已空无一人。于是，我们立即前往特纳尤卡，该城也已空无一人。我们便从特纳尤卡开往瓜尔蒂坦。一整天暴雨不停，我们扛着武器行军，整日整夜武器不离肩膀；就这样，雨又大，武器又沉，我们几乎累垮。我们到达瓜尔蒂坦村时天色已晚，村内居民也已逃避一空。雨一夜未止，遍地泥泞，当地人和墨西哥部队夜间从几条水渠和几处我们无法伤害他们的地方，对我们大声叫骂。因天黑雨急，我们无法放哨巡逻，宿营地一片混乱，连哨位都找不到。

此种混乱情景按下不表。却说次日我们向另一个大村落[①]（该村的名字我已记不起来）进发，村内遍地泥泞，而且已空无一人。第三日，我们途经几个村落，村内居民也都逃避一空。又一日，我们抵达一个从属于特斯库科的、名叫阿库尔曼的村落。特斯库科人得知我们到达该村后，即来迎接科尔特斯，我们见到当时新从卡斯蒂利亚来的许多西班牙人。贡萨洛·德·桑多瓦尔指挥官同许多兵士也来迎接，一起来的还有特斯库科的酋长；我们的人和新从卡斯蒂利亚来的人都热烈迎接科尔特斯，附近村落的当地人更是热情殷勤，还带来食物。

当夜，桑多瓦尔带领手下的全部兵士返回特斯库科，去守卫营

① 即西特拉尔特佩克村。

地。次日早晨,科尔特斯率领我们大家向特斯库科进发,我们一个个疲惫不堪,忍着伤痛,我们的一些兵士和伙伴已经死去,另一些已被墨西哥人捉去祭神。可是,我们得不到休息,也未能治疗我们的创伤,纳瓦埃斯的一些支持者(都是些重要人物)已在阴谋策划,要杀害科尔特斯、贡萨洛·德·桑多瓦尔、佩德罗·德·阿尔瓦拉多及安德烈斯·德·塔皮亚。

第一百二十八章

我们抵达特斯库科时,有人密谋杀害科尔特斯及所有保卫他的人

却说我们带一身创伤,疲惫不堪地出征归来,古巴总督的亲信——一个名叫安东尼奥·德·比利亚法尼亚的人,同几个纳瓦埃斯手下的兵士(为他们的荣誉起见,此处不指名)密谋,待科尔特斯出征归来,将他刺死。恰巧这时从卡斯蒂利亚来了一条船,他们于是以此定出方案:在科尔特斯及其手下的指挥官入席就餐时,由这些密谋者送上一封有如寄自卡斯蒂利亚的密封信件,说是他父亲马丁·科尔特斯的来信,等他看信时他们便要把他刺死,不仅如此,也要刺死在他身边保卫他的所有指挥官和兵士。

前述的密谋业已商妥并进行准备,天主却让密谋者把他们商定的事,告知两个随同我们出征的重要人物(此处我也不指出他们的名字),他们甚至商定,在科尔特斯被刺身亡后,要任命其中一人

为统帅。对于纳瓦埃斯手下的兵士,他们也将让他们担任总管、旗手、镇长、镇政会议成员、税务官、司库、巡视官以及诸如此类的官职。他们甚至商定,要分享我们的财产和马匹。

这一密谋一直隐瞒到我们返回特斯库科之后两天。多亏天主保佑,密谋没有得逞,不然新西班牙及我们全体都得毁灭,因为立刻便将出现帮派和争斗。大概是一名兵士向科尔特斯揭露了此事,使他得以在事态发展得更为严重之前,立即设法予以制止,因为这个好心的兵士对他证实,参与此事的有许多重要人物。科尔特斯得知这一密谋后,立刻给揭发者许多许诺和大量赠品,并且迅速暗暗通知我们全体支持他的官兵。

我们得知此事后立即做好准备,毫不迟延地同科尔特斯一起前往安东尼奥·德·比利亚法尼亚的住所,参与密谋的许多人正同他在一起;我们及科尔特斯带去的四名监督官迅速捉拿比利亚法尼亚,同他在一起的官兵当即四散奔逃,科尔特斯下令拦截他们,并予以捉拿。我们捉住比利亚法尼亚之后,科尔特斯从他身上搜出有密谋参与者签字的协议书。看毕这份协议书,他发现签名者中很多是有身份的人,为了使他们不至于声名狼藉,便声称比利亚法尼亚已将协议书吞下,他并未见过此份文件。

科尔特斯立即审讯比利亚法尼亚,取了他的口供,他对真情供认不讳;接着又取了许多可靠证人的证词。于是,几位治安法官便同科尔特斯及克里斯托瓦尔·德·奥利德总领一起作出判决,在比利亚法尼亚向胡安·迪亚斯神父做过忏悔后,将他吊死在住所的窗口。

科尔特斯不愿有更多的人因这一不幸事件而声名扫地,虽然当时为了使人畏惧已囚禁许多人，而且表示还将审判其他人，可是因为时机不合适，他便饶恕了他们。

科尔特斯立即决定组建他个人的卫队，以便日夜保卫他，该卫队由一位名叫安东尼奥·德·基尼奥内斯的绅士任指挥官，手下兵士六名，个个都是杰出的勇士。对于我们这些被他看作亲信的人，他要求我们注意他的安全。从此以后，他对参与密谋的那些人虽然显得和和气气，但始终心怀疑虑。

科尔特斯随即下达口头告示，命我们两天内将我们在此次征讨中俘获的全部印第安男女，送往一个指定的房屋去打烙印。这类事情以前办得很糟，此次却办得更糟；国王的五一税抽取之后，科尔特斯也抽取了自己的一份，还有三十个俘虏分给了指挥官们。我们要送去打烙印的若是漂亮、清秀的印第安女子，那么夜间她们便会被人从那群俘虏中偷走，好几日以后才会重新露面。因此，没打烙印的很多，后来都成了我们的仆人。

第一百二十九章

在特斯库科城清点兵员并发布命令

科尔特斯发布了命令，又遣使者送信给我们的特拉斯卡拉朋友和查尔科朋友，并通知其余的村落，然后同我们官兵商定，于1521年降灵节后的次日在特斯库科城内最大的空场上清点兵员。清点结果共有八十四名骑兵、六百五十名执剑持盾的兵士（其中有许多人持长矛)、一百九十四名弩弓手和火枪手,将从这些人中选派一部分到十三条双桅帆船上去。下面我将说说这件事。

每条双桅帆船上将派十二名弩弓手和火枪手(这些人均不划桨),每条船上还要派十二名划桨手(两侧船舷各六名)和一位指挥官;因此,每条船上共有官兵二十五名。

按我提及的数字计算,十三条双桅帆船上共有三百名兵士。科尔特斯还把铜炮及小口径长炮分到各船上去,还分给他们必要的火药。他分派完毕便下令发布我们人人均须遵守的几项命令。

第一项:任何人均不得亵渎我主耶稣、圣母玛利亚、神圣的使徒及其他圣徒。否则予以重罚。

第二项:任何兵士均不得亏待我们的朋友,因为他们是我们的左右手;也不得拿走他们的任何东西,包括他们在战争中掠获的东西以及印第安男女、金银、宝石等。

第三项:任何兵士日夜均不得擅离营地,前往我们朋友的任何村落或其他地方,去掠取食物或其他任何东西。否则予以重罚。

第四项:每个兵士均须穿戴絮得很厚的铠甲,以及护喉甲、套头棉帽、护腿,并带上圆盾。因我们知道会遇到无数投枪、石块、箭和长矛的袭击,为防止受到伤害,必须如公告所示的那样披挂。

第五项:任何配备有战马的人员,不论因何种缘故失去武器,均处以重罚。

第六项:所有的兵士、骑兵、弩弓手、火枪手,就寝时均不准卸下盔甲,不得脱鞋,仅身负重伤及生病者可以例外。因我们须随时做好充分准备,以防墨西哥人袭击。

此外,还宣布了兵士们必须恪守的法令:放哨时入睡或擅离岗位者将处以极刑。还宣布：任何兵士未经其指挥官允准，不得由一营地前往另一营地，否则处以极刑。

还有一项法令：兵士在战斗中擅离指挥官，或临阵脱逃者，处以极刑。

第一百三十章

科尔特斯为双桅帆船物色必要的划桨手，并为他们指派了指挥官

清点兵员之后，科尔特斯见物色不到足数会划船的水手为那十几条双桅帆船划桨，虽然尽人皆知我们船上（这些船在我随科尔特斯来时已撞沉）的水手是哪些人；纳瓦埃斯船上的水手及牙买加来的水手大家也无不清楚，这些人的名字都已记下，并命他们做好准备去划船。只是他们即使都去划桨，也不能满足十三条船的需要，何况他们有许多人不愿划桨，甚至说不该由他们去划。

科尔特斯经调查得知哪些人是水手，哪些人被人看见打过鱼；他命令这些人上船，即使自认为最有身份的绅士，他都要他们去划桨，违抗者则处以重罚。他以此种办法召集到一百五十名划桨的人，这些人比我们在堤道上战斗的人占了很大便宜，更因掠夺战利品而发了大财。这些情况以后再叙。

科尔特斯任命了指挥官，并命令全体弩弓手、火枪手以及划桨的兵士们服从他们，若有违抗，即处以重罚。然后，他指示每位指

挥官应做何事，应前往堤道的哪个地点，应同陆地上的哪几位指挥官配合。

科尔特斯刚刚把一切安排就绪，便有人来报告说，特拉斯卡拉的统领们已率领众多武士前来，指挥他们的总统领是小希科滕加。随同他前来的有他的两个兄弟（好老头堂洛伦索·德·巴尔加斯的两个儿子）和许多特拉斯卡拉人，奇奇梅卡特克莱也作为统领前来；此外，还有韦霍辛戈和乔卢拉来的队伍，虽然人数不多。据我所见，我们严惩乔卢拉人（前面已提及）之后，他们就不再支持墨西哥人，也不支持我们，而是袖手旁观；甚至在我们被赶出墨西哥城时，他们也没有攻打我们。

希科滕加、他的兄弟以及其他统领比指定的日期早一日到来，科尔特斯得知这一消息后，即刻偕同佩得罗·德·阿尔瓦拉多及我们的其他指挥官，到离特斯库科四分之一西班牙里的地方去迎接他们。科尔特斯见到希科滕加及其两个兄弟，对他们彬彬有礼，拥抱他们，对所有其余的统领也是如此。他们到时秩序井然，个个衣着光鲜，每支队伍带有各自的醒目标志，打着旗帜，还有像鹰一样张着翅膀的白鸟徽记。他们的旗手挥动各种旗子，武士们个个带着弓、箭、双手抡的砍刀、装有鹿角镞的长箭；还有的带着石刃木斧、大小长矛。他们都戴着羽饰，步伐整齐，打着唿哨高呼："国王万岁！卡斯蒂利亚，卡斯蒂利亚！特拉斯卡拉，特拉斯卡拉！"他们用三个多小时才全部进入城内。

科尔特斯吩咐把他们安顿在好住所内，还吩咐拿出营地内所有的东西供他们使用。他拥抱他们许多人，答应让他们发财致富之后，才向他们告辞，并说次日再向他们下达命令，吩咐他们做要做的事情，现在他们都已疲乏，应去歇息。

第一百三十一章
科尔特斯命令三支队伍由陆路包围大墨西哥城

科尔特斯命令佩德罗·德·阿尔瓦拉多为总指挥，率领一百五十名持剑与盾的兵士（其中有许多人持长矛与铲刀）、三十名骑兵、十八名弩弓手和火枪手。他还派豪尔赫·德·阿尔瓦拉多（佩德罗·德·阿尔瓦拉多的弟弟）、古铁雷斯·德·巴达霍斯及安德烈斯·德·蒙哈拉斯，随同阿尔瓦拉多前往，并任命此三人为指挥官，让他们各率领五十名兵士，又把上述的全部火枪手和弩弓手均分给他们率领的三支队伍。科尔特斯让佩德罗·德·阿尔瓦拉多指挥骑兵，并兼任上述三支队伍的总指挥；还把八千名特拉斯卡拉人及其统领交给阿尔瓦拉多，又命我随他同往。科尔特斯命我们去包围塔库巴城，嘱咐我们带上称手的武器，因为同我们作战的墨西哥人装备都很精良。

科尔特斯拨交克里斯托瓦尔·德·奥利德总领的计有：三十名骑兵、一百七十五名兵士、二十名火枪手和弩弓手；这些兵士同交给佩德罗·德·阿尔瓦拉多的一样，全配备有精良武器。科尔特斯又指派安德烈斯·德·塔皮亚、弗朗西斯科·贝尔杜戈及弗朗西斯科·德·卢戈三人为指挥官，把上述兵士、弩弓手和火枪手

均分给他们，由克里斯托瓦尔·德·奥利德任他们的总指挥，并负责指挥骑兵。科尔特斯还把另外八千名特拉斯卡拉人交给他，并命令他将他的营地设在库尤阿坎城，该城距塔库巴二西班牙里。

科尔特斯又任命贡萨洛·德·桑多瓦尔总监为另一支军队的指挥官，交给他二十四名骑兵、十四名火枪手和弩弓手、一百五十名使用剑、盾、矛的兵士，还把与我们友好的查尔科、韦霍辛戈及其他村落（桑多瓦尔将经过这几个村落）的八千多名印第安武士交给他。科尔特斯任命桑多瓦尔的朋友路易斯·马林和佩德罗·德·伊尔西奥为指挥官，与他协同作战。科尔特斯还下令将兵士、弩弓手和火枪手均分给这两位指挥官；让桑多瓦尔负责骑兵并担任总指挥，要他将营地设在伊斯塔帕拉帕附近，然后攻打该城，尽力使之遭受损失，直到科尔特斯下达新的命令。科尔特斯本人担任三支队伍及十三条双桅帆船的统帅，桑多瓦尔直等到他率湖中载有三百名兵士及弩弓手、火枪手的船只做好一切进发的准备时，才离开特斯库科。

我们将于次日上午出发，为了能顺利行进，派全部特拉斯卡拉队伍开路，直至墨西哥地界。特拉斯卡拉人正放心大胆随其统领奇奇梅卡特克莱行军，其他统领也正在带领手下人马往前赶路，突然发现总统领小希科滕加没有来。奇奇梅卡特克莱查问起他去办理何事或留在何处，方得知他已于当夜悄悄返回特拉斯卡拉，打算去夺取奇奇梅卡特克莱的酋长之位以及臣民和疆土。

据特拉斯卡拉人说，小希科滕加之所以如此行事，是因为他见特拉斯卡拉的统领们（尤其是奇奇梅卡特克莱）都已出征，他所顾忌的人已经不在；他并不担心自己的父亲——盲人希科滕加，因为他认为他父亲必定会帮助他，而我们的朋友马塞埃斯卡西已经亡故，他所怕的仅奇奇梅卡特克莱一人而已。特拉斯卡拉人还说，他们向来知道希科滕加不愿攻打墨西哥城，因为他们多次听他说过，我们大家以及他们这些人必将在此次战争中被杀死。奇奇梅卡特克莱酋长听说希科滕加要夺取他的疆土和属地，即刻从半路上返回特斯库科，将此事告知科尔特斯。

科尔特斯得知此事后，当即派五个特斯库科的首领和两个特拉斯卡拉的首领(都是希科滕加的朋友)，去劝希科滕加回来，并告诉他，科尔特斯恳请他立刻回去攻打他们的仇敌墨西哥人；要他考虑，他父亲堂洛伦索·德·巴尔加斯若不是年老并双目失明定会前来攻打墨西哥城。眼下全体特拉斯卡拉人都已前来，他们都是国王陛下的忠仆，科尔特斯不希望他因自己的所作所为而败坏他们的名声；科尔特斯还答应给他许多好处，如果他回来，还要给他黄金和布匹。

希科滕加送来的答复是，他的老父和马塞埃斯卡西当初若听他的话，科尔特斯就不能这样随意摆布他们，让他们干他要他们干的事情；为了不再多费唇舌，他说他决不回来。科尔特斯听到这种答复，立刻让一位监督官带上他的手令和四名骑兵及特斯库科的五个印第安首领，飞速前去追上他，把他就地绞死。科尔特斯说道："这个酋长已无可救药，他终究要背叛我们，只会干对我们不利的事，只会出坏主意。"他还说，已不再是原谅他的所作所为的时候了。那几个人在从属于特斯库科的一个村落将他绞死，他的背叛只落得如此下场。

由于这一原因，当天我们没有离开特斯库科城。次日，我们两支队伍一起出发，因为克里斯托瓦尔·德·奥利德和佩德罗·德·阿尔瓦拉多必须得走一条路。我们行军至一个叫阿科尔曼的村落宿营，看来克里斯托瓦尔·德·奥利德是派人抢先到该村占住所，在每幢房屋顶上放上青树枝为记号。我们跟随佩德罗·德·阿尔瓦拉多到达时，已找不到可以住宿的地方，我们队伍为此几乎要对克里斯托瓦尔·德·奥利德的队伍动武，吃了亏的指挥官们也想动手。不过，双方都有几位绅士在我们之间劝解，才使吵闹略为平息，只是我们大家仍然愤愤不平。有人从那里将此事禀报科尔特斯，他迅即派来佩德罗·梅尔加雷霍修士及路易斯·马林指挥官，并写信给指挥官们以及我们大家，为此事训斥我们；这些人一来，就使我们和解了。不过，佩德罗·德·阿尔瓦拉多和克里斯托瓦尔·德·奥利德两位指挥官，从此始终不和。

次日，我们两支队伍一起行军，走到一个大村落宿营，因为已是墨西哥人的地界，村内居民均已逃避一空。又一日，我们走到一个叫瓜尔蒂坦的大村落宿营，该村也已空无一人。又一日，我们经过另两个叫做特纳尤卡和埃斯卡普萨尔科的村落，该两个村落也是空无一人。

我们于傍晚时分到达塔库巴，立即在几所大房屋和一些房间内安顿下来，因该城也已空无一人。我们的朋友特拉斯卡拉人也找到了住处，是日下午，他们还到属于那些村落的田庄去弄来食物。前面我已多次提及，墨西哥城就在塔库巴附近，所以当夜我们就寝时，布置了岗哨、探子和侦察兵。

夜色降临时，我们听见湖上传来对我们的叫嚷声，他们对我们大肆谩骂，说我们若不出去迎战，就不是男子汉大丈夫。他们有许多满载武士的独木船，堤道上也到处是武士；他们用这种话辱骂我们，是想激我们当夜出战。但是，我们在堤道上及桥上有过教训，绝不在次日天亮前出战。次日是礼拜天，我们听过胡安·迪亚斯神父主持的弥撒并祈求天主保佑之后，决定两支队伍一起出动，去切断查普尔特佩克供应墨西哥城的水源，该地距塔库巴约半西班牙里。

我们前去捣毁输水管道时，遇到许多在半路上守候我们的墨西哥武士，因为他们十分明白，这是我们首先要损害他们的地方；他们在坎坷难行的通道附近遇上我们，开始向我们投掷投枪，并用投石器投射石块。不过，我们迅即打得他们掉头而逃。

这些武士一逃，我们便将引水到墨西哥城的管道捣毁，从此以后在整个作战期间，再没有水流往该城。在我们捣毁水管之后，我们的指挥官们决定立即前去侦察，并由塔库巴沿堤道挺进，极力设法从敌人手中夺得一座桥。我们到达堤道时，湖上已有许多满载武士的独木船，堤道上也到处是武士，使我们大为吃惊。他们投射无数投枪和箭，还用投石器射来许多石块，第一回合便打伤我们三十名兵士。我们仍沿堤道前进，一直进攻到一座桥上(依我看，他们是有意引我们过桥)；他们见我们过了桥，众多武士便向我们扑来，我们当下招架不住。因为在八步宽的堤道上，我们怎能对付得了如此强大的兵力？他们从堤道两边把我们当靶子打，而我们的火枪手及弩弓手却只能对着独木船射击，船上都用防护板遮挡得严严实实，所以我们给他们造成的损失十分有限。

当我们冲击在堤道上作战的墨西哥队伍时，他们立刻跳入水中，而他们是如此之多，使我们穷于应付。骑兵起不了任何作用，因武士们从水上两面夹击，砍伤他们的马匹，骑兵若是追击，他们便立即跳入水中。他们另有武士守在修有胸墙之处，使用的是用上次将我们赶出墨西哥城时从我们手中夺去的武器改装而成的像大钐刀的一种长矛。

这样，我们同他们交锋约一小时，他们攻打我们十分猛烈，我们抵挡不住；又见从另外的方向驶来一大队独木船，企图抄我们的后路。我们全体官兵见此情形，又见我们带来的特拉斯卡拉友军在堤道上堵塞我们的道路，便决定撤退，不再前进。

我们撤退，特拉斯卡拉人也跟着逃走，墨西哥人一见，便对我们大喊大叫，大打唿哨，而且对我们步步进逼，穷追不舍。此情此景，我真不知如何描述才是。堤道上到处是他们向我们投射的投枪、箭、石块，而落入水中的，想必更要多得多。

我们退到陆地上时，深深感谢天主让我们从此次战斗中脱逃，此次我们有八名战士阵亡，五十余人受伤。尽管如此，他们仍从独木船上对我们高声叫骂，我们的特拉斯卡拉朋友对他们说，要他们到陆地上来，说哪怕敌人多一倍，也要与之决一雌雄。切断水源及侦察大湖是我们做的第一件事，尽管我们没有战胜他们。当夜我们留在我们的营地内，伤号们进行了治疗，死了一匹马，我们还严密地布置了岗哨和探子。

次日早上，克里斯托瓦尔·德·奥利德指挥官说要到他的驻地库尤阿坎去，该城距此一西班牙里半。佩德罗·德·阿尔瓦拉多及其他绅士请求他不要使两支队伍分开，而要同舟共济，他坚决不肯。克里斯托瓦尔·德·奥利德十分英勇，然而我们前一日的湖上侦察，结果却颇为不妙，他抱怨这是阿尔瓦拉多贸然进攻的过错；因此，他绝不愿留下，而要到科尔特斯命令他去的地方——库尤阿坎。我们于是留在我们的营地内。

当时将两支队伍分开很是不妥，因为在双桅帆船到来之前我们孤军驻守的四五天内，墨西哥人若是得知我们兵少力单，对我们和克里斯托瓦尔·德·奥利德的队伍发动袭击，我们必将遇到困难，他们定会使我们遭受巨大损失。就这样，我们待在塔库巴，克里斯托瓦尔·德·奥利德待在他的营地，既不敢再去侦察，也不敢沿堤道挺进；而我们每日都要受到许多墨西哥军队的袭扰，他们开到陆地上来同我们交战，还向我们挑战，企图诱使我们深入到他们能够控制而我们丝毫也损伤不了他们的地区去。

此事按下不表。却说贡萨洛·德·桑多瓦尔于基督圣体节后四天从特斯库科出发，来到伊斯塔帕拉帕。他的行军路线，差不多全在从属于特斯库科友军的土地上经过；他到达伊斯塔帕拉帕后立即开战，并把陆地上的许多房屋焚毁，因为该城的其余房屋都建在湖上。不过，几个小时之后，墨西哥人的几支大军立刻赶来救援该城，桑多瓦尔在陆地上同他们打了一场恶战，遭遇了好几个回合；他们逃上独木船之后，向他投射过来许多投枪、箭、石块，打伤他不少兵士。

桑多瓦尔他们正在激战时，忽见伊斯塔帕拉帕附近陆地上有座小山冈上燃起烽火，位于湖上的其他村落也燃起烽火回答。这是召集墨西哥及大湖周围各村落全部独木船的信号，因他们发现科尔特斯已率领十三条双桅帆船离开了特斯库科（桑多瓦尔离开特斯库科不久，科尔特斯紧跟着也动身了）。

科尔特斯进湖后干的第一件事，便是攻打墨西哥附近一个小岛上的石山，许多墨西哥本地人和其他村落的人集合在山上准备防守。全墨西哥、湖上及湖周围各村落的独木船，全部到湖上攻打科尔特斯，他们向科尔特斯同时发动进攻。因此，在伊斯塔帕拉帕攻打桑多瓦尔的队伍稍有放松。当时该城的房屋大部建在水上，所以科尔特斯虽然开始时杀死他们不少人，却伤害不了他们什么；但他带来大量友军，所以擒获了那一带村落的许多人。

科尔特斯见有如此之多的独木船队，合力对付他的十三条双桅帆船，很是担心；独木船总共有一千多条，的确让人害怕。于是，科尔特斯放弃攻打石山，而占住湖的有利地点，一旦陷入困境，便可将他的船只驶往他要去的地方。他命令各条船的指挥官，在陆风吹得更紧以前不要出击，也不要去进攻独木船，因为当时风已刮起来了。

独木船上的人见双桅帆船停止不动，以为是害怕他们；于是，墨西哥的统领们急忙冲来，命令他们手下的人立刻袭击我们的双桅帆船。此时吹来一阵对我们十分有利的强风，我们的划桨手借着风势使劲划船，科尔特斯便下令袭击独木船队，撞翻许多独木船，杀死并抓获许多印第安人。其余的独木船都躲到湖上的一些房屋之间去，躲到我们的双桅帆船到不了的地方去。这便是湖上第一仗的情况，科尔特斯获得了胜利。确实应为这一切而感谢天主。阿门。

这一仗既已打毕，科尔特斯便率领十三条双桅帆船驶往库尤阿坎(克里斯托瓦尔·德·奥利德的营地就设在该城)，一路上同据守在险要地点等候他、企图夺取那几条船的许多墨西哥军队作战。由于墨西哥人一再从湖内的独木船上和从陆地上供奉偶像的塔楼内袭击科尔特斯，他下令从双桅帆船上搬出四门大炮，用来轰击印第安人，打死打伤他们许多人。炮手们打炮过于急促，不慎被火药烫伤，有些人脸和手被烧灼。科尔特斯随即派一条极轻快的双桅帆船前往伊斯塔帕拉帕的桑多瓦尔营地，以便把桑多瓦尔所有的火药扫数运来；科尔特斯还写信给他，命他留在原地不动。

科尔特斯的情况按下不表，且来说说我们营地内的事情。我们得知科尔特斯正从湖上进军，便沿堤道向前挺进，此次我们井然有序，不像第一次那样冒失，一直挺进到第一座桥的所在，弩弓手和火枪手的行动配合得十分协调，一部分人射击时，另一部分人便装弹药和箭。佩德罗·德·阿尔瓦拉多命令骑兵不要随同我们进攻，留在陆地作后卫，以免我们途经的各村落有人到堤道上来袭击我们。这样，我们既需作战，又需防止他们由堤道到达陆地，还需清理堵塞的通道。

此事按下不表。话说贡萨洛·德·桑多瓦尔当时正在伊斯塔帕拉帕，因见墨西哥人都在水上，无法予以重创，而他们却打伤他许多兵士，便决定到湖上的几处房屋与村落去；他想他能冲入该村，便向那里发起进攻。双方正在战斗时，瓜特穆斯派许多武士前来支援该村，挖开桑多瓦尔刚刚通过的堤道，来个瓮中捉鳖，使之无处脱逃；瓜特穆斯又派许多武士从另一边打来。

科尔特斯当时同克里斯托瓦尔·德·奥利德在一处，发现大批独木船涌向伊斯塔帕拉帕，便决定带领双桅帆船及奥利德的全部人马，前去伊斯塔帕拉帕寻找桑多瓦尔。帆船在湖上行驶，人马沿堤道挺进时，他们发现有许多墨西哥人正在把堤道挖开，断定桑多瓦尔就在那边的几所房屋内。科尔特斯率那几条帆船前去，见桑多瓦尔正在同瓜特穆斯派去的武士搏斗，便使战斗暂告结束。

科尔特斯当即命令贡萨洛·德·桑多瓦尔离开伊斯塔帕拉帕，取道陆地，前去包围另一条从墨西哥通往特佩阿吉利亚村的堤道，该村现以瓜达卢佩圣母的名字命名，圣母在村内并还在显圣。

第一百三十二章
科尔特斯下令将十二条双桅帆船分开

科尔特斯及我们全体官兵都明白，没有双桅帆船我们绝不可能经由堤道前去攻打墨西哥城。科尔特斯于是派四条帆船给佩德罗·德·阿尔瓦拉多，留下六条帆船在他的营地内(即克里斯托瓦尔·德·奥利德的营地)，又给在特佩阿吉利亚堤道的贡萨洛·德·桑多瓦尔派去两条帆船。他命令那条最小的双桅帆船不要再驶往湖上去，因那条船不稳，免得给独木船撞翻；他吩咐把船上的兵士和水手分到其他十二条帆船上去，因那十二条帆船上有二十人伤势严重。

我们在塔库巴营地的人获得六条双桅帆船的支援之后，佩德罗·德·阿尔瓦拉多便命令其中的两条帆船在堤道的一边巡航，命令另两条帆船在堤道的另一边巡航，于是我们正式开始战斗，因为那几条帆船把经常从水上袭击我们的独木船打退；我们从而得以夺下几座桥及一些掩体。我们与他们交战时，他们用投石器向我们投射无数石弹，还投射那么多投枪和箭，我们的兵士虽然个个披挂齐整，还是给打得头破血流，人人身上都有伤；我们不停地厮杀扭打，直至夜色降临。

却说打着不同标志和旗号的墨西哥军队轮番作战，我们费九牛二虎之力好不容易才攻占的几座桥和一些掩体，若不加守卫，同日夜间他们必来夺取，再挖深掩体，并加固防御工事，甚而在水中设陷阱，使我们次日进攻及退却时受阻，或落入陷阱，他们便可用独木船把我们打得落花流水。他们为此准备许多独木船，藏在我们的双桅帆船发现不了之处，但等我们陷入困境或落入陷阱时，分别从陆地及湖上攻打我们。他们为使我们的帆船无法支援我们，在几处水面下打了成排的木桩，使帆船在木桩上搁浅。我们每日就是这样战斗。

夜间，我们用油脂烧灼伤口以进行治疗，一个名叫胡安·卡塔兰的兵士还为我们的伤口画十字、念祷词；说实话，我们都看到，是我主耶稣基督除了每日赐给我们种种恩典，还给予我们力量，所以我们的伤口好得很快。我们负伤及打了绷带的人都需从早至晚作战，伤号若留在营地不去作战，那我们出战的每支队伍就会连二十个健全的兵士都找不出来。我们的特拉斯卡拉朋友见那个兵士为我们画十字，他们所有负伤的人也都去找他，求治的人是如此之多，使他忙了一整日。

说起我们的指挥官、旗手和随从，他们浑身是伤，旗子也都破损不堪；我们每日需换一名旗手，因为一仗下来，他们就再也不能举旗参战了。

再说，我们大概总需有食物吧，不是说我们没有玉米饼（这种饼我们有很多），而是说给伤号吃的食物太糟。我们赖以活命的是印第安人食用的几种草及当地出产的樱桃,樱桃季节过后便是那时当令的仙人掌果。

我们发现,白天我们攻占多少水道,墨西哥人便来堵塞多少,因此我们决定沿堤到一块耸立着几座供奉偶像的宝塔的小空地上去,这块空地我们已经攻占,可在该处搭起供我们落脚的棚屋,这些棚屋均极简陋(下雨时我们个个淋得透湿),只能用以遮挡夜间的露水。我们把替我们做饼子的印第安女子留在塔库巴,还留下全部骑兵守卫塔库巴,我们的特拉斯卡拉朋友也留下巡视并守卫各条通道,使周围各村落的敌人无法在我们作战时,从堤道过来袭击我们的后卫。

前述的棚屋建成后,我们便想方设法把我们攻占的水道堵死,把房屋或街区拆毁、夷平,因放火烧须焚烧很久,又因每幢房屋都建在水上,不过桥或坐船,便无法从一处到另一处去,所以火势也无法从一幢房屋传到另一座房屋去。我们若从水上泅渡,他们便从屋顶给我们以重创,所以拆毁房屋我们将更安全。我们一旦攻占他们据以顽抗的掩体、桥梁或难以通行的通道,就要尽力设法日夜守住。

敌人的大队人马袭击我们,有时是半夜里攻过来,有时是拂晓前袭来,有时则是在黎明时进行袭击。他们有几次是静悄悄地前来,有时又是大叫大喊并打着唿哨来攻;他们摸到我们布了夜哨的地方,便投射投枪、石块和箭,还有许多人使用长矛,虽然打伤我们一些人,但经还击,他们便因许多人负伤而退走。另有许多武士前来袭击我们的辎重,我们的骑兵和特拉斯卡拉人把他们打得溃不成军,因为夜间他们防守不了多久。我们夜间就是以上述方式布置岗哨的，不管刮风下雨，也不管天寒地冻，甚至在大片泥泞中，身上带着伤，我们都须坚守哨位。

我们虽有诸如此类的防范措施，他们仍然将我们攻占的桥和堤道挖开，因夜间无法予以防止。次日，我们又去攻占并加以填塞，他们则再来打开并修起工事来加固；如是你来我往，直至墨西哥人改变战斗方式方告停止。这一情况我将找适当机会再叙。

虽说我们从三条堤道封锁他们，不让他们把粮食和水运进墨西哥城，却是无济于事；我们营地的双桅帆船，除战斗时防止坐独木船的武士从背后袭击我们，防止他们从屋顶袭击我们之外，也起不了多大作用。墨西哥人夜间用独木船从湖上的九个村落运粮食和水，还从与他们友好的其他村落运玉米、鸡及一切需要的东西。为防止他们运送，三个营地一致决定派两条帆船夜间在湖上巡航，遇到独木船统统予以撞毁，或擒获后带到我们营地。这一决定十分正确，夜间作战和自卫虽然也很需要这两条帆船，但它们却有效地制止住将粮食和水运入墨西哥城；尽管如此，仍有不少运送粮食和水的独木船得以通行。由于墨西哥人驾驶运粮的独木船十分大意，所以双桅帆船每天都擒获几条独木船和许多印第安人，吊在帆桁上带回。

墨西哥人决定装备三十条大独木船，调配优秀的划桨手和武士，夜间让这些船设法进入芦苇荡内双桅帆船发现不了之处，并以树枝伪装起来。他们先行派出由优秀划桨手划的两三条独木船，假装成运载粮食和水的样子，并在他们估计帆船与这几条独木船交战时可能经过的地方，事先用许多大圆木打下木桩，使帆船在木桩上搁浅。

那几条独木船在湖上装出畏葸的样子贴近芦苇荡行驶，我们的两条帆船便出动去尾追，独木船佯作逃往陆地，其实是三十条大独木船埋伏之处。两条帆船尾追他们驶抵埋伏地点，全部大独木船一起出动，攻向那两条帆船。帆船上的兵士、划桨手及指挥官很快都被打伤，敌人布下的木桩使帆船进退不得。他们击毙一位名叫波蒂利亚的指挥官，打伤佩德罗·巴尔瓦，他也是一位十分出色的指挥官，三日之后便因伤身亡，他率领的帆船也被夺走。这两条双桅帆船归属科尔特斯营地，他为此事极度伤心。

话说科尔特斯营地和贡萨洛·德·桑多瓦尔营地所进行的战斗，始终十分激烈；科尔特斯营地的战斗规模更大，因他下令拆毁并焚烧房屋，封锁桥梁，把每日攻占的地方都予以封锁。他还派人命令佩德罗·德·阿尔瓦拉多，每过一座桥和堤道都要先行封锁，还命令将所有的房屋夷平，放火焚烧。我们用拆毁房屋所得的土坯和木材，把通道和桥洞封死；我们的特拉斯卡拉朋友在战斗中始终支援我们，表现得十分勇敢。

墨西哥人见房屋全被我们夷平，桥梁和堤道的开口也都被我们封死，决定改换作战方式。他们开了一条又宽又深的水道和沟渠，我们必须涉水方能从这里通过，有些地方脚踩不着底，水下还挖了许多我们看不见的深坑；他们又在水道两侧修筑胸墙和掩体，还在一些地方用大圆木打下许多木桩，在我们的人马夺取那些工事时，我们的帆船若赶来支援，便会搁浅。这是因为他们十分明白，我们若要进入墨西哥城，首先须捣毁那些掩体，通过那条水道。他们还在许多地方暗暗布下无数独木船，船上满载武士和出色的划桨手。

一个礼拜日的上午，众多的武士队伍开始分三路向我们猛烈袭来，我们奋力抵挡，以免被他们打垮。当时，佩德罗·德·阿尔瓦拉多已命令原先驻扎在塔库巴的半数骑兵到堤道上宿营，因那时所有的房屋都已拆毁，已没有屋顶，危险已没有开始时多，他们可以驰骋在堤道的某些地方，再也没有敌人从独木船上和屋顶上打伤他们的马匹了。那三路敌军来势异常凶猛，一路从那条挖开的大水道方向来，另一路从已被我们拆毁的房屋处来，第三路从塔库巴方向来抄我们的后路，我们似乎是遭到围困了。骑兵同我们的特拉斯卡拉友军一起，打垮抄我们后路的敌军，我们全体同其余两路敌军奋勇战斗，直打得他们溃退为止；不过，他们是佯装溃退。

我们攻占他们据守的第一处工事，他们将那工事放弃了；我们以为已经取胜，便从那条水道涉渡过去，我们通过的这个地点没有任何深坑。我们在几幢大房屋和有神堂的宝塔之间紧紧追击，敌军仍装出退却的样子，但不停射来投枪和箭，还用投石器投射石弹。他们在我们无法发现的地方埋伏着众多武士，这时突然出来迎击，还有许多武士从屋顶和房屋内出击，前述那些佯作退却的敌军也一起转身向我们打来，这一下打得我们支持不住，我们便决定有条不紊地退却。他们在我们攻占过的那条水道上——就是我们先前涉渡过的、没有深坑的那一段——布置了许多独木船队，使我们无法通过，只得从另一处涉渡；我已说过，这一处水要深得多，而且他们在此挖了许多深坑。

前来袭击我们的武士是如此之多，我们且战且退，有的泅水，有的涉渡，从那条水道通过，兵士们因而全部落入深坑。于是，独木船纷纷向我们扑来，墨西哥人在此活捉了我们五名同伴，把他们带去交给瓜特穆斯，并将其余的兵士统统打伤。我们盼望的双桅帆船无法开来，因为都在他们打的木桩上搁了浅，他们利用独木船和屋顶，朝这几条船猛射一通投枪和箭，击毙船上两名划桨的兵士，还打伤许多人。

说到陷在深坑和堤道开口处的我们的人，居然没有全部被击毙，实在不可思议。至于我，好几个印第安人已然捉住我，我竟设法把臂膀挣脱出来，我主耶稣基督给我力量，我狠狠扎了他们几剑，这才得以保全性命，但一条臂膀受了重伤。我离开水面到达安全地点之后，立即失去知觉，两条腿站也站不住，连一口气都没有了，这是因为挣脱那几个家伙时费了大力气，又流了许多血的缘故。他们死死抓住我时，我头脑里想的是把自己交托我们的天主和神圣的圣母，才能使出前述的那股力气，因而保全了性命。感谢天主赐给我的种种恩典。

我要说的另一件事是，佩德罗·德·阿尔瓦拉多及所率骑兵，因为只顾攻打从塔库巴方向来抄我们后路的敌军，没有人通过那个水道和那个工事，只有一个新从卡斯蒂利亚来的骑兵例外，他连人带马都被击毙在那里。其余的骑兵见我们退却，本想赶来救援，他们若是来了，我们便须回去攻打印第安人；我们若是回去攻打，骑兵、马匹以及我们大家一个也休想活命，因为事情很清楚，大家都将陷入深坑，那里又有众多武士，准会用专门对付马匹的长矛把骑兵的坐骑击毙；敌人还可从多处屋顶进行袭击，因为厮杀的地方已是墨西哥城的城区。墨西哥人打了这场胜仗，当天一整日又派大量武士前来袭击我们营地，我们简直无法招架，他们真以为能击溃我们。我们靠几门铜炮和奋勇作战，靠所有的队伍每日夜里共同防守，坚决抗击他们。

却说科尔特斯得知此事后大为震怒，即在一条双桅帆船上写信给佩德罗·德·阿尔瓦拉多，要他注意，无论如何须将所有通道填实，让骑兵全部在堤道上宿营，整夜鞴好马；科尔特斯还命令我们先用土坯和木材将那条大水道堵死，在此之前，不准前进一步，并命令他确保营地的安全。我们明白，皆因我们之过才发生那场灾难，便想方设法把那个口子填实，虽然我们干起来十分吃力，还因敌人的袭击而负伤，并有六名兵士死于非命。我们填塞那个口子费了四天时间，夜间三支队伍全都守在该处。

那时候，我们夜间放哨时，墨西哥人就在我们附近，他们也布下自己的岗哨，一夜换岗四次。他们布岗的方式如下：他们彻夜燃起大火，哨兵远离火堆，从远处看不见他们，因为一直在燃烧的柴火的光使我们看不到放哨的印第安人；不过，他们何时换岗，何时拨旺火堆，我们都听得一清二楚。那时节雨水颇多，好几夜他们的火堆被淋灭，他们便重新点燃；他们不弄出响声，彼此也不说话，只用口哨互通消息。

湖上那些村落见我们每日在湖上及陆地告捷，又见查尔科人、特斯库科人、特拉斯卡拉人及其他村落的人，都与我们友好，我们又不停地在各村落攻打他们，给他们造成许多损失，掳走他们许多印第安男女，于是他们全体商定来向科尔特斯求和，十分谦卑地表示，若是他们在什么事情上冒犯过他，请他宽恕；还说，他们那是受命于人，只能照办。科尔特斯见他们前来求和，心中十分高兴；我们营地和桑多瓦尔营地的全体兵士得知此事时，也都感到欢欣鼓舞。

科尔特斯和悦而又高兴地宽恕他们，但对他们说，就他们援助墨西哥人而言本该予以严惩。前来求和的村落是伊斯塔帕拉帕、维奇洛布斯科①、库卢阿坎、梅斯基克以及那个湖上的所有村落。

科尔特斯告诉他们，我们一定要到墨西哥人前来求和或被我们消灭才收兵；他命令他们全面支援我们，把他们所有的独木船都派来攻打墨西哥城；他要他们为他建造棚屋并送来食物。他们答应照办，来建造了几间棚屋，但是送来的食物很少，而且十分勉强。我们佩德罗·德·阿尔瓦拉多营地的棚屋，他们始终不来建造，我们只得在雨中挨淋，因为在这里待过的人都知道，这一地区6、7、8三个月雨下个没完。

次日是6月的圣胡安节，那日恰巧是我们进入墨西哥城救援佩德罗·德·阿尔瓦拉多并被打得落花流水的一周年；看来他们记得这个日子，瓜特穆斯下令出动他们的全部兵力，全力从陆地并用独木船从水上攻打我们三个营地，他命令军队在夜间上第二班岗时出发。双桅帆船无法帮助我们，因为他们在湖上到处打下会使帆船搁浅的木桩。他们来势迅猛，我们若没有布下一百二十名能征善战的兵士加以防范，他们定能攻入我们营地，我们必然会遭到莫大危险。我们阵脚不乱地抗击他们，他们当时打伤我们十五人，八天之后其中两人因伤身亡。科尔特斯的营地也遇到危难，死伤许多人；桑多瓦尔的营地也发生同样情况。他们接连两夜前来袭击，在这几个回合的遭遇战中，许多墨西哥人被击毙，被打伤的人更多。

① 应为“丘鲁布斯科”。

瓜特穆斯及其统领和祭司见那两夜的进攻毫无所获，便决定率领他们的全部兵力，于拂晓前攻打我们在塔库巴的营地。他们来势凶猛，从两面包围我们，几乎把我们打败并截断我们的退路；然而我主耶稣基督给我们力量，我们得以重整队伍，又受到双桅帆船的些许掩护，猛砍猛杀，并肩作战，才略为把他们打退。

这一仗他们击毙我们八名兵士，打伤许多人，连佩德罗·德·阿尔瓦拉多都挂了彩。我们的特拉斯卡拉朋友当夜若在堤道上宿营，必定会妨碍我们（因为他们人数很多），我们就会遭到危险。但是，以往的经验使我们及早让他们离开堤道到塔库巴去，才省去了麻烦。我们杀死许多墨西哥人，俘获他们四个要人。

我心中十分明白，每日需打这么多仗，好奇的读者诸君谅必已经看腻烦了，可是不写又不行，因为在我们攻打这座固若金汤的雄伟城池的九十三天内，日日夜夜都须打仗。底下我不再赘述天天要打的大小战斗，尽可能叙述得简短扼要些。

第一百三十三章
我们经历的大小战斗及科尔特斯在其营地遭到的溃败

科尔特斯见我们无法把每日攻占的堤道口子、桥洞和水道全部封填（墨西哥人夜间又会统统挖开，而且把他们原先修的掩体弄得更牢固），而大家既要战斗，又要填桥洞和夜间放哨，十分辛苦，便决定同他营地内的官兵商量，也写信给我们佩德罗·德·阿尔瓦拉多营地和桑多瓦尔营地，以便听取我们全体官兵的意见。他提出，我们是否认为应突然攻入墨西哥城，一直攻到城内最大的塔特卢尔科广场；到达广场后，把三个营地安在广场内，然后从那里发起巷战，我们就无须费大力去撤退，也无须老是填桥洞、在桥上放哨了。

与每次商讨的情况相同，大家总有不同意见。有些人认为，如此深入城区绝非什么好决定或好主意，主张仍应像现在那样进行战斗，拆毁并焚烧房屋。我们持这种主张的人提出的最突出的理由是，倘若我们进驻塔特卢尔科广场，放弃堤道和桥梁，那么人多势众又有许多独木船的墨西哥武士，定会又把桥洞和堤道挖开，我们也就无法控制这些地方了。他们必将以其强大兵力日夜袭击我们，而且他们打下许多木桩，我们的双桅帆船因而无法支援我们，我们若按科尔特斯的意图行事，必将被他们包围，他们必定会占领陆地、原野和大湖。我们就他的意图写信给他，以免出现上次逃出墨西哥城时发生的那种情况。

科尔特斯虽然看了大家的意见，也了解了我们对此所陈述的充分理由，商讨的最后结果却是，我们三个营地的骑兵、弩弓手、火枪手、兵士次日必须全力出击，直至攻克那个塔特卢尔科大广场。三个营地都进行准备，我们的特拉斯卡拉朋友、特斯库科朋友及重新臣服于国王陛下的湖上各村落的朋友也都得到命令，乘坐独木船前来支援双桅帆船。一个礼拜日上午，听完弥撒后，佩德罗·德·阿尔瓦拉多率领我们从营地出发，科尔特斯及桑多瓦尔也各自带领手下人马出发，三支队伍各自奋战，攻取一座座桥梁和一个个掩体。

敌人的武士战斗勇猛；科尔特斯在他进攻的一翼打了许多胜仗，贡萨洛·德·桑多瓦尔在他进攻的一翼也一样。在我们这一翼，我们又攻占一个掩体和一座桥，因瓜特穆斯派在那里防守的兵力十分强大，攻占掩体和桥费了不少力气，为此我们的兵士有很多人负伤（其中一人不久即因伤身亡），仅我们的特拉斯卡拉朋友就被打伤一千余人；不过，我们仍然得意扬扬地乘胜追击。

却说科尔特斯及其全部军队攻占一条水道，水道上有一条极狭窄的堤道。墨西哥人故意把那条堤道弄成那副样子，是因为他们事先料定，科尔特斯由于同他的官兵们一路取胜，堤道上又到处是友军，定会追击他们，而他们虽然佯作逃走，仍不停地投射投枪、箭、石块，还不时停下像是要抵抗的样子，诱使科尔特斯紧追不舍。

他们见科尔特斯果然乘胜追击，便佯作溃逃。科尔特斯因节节取胜，又只顾紧追，可能是由于过分大意，也可能是我主耶稣基督要如此安排，他和他手下的官兵竟未将攻占的水道封填起来。科尔特斯他们经过的那条小堤道，被墨西哥人故意弄得很狭窄，有些地方甚至有水流，泥泞不堪；墨西哥人见他们通过该处时未封填水道，正中下怀（他们事先已准备下由极骁勇的统领率领的许多队武士，又在湖上我们的帆船无法对他们造成任何损失之处准备下许多独木船，他们在这些地方早已打下能使帆船搁浅的大木桩）。于是，墨西哥人的队伍便大喊大叫，打着呼哨，气势汹汹地回转身向科尔特斯及其全体兵士攻来；敌人来势凶猛，我们的人招架不住，全体官兵决定跟随自己的指挥官和旗手，井然有序地后撤。但是，前来攻打他们的敌人如此凶猛，把他们逼到原先那处难行的水道，他们又带着众多友军，一下子乱了阵脚，便不再抵抗，转身逃跑。

科尔特斯见他手下的人掉头逃跑，便给他们鼓劲，说道："顶住，顶住，先生们，快顶住！你们这样掉头逃跑算个什么哟！"他无法拦住他们。就在他们未加封填的水道处，就在那条狭窄难行的堤道上，敌人坐独木船打得他的队伍溃不成军，打伤他一条腿，活捉他六十六名兵士，杀死他八匹马，六七个墨西哥统领还紧紧抓住他本人。多亏我们的天主保佑，他虽然一条腿已负伤，仍有力量自卫，此时一个名叫克里斯托瓦尔·德·奥莱亚的勇猛过人的兵士立刻赶来救他，这名兵士猛砍猛杀，刺死紧紧抓住科尔特斯的四个墨西哥统领；另一个名叫莱尔马的十分勇敢的兵士也来救他。这两名兵士拼死搏斗，奥莱亚当时就一命呜呼，莱尔马也险些送命。

随即有许多兵士赶到，他们虽已身负重伤，仍然拉起科尔特斯，帮他逃离那危险的泥泞地。克里斯托瓦尔·德·奥利德总领也迅速赶来，拉着科尔特斯的臂膀，把他从水和泥泞中拉出；他们给他牵来一匹马，他靠这匹马方得死里逃生。在此时刻，他的管家克里斯托瓦尔·德·古斯曼也为他牵来一匹马，而气势汹汹、大获全胜的墨西哥武士从屋顶攻打，活捉克里斯托瓦尔·德·古斯曼，把他押交瓜特穆斯。墨西哥人对科尔特斯及其全体官兵尾追不舍，一直追到他的营地，科尔特斯他们遭此惨败，虽已逃到自己营地，墨西哥人仍继续攻打他们，同时大喊大叫，对他们骂不绝口，说他们都是懦夫。

再来说说塔库巴城内我们这支由佩德罗·德·阿尔瓦拉多率领的队伍。正值我们节节取胜之际，突然发现众多墨西哥武士前来攻打我们；他们佩戴着好看的标志和羽饰，高声叫喊，将五颗血淋淋的人头（是被他们捉走的科尔特斯的人的头颅）扔在我们面前，说道："我们已经宰了马林切、桑多瓦尔以及他们率领的全部人马，我们照样也要杀死你们；这几颗就是他们的首级，你们好好认认吧。"

他们边说边向我们围将上来，终于向我们扑来，刀砍剑劈、弩弓、火枪都挡不住，他们尽力把我们当靶子打。尽管如此，我们撤退时仍然秩序井然，因为我们立刻命令我们的特拉斯卡拉朋友，赶快从堤道和难行的通道撤出。特拉斯卡拉人乐意遵命，因为他们看到我们伙伴那五颗血淋淋的人头，又听墨西哥人说他们已杀死马林切、桑多瓦尔及其手下的全部神使，也同样要杀死我们及特拉斯卡拉人，都怕得要命，信以为真；所以我说他们非常乐意撤离堤道。

我们正在撤退时，听见从高耸于雄伟城池之上的那座神庙传来一阵鼓声，有如魔鬼的乐器所发出的极其悲凉的声音，悠悠回荡，二西班牙里以外都可听见，伴随这鼓声的还有无数铜鼓声、螺号声、喇叭声和唿哨声。据我们后来所知，当时他们正拿我们伙伴的十颗心和大量鲜血祭神。

却说正当我们撤退之际，瓜特穆斯又派许多军队来袭击我们，还下令吹起他的号角；吹这种号角，便是要他的统领和武士去俘虏敌人或为此而战死的信号，声音响得震天动地。他的军队一听到号角声，便气势汹汹地猛扑而来，动手捉拿我们，此情此景实在可怕，真不知如何形诸笔端；如今停笔凝思，当时情景如在眼前，而且像是仍在此次战斗中厮杀。不过，我仍要肯定地说，是我主耶稣基督救了我们，我们当时个个身上负伤，若非我主耶稣基督给我们力量，我们绝不可能逃回我们的棚屋。那次以及另外许多次，我得以从墨西哥军队的袭击中死里逃生，真要感谢天主、赞美天主。

回头来说说我们的情况。我们一边派骑兵在那里猛冲猛杀，一边在棚屋旁架起两门重炮，轮着开炮、装火药，就这样坚守不懈。堤道上到处是密密麻麻的敌人，像是胜利在握似的一直来到我们的棚屋前，向我们投射投枪和石块，我们就用那两门重炮击毙他们不少人。

我们当时身负重伤，心中焦急，不知道科尔特斯和桑多瓦尔的情况，也不知道他们所率领的队伍的情况。不知道他们是否像墨西哥人揪着那五颗人头的头发和胡子扔给我们时说的那样，已被打死或被击溃了；因为我们作战的地点相隔约半西班牙里，而墨西哥人击溃科尔特斯的地方则更远。因此，我们十分难过，负伤的人和健壮的人全都抱成一团，抵抗墨西哥人对我们的凶猛冲击；他们则认为经他们对我们袭击，那日我们绝不会有人能活下来。

他们夺去我们的一条双桅帆船，船上有三名兵士被击毙，指挥官及其余的兵士都被打伤，另一条由胡安·哈拉米略任指挥的双桅帆船解救了他们。胡安·德·林皮亚斯·卡拉瓦哈尔任指挥官的那条双桅帆船，也受阻搁浅；这位指挥官本人作战十分英勇，又鼓舞船上划桨的兵士，他们终于弄断木桩，虽然个个负伤，却救出他们的船。这位林皮亚斯是弄断木桩的第一人，是我们大家的好榜样。

却说科尔特斯及其全部人马非死即伤，墨西哥军队追至他的营地攻打他们，并将从科尔特斯的队伍内擒获的几个兵士的血淋淋的人头扔在他们面前，对他们说这几颗是托纳蒂奥（即佩德罗·德·阿尔瓦拉多）、桑多瓦尔、贝尔纳尔·迪亚斯及其他神使的首级，说我们这些在塔库巴的人都已被杀死。据说，科尔特斯听了愈加灰心，眼里涌出泪水，他周围的人也都伤心落泪，但他没有让人感觉到他沮丧和软弱。

科尔特斯立即命令克里斯托瓦尔·德·奥利德以及他的指挥官们，当心不要让进攻他们的众多墨西哥人冲垮营地，要负伤的人和健壮的人团结在一起。他又命令安德烈斯·德·塔皮亚带三名骑兵走陆路火速前往塔库巴（该城是我们的营地），去了解一下我们是否活着；如若我们未被击溃，须注意确保营地的安全，大家须团结一致日夜警戒。安德烈斯·德·塔皮亚带领三名骑兵飞速前来，塔皮亚及随行的两名骑兵受了伤。

他们到达我们营地时，发现墨西哥军队正集中全部兵力攻打我们，我们则奋力抵抗，心里颇为欣慰，便将科尔特斯溃败的情况以及让他传的话告诉我们；不过他们不愿明说阵亡人数，只说将近二十五人，还说其余的人全都安然无恙。

再来说说桑多瓦尔以及他所率领的官兵。他们节节取胜，攻下许多地方及街道。墨西哥人打败科尔特斯后，立即猛攻桑多瓦尔以及他所率领的队伍，使之无法招架；他们击毙他六名兵士，打伤他所率领的全部人马，使他负伤三处，一处伤在大腿，一处伤在头部，一处伤在左臂。正厮杀间，敌人把科尔特斯的六名兵士的人头扔在桑多瓦尔面前，告诉他这几颗便是马林切、托纳蒂奥和其他指挥官的首级，还说，他们一定也要如法对付他和他手下的人，接着便猛攻桑多瓦尔他们。

桑多瓦尔见此情形，便命令手下的官兵大家都须鼓起勇气，不要垂头丧气，并注意撤退时不可在狭窄的堤道上乱了阵脚。他首先命令人数众多的友军撤离堤道，免得他们碍手碍脚；然后带领他的两条双桅帆船、全体火枪手和弩弓手，好不容易才撤至他的驻地。他手下的人个个身负重伤，意气沮丧，其中六人阵亡。他虽然仍在墨西哥人包围中，但已逃离堤道，便给手下的官兵打气，再三要他们大家团结一致，日夜守卫营地，不让敌人打垮。

桑多瓦尔知道路易斯·马林指挥官对上述任务定能胜任愉快，便带着伤痛，缠着绷带，带上两名骑兵从陆路飞速驰往科尔特斯营地。桑多瓦尔一见科尔特斯，便对他说道："统帅大人！这是怎么回事？这就是你一向给予我们的忠告和用兵之策吗？怎么会发生这样的灾难呢？"科尔特斯泪汪汪地答道："亲爱的桑多瓦尔，是我的过错才造成这样的灾难；不过，我不该受到我们全体官兵如此严厉的指责，该受指责的是胡利安·德·阿尔德雷特司库，我让他堵塞我们遭受溃败的那个水道，他没有照办，因为他不惯征战，又不听指挥官的调遣。"

那个司库恰好来看望桑多瓦尔，向他打听他的军队是否被歼灭或是被击溃了，所以此时正在科尔特斯身旁，便回嘴说有过错的是科尔特斯自己，而不是他；他提出的理由是，因科尔特斯正乘胜前进，为取得更大的战果便喊道："先生们，前进！"他并没有命令他们填塞桥洞，堵住那个通道，他若是下过这样的命令，他的队伍和友军是会照办的。司库还指责科尔特斯没有命令他带来的友军及时离开堤道。科尔特斯和司库你来我往又说了许多话，说得火冒三丈，这里就不提了。

科尔特斯派往湖上和堤道一带的两条双桅帆船此时到达，他战败后，那两条帆船迟迟不来，消息全无。看来他们是被木桩阻拦，无法驶出：又据指挥官们说，一些独木船拦截并包围他们，向他们进攻，所以他们到达时个个都已负伤。他们说，首先是天主帮助了他们，他们乘着风势，用足力气划桨，方得以弄断木桩。科尔特斯对此十分高兴，因为他一直得不到那两条船的消息，以为他们已经完了，虽然为了不使兵士们泄气，他尚未把帆船下落不明之事公之于众。

科尔特斯急忙委派桑多瓦尔立即飞速前往我们在塔库巴的阿尔瓦拉多的营地，了解一下我们是否被打垮，情况究竟如何；倘若我们还活着，便帮助我们坚守营地，不许敌人攻入。他命弗朗西斯科·德·卢戈与桑多瓦尔同行，因他十分明白，途中必有墨西哥军队；他对桑多瓦尔说，他早已派安德烈斯·德·塔皮亚带三名骑兵去了解我们的情况，他担心他们已在途中遇害。科尔特斯说毕这些话，在送别时拥抱桑多瓦尔，并对他说："亲爱的朋友，你看我受了伤，无法到各处去；现在我把这些事委托你，请你对三个营地多加照料。我知道佩德罗·德·阿尔瓦拉多同他的全体官兵一定打得十分英勇，像骑士那样行事。但是，我担心那些狗东西的强大军队已经把他打垮；至于我和我的队伍是什么情景，你都已经看到了。"

桑多瓦尔同弗朗西斯科·德·卢戈飞速来我们所在的地方；桑多瓦尔到达时，我们正在同墨西哥人厮杀。墨西哥人企图从我们拆毁的几座房屋攻入我们的营地，另一些人从堤道进攻，还有许多独木船从湖上进攻，他们已使一条双桅帆船在岸边搁浅，船上的

兵士有两人阵亡，其余的全部负伤。

桑多瓦尔见我和其余六名兵士都在没过腰部的水中，正帮着把那条帆船往水深的地方推，而许多印第安人为了不让我们帮忙，用击败科尔特斯时夺得的剑袭击我们；还有一些印第安人用双手抡的砍刀砍我们。他们射中我一箭，又在我腿上砍了一刀。由他们投入的兵力看，他们想用独木船把双桅帆船拖走。他们已在帆船上拴了许多根绳索，要把船拖走，拖进城里去。桑多瓦尔见我们处于这种境况，便对我们说道："弟兄们，使劲推，可别让他们把帆船拖走！"我们使出好大劲，才把帆船一下子推到安全地方；尽管如上所述，船上所有的水手都受了伤，而且其中有两人阵亡。

此时有许多墨西哥军队来到堤道上，打伤我们的骑兵和我们大家，还有一块石弹狠狠砸在桑多瓦尔脸上。佩德罗·德·阿尔瓦拉多当即带领另外几名骑兵去援救他，因前来的敌军很多，我与另外二十名兵士奋力迎战，桑多瓦尔命令我们慢慢撤退，以免他们把我们的马击毙。因为我们撤退的速度达不到他的要求，他怒冲冲地对我们说道："难道就因为你们的缘故，你们希望我和这些骑兵都被打死吗？亲爱的弟兄们，为了我，你们快退吧！"此时敌人再次打伤他及他的坐骑，当时我们已让友军撤出堤道，我们便面对着敌人慢慢撤退，而不掉头逃跑，有如筑起一道人墙，一部分弩弓手和火枪手进行射击，另一部分人就上弹药，大家并不同时射击；骑兵冲击了几次；佩德罗·莫雷诺·梅德拉诺又是上炮弹，又是开炮，可是，炮弹虽然打死不少墨西哥人，却不能打退他们，他们始终尾追我们，一心想在当晚就把我们捉去祭神。

我们渡过一处水很深的堤道口子之后，撤退到靠近我们住所的地方，箭、投枪和石块都打不着我们，于是桑多瓦尔、弗朗西斯科·德·卢戈、安德烈斯·德·塔皮亚同佩德罗·德·阿尔瓦拉多在一起，谈起各自遇到的情况及科尔特斯所下的命令。就在这时，维奇洛沃斯神的那面令人痛苦的鼓、其他许多螺号和短号，还有一些像小号似的东西又响起来，这些响声令人胆战心惊。我们望着吹吹打打的神庙高处，看见敌人正在把击溃科尔特斯时俘虏的我们的伙伴往台阶上拖，把他们带去祭神。

神庙上边有个小平台，平台上放着他们那些可憎的偶像，当墨西哥人把我们被俘的伙伴带上这个平台时，我们看见他们在我们许多伙伴的头上戴上羽饰，让他们拿着扇子似的一种东西，在维奇洛沃斯神之前跳舞。跳舞之后，墨西哥人把我们的伙伴仰放在用于祭神的不太厚的石块上，用燧石刀剖开他们的胸膛，剜出活跳的心，奉献给放在那里的偶像。墨西哥人把尸体从台阶上踢下去，等在下边的另外一些印第安屠夫便把尸体的四肢剁去，剥下面部的皮，留待以后鞣制成像做手套用的那种皮革，并把它连同胡须保存起来，以便举行酒宴时用来欢闹；他们还拿人肉蘸着辣酱吃。他们把其余的被俘者全部如法祭神，吃掉这些人的腿和手臂，把心和鲜血奉献给他们的偶像，将躯体和脚扔给喂养在害兽房内的豹和狮子。

好奇的读者们，当我们营地的全体兵士、佩德罗·德·阿尔瓦拉多、贡萨洛·德·桑多瓦尔及所有其他指挥官见到这种暴行时，我们为受害者感到何等痛心啊！我们互相说道："啊，感谢天主，他们现在没拿我去祭神！"还有一点要请读者诸君注意：我们就在离他们不远处，可是我们无法予以制止，只能祈求天主，保佑我们免遭如此可怖的惨死。

正当他们祭祀之际，浩浩荡荡的武士队伍突然向我们奔袭而来，使我们四面受敌，穷于应付。他们对我们喊道："瞧着吧，你们都得这样死去，我们的神早就答应过好多次了！"墨西哥人对我们特拉斯卡拉朋友说的威胁的话是如此凶狠，如此恶毒，弄得他们士气低沉；墨西哥人把烤过的印第安人的腿和我们兵士的胳膊朝他们扔去，并对他们喊道："那些神使的肉和你们弟兄的肉我们已经吃得太饱了，你们也来尝尝；我们吃剩的这些肉，你们拿去吃个够吧！你们听着，这些房屋被你们拆了，可我们要把你们抓来，让你们用白石精工重建，造得比原先更好。你们就好好帮助那些神使吧，你们准能看到他们全部被送去祭神。"

瓜特穆斯打胜这一仗之后，下令办的另一件事是：派人把我们兵士的脚和手、连胡子剥下的面皮以及他们杀死的马匹的头，送往与我们友好、结盟的所有村落以及他们的亲戚；还派人传话给这些村落，说他们已杀死我们大半，很快即可将我们肃清。他要他们不再与我们友好，要他们到墨西哥城去，倘若他们不立即照办，他定要夷平他们；他又派人告诉他们许多别的事情，诱使他们离开我们营地，抛弃我们，因为我们很快便会死在他手里。

他们日夜不停地袭击我们。我们营地的全体人员一起放哨，贡萨洛·德·桑多瓦尔、佩德罗·德·阿尔瓦拉多及其他指挥官也和我们一同放哨，所以虽然大队武士夜间前来攻打，我们都把他们一一击退。不论昼夜，骑兵们都是一半在塔库巴，一半在堤道上。

他们还做了一件对我们更严重的坏事：凡是我们进入堤道后

填平的口子，他们全部又挖开，而且修起比以前更牢固的掩体。重新同我们交好并派独木船支援我们的湖上各城池的那些朋友，本以为他们能得到好处，不料吃了大亏，因为他们有许多人丢了命，他们带来的独木船损失大半，更多的人负了伤。尽管如此，他们从此以后不再帮助墨西哥人，因为他们对墨西哥人心怀敌意，所以仅在一旁观望。

前来我们营地的贡萨洛·德·桑多瓦尔、弗朗西斯科·德·卢戈、安德烈斯·德·塔皮亚以及兵士们，都认为最好还是回到自己的岗位上去，并去向科尔特斯报告我们的情况。

科尔特斯得知我们坚守营地十分小心，这才放了心，从此以后他命令三个营地绝不要与墨西哥人交战。这就是说，除了守卫我们的营地不让他们攻破，我们不要与他们交战，不要去夺取任何一座桥和一个掩体。次日天未大亮，墨西哥人又向我们营地攻来，用投石器投射石弹，还投射来投枪和箭，并用恶语辱骂我们。

第一百三十四章

我们的战斗方式以及墨西哥人对我们的多次进攻

墨西哥人大举进攻我们的情况按下不表。话说我们的朋友特拉斯卡拉人、乔卢拉人、韦霍辛戈人，甚至还有特斯库科人、查尔科人和塔马纳尔科人，都决定回他们的故乡去；他们不向科尔特斯、佩德罗·德·阿尔瓦拉多、桑多瓦尔打招呼便全部离去;在科尔特斯营地,除埃斯特苏切尔[①](他后来受洗取名堂卡洛斯,是特斯库科酋长堂费尔南多的兄弟,勇猛过人)同大约四十个他的亲友之外,别人全都离去;在桑多瓦尔营地,只有韦霍辛戈来的另一位酋长和大约五十个人;在我们营地,只有堂洛伦索·德·巴尔加斯的两个儿子、勇敢的奇奇梅卡特克莱和大约八十个特拉斯卡拉人(都是这些人的亲戚和臣民)。

我们发现只有很少的一些朋友同我们在一起时,都很焦虑。科尔特斯和桑多瓦尔各自在营地内询问留下的那些朋友,其他人何以如此离去;他们答道,因为他们得知墨西哥人夜间问过他们的偶像,偶像答应杀死我们及其友军,他们信以为真,都吓跑了。他们所以确信无疑,是因为见我们人人负伤,还有许多人被杀;又见他们自己损失一千二百多人,担心我们会被斩尽杀绝。还有一个原因,就是那个被科尔特斯下令绞死在特斯库科境内的小希科滕加,他以前常对他们说,他占卜得知我们必定会被斩尽杀绝,他们也一个都活不成。因此,他们全走了。

科尔特斯尽管心中对此颇为担忧,却显出轻松愉快的样子叫他们不要害怕,说墨西哥人告诉他们的全是一派谎言,是为了打击他们的士气。科尔特斯甜言蜜语答应他们许多事情,鼓动他们同他在一起;他对奇奇梅卡特克莱和那两个年轻的希科滕加也说了许多好话。在交谈中,埃斯特苏切尔(他本是酋长和勇士)对科尔特斯说道:“马林切大人,你可不要因为不能每天同墨西哥人交战

① 应为“伊赫特利霍奇特尔”。

而感到不高兴。请把你的腿伤养好，听我的劝告，在你的营地里待上几天；再命令托纳蒂奥和在特佩阿吉利亚的桑多瓦尔，待在各自的营地里。然后，让你们的双桅帆船日夜不停地巡航，防止墨西哥人把粮和水运进城去，因为这座大城里有几千个希基皮尔[①]的武士，一定会吃光城内现有的粮食，他们现在喝的是从他们挖的一些泉眼里流出的带咸味的水；又因天天下雨，他们接了几夜雨水，就靠这点水维持着。可是，你要是断了他们的粮食和水，他们该怎么办？饥渴给他们的威胁，不是比打仗更严重吗？”

科尔特斯听了这番劝告便拥抱他，并为此感谢他，答应要给他几个村落。我们许多兵士早就议论过此事；可是，我们的脾气都不愿长久等待，而是要攻进城去。科尔特斯认真考虑这位酋长的劝告之后，派两条双桅帆船到我们营地和桑多瓦尔营地转达他的命令，让我们三天之内不要攻城。当时墨西哥人获胜，所以我们不敢只派一条帆船，而派了两条帆船。

有件事对我们大有帮助，那就是墨西哥人为了使我们的双桅帆船搁浅而在湖里打的木桩，我们所有的帆船都敢去撞开了。撞开木桩的方法是使劲划桨，为了划得更有力，把船稍往后退，然后张满船帆，飞速划桨。于是双桅帆船控制了大湖，甚至控制了离城较远处的许多房屋。墨西哥人一见这种情况便泄了气。

既然我们的朋友走了，我们便自己动手封填营地附近的一个大口子，由一支队伍搬运土坯和木材，填塞水道（必须花费很大气力）；另外两支队伍应付战斗。我们就这样商量好，三支队伍轮流

① 这是墨西哥军队的建制，一个希基皮尔约8000名武士。——译者

进行，一起干了四天，终于把那个口子填平。科尔特斯在他的营地里也商量出相同的办法，他还亲自动手搬运土坯和木材，直至把桥梁、堤道和水道都弄得妥妥帖帖，保证撤退时万无一失。桑多瓦尔在他的营地里也是同样干法。我们的双桅帆船就在我们附近，不必再担心木桩。我们以这种方式慢慢进逼敌人。

现在说说墨西哥人夜间在他们巍峨的神庙里干的事。他们敲响那面该诅咒的鼓（我再说一次，这是世上最令人厌恶的、最悲凉的声音了，而且很远很远的地方都听得见），并敲打起其他更难听的乐器和可怕的东西；他们燃起一堆熊熊大火，发出震耳的呼喊和唿哨声。这时候他们正将从科尔特斯的队伍里俘获的我们的伙伴押去祭神；我们得知，他们一连十天，把我们被俘的兵士全部献祭完毕。每当祭祀时，他们的维奇洛沃斯神便同他们说话，说他们必定得胜，不出八日，我们都将死于他们之手；还要他们猛攻我们，虽然在进攻中他们会死很多人。他们的神明就这样哄骗他们。

我们每日都要鏖战，不断夺取他们的掩体、桥梁和水道，又因我们的双桅帆船已不怕木桩，湖上到处航行无阻，对我们是很有利的。科尔特斯战败之后又过了十二三天这种战斗的日子。特斯库科的酋长、堂费尔南多的兄弟埃斯特苏切尔见我们已完全恢复过来，又看到墨西哥人所说十日内必定消灭我们的话并不真实，虽说他们的维奇洛沃斯神和特斯卡特普卡神曾这样答应他们，便派人告知他的兄弟堂费尔南多，要他立刻将特斯库科可以抽出的兵力，扫数派交科尔特斯；派人告知此事之后不到两天，便来了两千多武士。

科尔特斯见来了如此及时的援兵，大感欣慰，对他们说了许多亲热的话。此时，许多特拉斯卡拉人也随他们的统领回来了，统帅他们的是一位名叫特帕内卡的托佩扬科的酋长；韦霍辛戈的许多印第安人和乔卢拉的少数几个印第安人也来了。科尔特斯得知他们回来，便命令他们来后立即前往他的营地，以便同他们谈话。在他们前往他的营地之前，科尔特斯派我们的兵士在路上布防，以便保护他们，因墨西哥人也许会出来袭击他们。

他们来到科尔特斯面前，他通过堂娜玛里娜和阿吉拉尔对他们说了一番话。他对他们说，他们为国王陛下效力，又为我们做了许多好事，所以他过去和现在始终对他们怀有好感，他们对此一定深信不疑；自从我们来到该城以后，他要他们同我们一起前来攻打墨西哥人，是想让他们从中得利，发一笔财还乡，并向他们的敌人报仇雪恨，而不是要单独奋战，由我们去夺取那座雄伟的城池。尽管他一向觉得他们很好，他们也处处帮助我们，但他们一定已经十分明白，我们每次都命令他们离开堤道，是因为他们不在，我们打起仗来更加无拘无碍；他对他们说过多次，是我主耶稣基督保佑我们得胜并处处帮助我们，我们信仰他、赞美他。在战争的紧急关头，他们把正在作战的统领扔下不管，本应处以极刑，但因他们不懂我们的法令，他宽恕他们。为了让他们更好地认清形势，他要他们注意，在没有他们的情况下，我们拆毁了许多房屋，夺取了许多掩体，他命令他们从此以后不要杀害一个墨西哥人，因为他要用和平的办法争取他们。随后他命令他们各自回到自己的营地去。

我们三个营地的人马在向墨西哥城进军中来到那个泉源的所在，他们饮用的咸水便是从这里汲取的，为了不让他们使用这个泉源，我们予以捣毁。一群墨西哥人守着这个地点，他们向我们投射

大量的投枪、石块和箭，还有许多人手持长矛准备对付骑兵，因为我们所占领的街道的路面已经填平，水道都已堵塞，骑兵可以非常便当地奔驰。此事按下不表。却说科尔特斯派出几名信使，请瓜特穆斯前来议和；详情后面再叙。

第一百三十五章
科尔特斯派三个墨西哥首领
去请瓜特穆斯议和

科尔特斯见我们在城内夺得许多桥梁、堤道和掩体，而且拆毁不少房屋，便命令俘获的三个墨西哥要人（都是统领）去请瓜特穆斯与我们议和。那三个首领说，他们不敢带这样的口信前去，因为他们的瓜特穆斯王必定会下令杀死他们。科尔特斯再三要求，应允给予好处，并赠以布匹，他们这才去了。他要他们对瓜特穆斯说，因为瓜特穆斯是他的朋友蒙特苏马王的近亲，娶了蒙特苏马王的女儿为妻，所以他很喜爱瓜特穆斯。科尔特斯可惜墨西哥这座大城，不愿它最终遭到毁灭；又为了使墨西哥人和外来人免遭天天被杀的灾难，所以要求他们前来议和；他们给我们造成的全部伤亡，他将以国王陛下的名义予以宽恕，并应允给予许多赏赐。他要瓜特穆斯想想，他先前已派人说过同样的话，但因瓜特穆斯是个年轻人，又有一些不好的顾问，最主要的是那些讨厌的偶像和祭司为他出坏主意，所以不愿来讲和，而要攻打我们。瓜特穆斯现在已经看到，他派来攻打我们的人，在战斗中死伤无数，而那个地区所有的城池和村落都支持我们，每日都有更多的人背离他们，科尔特斯请他怜悯他的臣民和全城所受的灾难。科尔特斯还让他们去说，我们已知他们粮食告罄，且已无水，以及其他许多合宜的话。

通过我们的通译，那三个首领把这些话听得明明白白，便请求科尔特斯写一封信，倒不是他们能念信，而是因为他们都已十分清楚，凡是我们传达信息或对他们发出命令，都用一张他们称为阿马尔的纸片，作为命令的标志。

这三个信使来到他们的瓜特穆斯王面前时，泪下如雨，号啕大哭，向他转达了科尔特斯命令他们传达的话。瓜特穆斯开始时因他们胆敢前来对他说这种话而感到愤怒；但他是个年轻人，又比一般印第安人开明，长相英武，性情开朗，皮肤比一般印第安人的色调更白一点，年约二十五六岁，娶的是他伯父蒙特苏马王的一个极漂亮的女儿；据我们后来得知，他本有意议和，为了商量此事，他下令召集全体首领、统领和供奉各偶像的祭司，告诉他们他打算不与马林切及我们大家作战。

瓜特穆斯就此事对他们说，他已试过一切可能的作战办法，更换过许多战斗方式，而每当他们以为已战胜我们时，我们却更凶猛地打回来；眼下他已得知我们友军的强大队伍重又回到我们一边，并已得知所有的城池都在背离他们，双桅帆船已撞开他们打的木桩，骑兵已在墨西哥城内各条街道上任意驰骋；他还列举其他许多他们所面临的有关粮食和水的问题。他半是要求，半是命令，要他们提出各自的见解，祭司也须说出他们的意见，说出维奇洛沃斯神和特斯卡特普卡神对他们说过的话以及作出的许诺，任何人都无

须害怕说出自己的真实想法。

据说，他们对瓜特穆斯说道："我们伟大的王，我们推选你为我们的王，你在位的确十分称职，因为你各方面都表现得很英勇，这个王国理当由你统治。你所说的议和，当然是好事；不过，对此事你需多看看，多想想，自从这些神使来到我们的疆土和这座城池，我们的境况是越来越糟。你看你伯父蒙特苏马王为他们效劳，送东西给他们，结果如何?！你的堂兄弟特斯库科王卡卡马津，跟他一样。你的亲戚们——伊斯塔帕拉帕酋长、库尤阿坎酋长、塔库巴酋长和塔拉特辛戈酋长，都怎么样了。我们蒙特苏马王的子侄们，都死了。我们这个城池的黄金和财富，全耗费尽了。你已经看见，你的全体百姓和特佩亚卡及查尔科两地的属臣，甚至特斯库科的属臣，你的全部城池和村落，都成了他们的奴隶，脸上都给打上烙印。你要先想想我们的神明答应你的话，听从神明的告诫，切不可相信马林切和他说的话。我们宁愿都战死在这座城里，不愿落入那些人手中，他们要把我们变成奴隶，为谋取黄金来折磨我们。"祭司们还告诉他，他们祭祀时，他们的神明连续三个晚上答应他们定能获胜。

瓜特穆斯听后便半嗔半恼地说道："既然你们希望这样，那就好生保管我们所有的玉米和给养，我们大家都得战斗到死，从今以后谁也不许在我面前提议和的事。若是有人胆敢提这个要求，我必下令处死。"当下所有的人都许诺日夜战斗，否则便为保卫他们的城池而死。此事决定后，他们同苏奇米尔科及其他村落的人约定，由这些村落的人夜间用独木船运水给他们，并在有水的地点开凿一些新的泉源，尽管那水是咸的。

却说科尔特斯和我们大家两天没有攻进城去，一直在等待答复；万没料到，突然有众多的印第安武士队伍向我们三个营地开来，向我们发起猛烈的攻击，有如最勇猛的狮子向我们扑来，以为准能打胜我们。这是佩德罗·德·阿尔瓦拉多方面的情况，科尔特斯与桑多瓦尔两方面也说敌人来到他们营地，他们应付不了，尽管他们打死打伤不少敌人。敌人战斗时吹起瓜特穆斯的号角，于是我们也必须密集队形，以免被他们打垮，我早已说过多次，因为他们冲到我们的剑和长矛中间来抓我们。

我们已习惯于遭遇战，尽管每日都有伤亡，我们仍然同他们短兵相接，寸步不让。如是连续战斗六七天，我们打死打伤他们许多人，尽管如此，他们却是视死如归。记得他们对我们喊道："马林切每天都在干些什么呀，还想让我们同你们讲和！我们的神明已答应我们得胜，我们有的是充足的粮和水，你们谁也别指望活命。所以你们不要再说讲和的话了，因为讲和是女人的事，男子汉须拿起武器！"他们说着像受了伤的狗般地一起向我们扑来。

闲话少叙，还是来说说我们攻城的情况。科尔特斯同全体官兵商量后决定，我们须攻进城去，尽可能攻抵城内那个最大的塔特卢尔科广场，他们巍峨的神庙和神堂就在该广场；于是科尔特斯、桑多瓦尔和我们这支队伍分别从我们所在的地点去攻取桥和掩体。科尔特斯攻抵一个小广场，广场上也有一些神堂和小塔楼，那些房屋中有一幢房屋的高处架着几根梁，过去几次战斗中被杀害和被捉去祭神的我们许多西班牙人的头颅都挂在梁上，头颅上的须发都比他们活着时长，若非亲眼所见，我绝不会相信。见此惨相，我们心中十分难过；当时我们顾不上那些头颅，十二天之后才把那些头颅及被他们用来祭神的其他头颅都取下，葬在我们修建的、称为殉难者堂的教堂内，这教堂就在那座叫做“阿尔瓦拉多的跳跃”的桥梁附近。

话说我们几支佩德罗·德·阿尔瓦拉多率领的队伍一路战斗，终于来到塔特卢尔科广场，广场上守卫偶像与巍峨神庙的墨西哥人极多，又有无数掩体，我们足足猛攻两个小时，既无法攻占，也无法攻入。当时骑兵已可在广场上奔驰，尽管个个负伤，还是给予我们有力的支援，他们还刺死许多墨西哥人。因三面都有众多敌人，我们有两支队伍去对付他们，佩德罗·德·阿尔瓦拉多命令古铁雷斯·德·巴达霍斯率领的那支队伍登上一百十四层台阶的维奇洛沃斯神庙高处，这支队伍与神堂房舍内的敌人及许多祭司进行激战。敌人拼命抗击古铁雷斯·德·巴达霍斯及其队伍，使他们滚下十一二层台阶。我们立即撇下正与我们作战的许多敌人，前去援救他，而正与我们战斗的武士队伍对我们紧追不舍；我们冒着极大的生命危险，还是冲上了台阶。

要说我们各支队伍在攻占这座堡垒时所冒的巨大危险，那真是一言难尽；我早已说过多次，这座堡垒极高，在这场战斗中我们个个都再次身负重伤。我们放火焚烧他们的偶像，高高升起我们的旗帜。我们放火之后又处在平地上，直到夜间，我们仍无法战胜众多的武士。

次日，科尔特斯及其指挥官们从他们正在战斗的地方，也就是在离那座巍峨的神庙很远的区域和街道上，见到那座大神庙上尚未熄灭的火焰，又见到神庙上方我们的旗帜，大为欣喜，科尔特斯巴不得马上也能到神庙上去，据说他当时真是羡慕极了。然而，这是不可能的，因为两处相距四分之一西班牙里，而且其间有许多桥和水道口子尚待攻取，每前进一步都会受到猛烈袭击，不可能像我们这支由阿尔瓦拉多率领的队伍那样，如愿地飞速攻入墨西哥城区。四天之后，科尔特斯及桑多瓦尔同我们会师了；从此，我们便能经过街道、拆毁的房屋、桥梁、掩体及填平的水道口子，来往于各营地之间了。

我们既已全部到达塔特卢尔科广场，科尔特斯便命令各支队伍全部迁往他的营地，并在那里守卫，因为从我们营地须走半西班牙里多路，方能到达作战地点。我们在那里闲待三天，没做一件值得一提的事情，科尔特斯命令我们不要向城里再前进一步，也不要再拆更多的房屋，因他再次想同敌人议和。

在我们等待的几天内，科尔特斯派人去要求瓜特穆斯投降，让瓜特穆斯不必害怕；他还慷慨地答应瓜特穆斯，他本人将十分敬重他，答应瓜特穆斯将一如既往继续治理墨西哥城及其全部疆土和城池；他还派人送粮食及礼物给瓜特穆斯，无非是玉米饼、鸡、樱桃、仙人掌果、可可等，他只有这些东西可送。

瓜特穆斯便与他的统领们商量，他们为他出主意，要他说他愿意议和，但须等三天再给予答复，三天后瓜特穆斯要同科尔特斯会面，并商讨和议。在此三天内，他们将有时间去摸透维奇洛沃斯神的意愿和答复，将有时间去修桥，挖开堤道，准备投枪、石块和箭，并修筑掩体。

瓜特穆斯派四名墨西哥首领送来这一答复，我们以为这一议和的允诺是真的。科尔特斯吩咐款待这四名使者吃饱喝足，然后送他们回去见瓜特穆斯，并让他们带去上次送过的食物。瓜特穆斯又派来几名使者，由他们带来两件华丽的披风，他们说瓜特穆斯必定如期前来。此事不用多叙，反正他压根就没打算来，因他们早已劝他不要相信科尔特斯，让他想想他伯父蒙特苏马王及其亲戚们的结局，想想整个墨西哥王族的覆亡。他们要瓜特穆斯称病，让他们全体出击；说这样可取悦他们的神明，神明定会使他们取得他答应过无数次的胜利。

我们等候瓜特穆斯，他一直不来，我们从而看出他的诡计。恰在此时，无数戴着标志的墨西哥军队向科尔特斯大举进攻，他招架不住；我们的营地也遭袭击；桑多瓦尔的营地也遇到同样情况。从这种架势看，他们似乎已重新开战。我们当时认为已在议和，不免有点大意，他们因此打伤我们许多兵士和两匹马。不过，他们无可得意，因为他们为此付出足够的代价。

科尔特斯一见这一情况，立即命令我们重新攻打他们，向城内他们藏身的那一区域挺进。他们见我们即将攻占全城，瓜特穆斯便派两个首领来通知科尔特斯，他希望在一个水道口子处与科尔特斯交谈（科尔特斯在口子的一侧，他在另一侧），他们约定的时间是次日早上。

科尔特斯去同瓜特穆斯谈判，他却没有如约前来，仅派来几个首领；他们说，他们的君王担心，交谈时火枪和弩弓会对他射击，把他打死，所以不敢来。科尔特斯于是发誓说，无论如何绝不冒犯他；但毫无用处，他们不相信科尔特斯，说不能让蒙特苏马遇到的事，在瓜特穆斯身上重演。

就在此时，两个来同科尔特斯谈话的首领从带来的一个包中，取出几块玉米饼、鸡腿和樱桃，坐下来慢腾腾地吃起来，让科尔特斯看看他们并没有挨饿。科尔特斯见此情况便派人告诉他们，既然他们不愿前来讲和，他就要立即打进他们的所有房屋，去看看他们到底有没有玉米，更不必说有没有鸡了。

如是又过四五日，我们没有进攻他们，在这几天时间里，每天晚上都有许多没有食物充饥的可怜的印第安人逃出来，因为受不住饥饿而到我们营地来。科尔特斯命令不要袭击他们，认为他们也许会回心转意前来议和；然而，尽管我们派人敦促他们议和，他们仍然不肯来。

科尔特斯营地内有个兵士说，他在意大利曾在那位伟大连长[①]的连队里当兵，参加过那次加雷利亚诺河[②]的遭遇战及其他多次大战役。他谈了许多作战的韬略，还说可在塔特卢尔科广场花两天时间造一门攻城炮，用以轰击房屋与城内瓜特穆斯退守的区域，定能使他们立刻求和。他对科尔特斯把这种炮说得天花乱坠（因为这个兵士是科尔特斯的亲信），科尔特斯很快便下令造这种攻城炮。按这个兵士的要求，众人运来石灰与石块，派来木匠，送来钉子以及造炮所需的一应物品；还装了两架弦索很粗的投石器，为它运来比一阿罗瓦[③]装的陶罐更大的大石块。

攻城炮按这个兵士的指挥造好后架设起来，他说可以开炮了，大家便给投石器装上一颗石弹，发射之后石弹不是向前而是向上飞起，于是立刻落到放置攻城炮的地方。

① 指西班牙战士贡萨洛·费尔南多·德·科尔多瓦（1453—1515），他于1503年在意大利加里利亚诺河战胜法国人。——译者

② 是加里利亚诺河的西班牙文旧称。——译者

③ 西班牙的重量单位，约合11.502公斤。——译者

科尔特斯见此情况，便对怂恿他下令造攻城炮的这个兵士大发雷霆，他自己深为轻信此人而后悔；他说他早已知道此人在战争中除了说空话，什么也不会干，随即下令把炮拆除。

第一百三十六章
贡萨洛·德·桑多瓦尔率十二条双桅帆船进入瓜特穆斯据守的城区并将他俘获

话说科尔特斯见攻城炮毫不中用，又明白瓜特穆斯并无议和之意，便命令贡萨洛·德·桑多瓦尔率双桅帆船进入瓜特穆斯退守的城区，瓜特穆斯的杰出统领及墨西哥城内最显赫的人物都与他在一处。科尔特斯叮嘱桑多瓦尔，除非印第安人袭击他，不可杀害或打伤他们任何人，即使他们进行袭击，他也只可自卫而不可伤害他们；还叮嘱他须把房屋拆毁，并把他们在湖上修造的许多碉楼拆毁。科尔特斯登上塔特卢尔科那座最大的神庙，以便观看桑多瓦尔如何率领帆船攻入该城区。

桑多瓦尔率领双桅帆船猛攻瓜特穆斯据守的那片房屋所在的地点。瓜特穆斯见自己已遭围困，害怕被俘或被杀，便准备好五十条备有出色桨手的大独木船，以便危急时上船向芦苇荡逃命，然后从那里逃往陆地，躲藏到其他村落去。他命令跟随他一起据守在城堡内的统领及要人，同他一起坐船逃走。

他们见双桅帆船已到达他们的房屋之间，便登上五十条大独木船;他们的财物、黄金、珠宝以及全部家小早已安置在船上,瓜特穆斯一上船,船便向湖里划去,许多统领与他同行。此时出湖的独木船很多,湖上到处是船,桑多瓦尔当即得到瓜特穆斯在逃的消息,便下令所有的双桅帆船停止捣毁房屋和碉楼,追上那些独木船,注意探明瓜特穆斯投往何处,既不可伤害他,也不可激怒他,而应尽力设法好好地擒住他。

有个叫加西亚·奥尔古因的,是桑多瓦尔的朋友,是一条极轻快的双桅帆船的指挥官,他的船上又有出色的桨手,桑多瓦尔便命令奥尔古因向他听说的瓜特穆斯及其大独木船逃往的方向追赶;他又命令奥尔古因,倘若追上瓜特穆斯,除擒拿之外,切不可对他有丝毫冒犯。桑多瓦尔则继续率领其他船只向另一方向追赶。靠天主保佑,加西亚·奥尔古因追上了瓜特穆斯坐的那几条大小独木船,他从瓜特穆斯的仪表、所使用的船篷和座位,认出他是墨西哥的君王。他打手势要他们停下,他们不肯,于是他做出要用火枪和弩弓射击的样子。瓜特穆斯一见大惊失色,说道:“别打我,我是本城君王,我叫瓜特穆斯。我只求你不动我的所有东西,不伤害我的妻子和亲戚,马上带我去见马林切。”奥尔古因听见他的话,乐得心花怒放,毕恭毕敬地拥抱他,把他、他的妻子及三十名首领送上双桅帆船,让他们坐在船尾铺着的席子和布上,把船上带的东西送来给他们吃。对他们装运财物的独木船,奥尔古因是秋毫无犯,而用帆船一起拖走。

贡萨洛·德·桑多瓦尔当时已下令全部双桅帆船返航,他得知奥尔古因擒获瓜特穆斯,并把他送去见科尔特斯。他听到此事后,催促他坐的双桅帆船连连划桨。他追上奥尔古因,向奥尔古因要俘虏。奥尔古因不肯交出俘虏,他说擒获瓜特穆斯的是他,而不是桑多瓦尔。桑多瓦尔答道,事实确是如此,但他是双桅帆船的总指挥,加西亚·奥尔古因归他指挥,并且是在他的麾下,因为是他的朋友,船又最轻快,他才命奥尔古因去追赶瓜特穆斯,因而将瓜特穆斯擒获;他是总指挥,俘虏必须交给他。奥尔古因仍坚持己见,不肯交出来。

此时另有一条双桅帆船,飞速向科尔特斯报喜讨赏;科尔特斯正在塔特卢尔科附近,从神庙高处观看桑多瓦尔如何进攻。当时有人向他报告,说桑多瓦尔为夺取俘虏与奥尔古因发生争吵。科尔特斯得知此事后,即遣路易斯·马林指挥官和弗朗西斯科·贝尔杜戈等双桅帆船一到,立即把桑多瓦尔和奥尔古因叫来,让他们不要再吵,还让他们恭恭敬敬把瓜特穆斯及其家小带来,由他确定谁是擒获者,从而断定荣誉的归属。

他们前去带瓜特穆斯时,科尔特斯下令尽可能准备一个最好的房间,放上席子、帷幔和坐具,还送去科尔特斯为自己留的许多食品。桑多瓦尔、奥尔古因同瓜特穆斯来到后,两人带瓜特穆斯往见科尔特斯。瓜特穆斯来到科尔特斯面前时,对科尔特斯极表尊敬;科尔特斯满面春风地拥抱他,对他及其统领显得十分慈爱。瓜特穆斯于是对科尔特斯说道:“马林切大人,我为守卫我的城池做了该做的一切,现已无法守下去了,被迫前来,落入你的手中,成为你的俘虏;请你拔出腰间的短剑,马上杀死我吧!”

瓜特穆斯说这番话时,泪如雨下,泣不成声,跟随他的那些大首领也哭成一片。科尔特斯通过堂娜玛里娜和阿吉拉尔,十分亲切地回答瓜特穆斯说,他为保卫自己的城池显得何等英勇,科尔特斯很是敬重他;他没有什么错,不仅不应怪罪他,反而应钦佩他。科尔特斯本希望当他们眼看被打败时,他能心甘情愿前来讲和,我们也就不至于进一步摧毁这座城池,杀死这么多墨西哥人了。现在既已城毁人亡,事情无可挽回,他和他的全体统领应当安下心来,一如往常继续管辖墨西哥城和各个地区。瓜特穆斯及其统领们说,他们接受他的恩典。科尔特斯问起据说随同瓜特穆斯前来的他的妻子以及其他大首领们的妻子,瓜特穆斯亲自答道,他请求贡萨洛·德·桑多瓦尔和加西亚·奥尔古因让她们留在独木船上,听候马林切吩咐。

科尔特斯立刻遣人去找她们,又下令把当时营地所有的最好食物拿给全部被俘的人吃。因天色已晚,又开始下雨,他便下令立即前往库尤阿坎,把瓜特穆斯及其家小连同许多首领都带在身边。他又命令佩德罗·德·阿尔瓦拉多、贡萨洛·德·桑多瓦尔及其他指挥官,返回各自的住所和营地;于是,我们前往塔库巴,桑多瓦尔前往特佩阿吉利亚,科尔特斯前往库尤阿坎。

瓜特穆斯及其统领们是在1521年8月13日做晚祷时刻被擒获的,那天恰好是圣希波利图斯节[①],感谢我主耶稣基督,感谢他仁慈的母亲——圣母玛利亚。阿门。当天傍晚开始下雨,直下到半夜,而且雷电交加,雨下得比前几次都大。

瓜特穆斯被擒获后,我们全体兵士马上觉得耳边一下子安静了。在此之前,仿佛有个人站在钟楼顶上发出召唤,于是许多钟全

① 圣希波利图斯(San Hippolytus,约170—约235),意大利人,第一位敌对教皇、殉教士。圣希波利图斯节一说是8月22日。——译者

敲响了；而在擒住瓜特穆斯的一刹那，所有敲响的钟都不响了。我这样说，是因为在我们攻打这座城池的整整九十三天中，他们不分昼夜发出各种各样叫喊声和嘈杂声——一些印第安统领召集武士队伍开往堤道作战，另一些印第安统领呼唤独木船去对付双桅帆船以及我们在桥上的兵士；印第安人有的打木桩，有的挖开或挖深水道口子和桥洞，修筑掩体，有的制备投枪和箭；妇女们造石弹供投石器射击。令人心烦的鼓声、号角声和悲凉的铜鼓声，不停地从供奉偶像的神堂里和塔楼内传出来。这样，我们无论日夜听到的都是极大的喧闹声，彼此听不见说的话，而擒获瓜特穆斯之后，所有这些喧闹声全停了。因此我说过，前此我们仿佛是生活在钟楼之内。

话说瓜特穆斯退守过的那几座房屋内，有许多尸体和人头。我起誓(阿门)，湖上所有的房屋和碉楼内到处是人头和尸体，我真不知道应如何加以描述，因为在大街小巷和塔特卢尔科广场上，此外别无他物，我们只能在死去的印第安人的尸体与头颅之间行走。我读过耶路撒冷毁灭记；不过其死亡人数是否比墨西哥城更多，我无法肯定，因为墨西哥城死去的人实在太多，墨西哥城所属的一切地区和村落的武士全部退守城内，而且大部阵亡。我已说过，这样一来，陆地上、湖中及碉楼内遍地尸体，散发的恶臭令人无法忍受。因此，如前所述，擒获瓜特穆斯之后，我们所有的指挥官立即率领我们返回各自的营地，即使如此，科尔特斯仍被恶臭熏病了，他在塔特卢尔科广场的数日内，恶臭钻入鼻孔，使他感到头疼。墨西哥城内臭气熏天，瓜特穆斯因此请求科尔特斯准许留在城内的全部墨西哥人撤往邻近的一些村落；科尔特斯当即命他们照此办理。

整整三日三夜，三条堤道上撤离的男人、女人和儿童络绎不绝，他们个个面黄肌瘦，又脏又臭，令人惨不忍睹。

他们撤空后，科尔特斯派我们入城视察，但见房舍内尸体遍地，还有一些无力离开的可怜的墨西哥人；他们排出的粪便，有如只喂草料的瘦猪拉的猪粪。全城的土地有如翻耕过一般，草根全被挖出吃掉，甚至有些树的树皮也被煮吃了。我们找不到一滴淡水，找到的都是咸水。他们不吃自己人的肉，只吃被擒的我们官兵和特拉斯卡拉友军的肉。许久以来，没有人受过如此的饥渴与日夜不息的战斗之苦了。

现在，我再也不需要像那时候那样夜以继日地同墨西哥人鏖战了，为此我一再感谢天主使我摆脱那些恶战。科尔特斯手下的六十二名兵士被活活捉去祭神，剖开胸膛，掏出心去供那些偶像，我想说一说看见这种情景后，我是怎样的一种心情。因为我每日都看见自己的同伴被捉去祭神，看见他们的胸膛被锯开，活跳的心给掏出来，四肢被砍掉，我提到的那六十二个人都被吃了；我担心有朝一日他们也会同样对付我，因为有两次我也差一点被捉去祭神，靠天主的保佑，我才得以脱逃。想起那种惨死，又想起俗话所说“瓦罐难免……”之类的话，从此我一直比以往任何时候都更怕死了。

我之所以提及此事，是因为我在投入战斗之前，心中总有一种近似恐怖与悲哀的感觉，我总是一边向天主和圣母祷告，一边投入战斗，顷刻间心中这种恐怖感便消失了。我还想说，读者可能对我的恐惧感到新鲜，我既已身经百战，早就炼得钢筋铁骨，一身是胆，自然从来不怕死，何以到头来却怕得如此厉害。

请诸位打过仗、身经危险关头的绅士们说说，这种恐惧究竟应算作怯懦还是勇敢，因为，我已说过，我想到要到如此危险的地方去战斗，就必然比过去任何时候更怕死，心便会因为怕死而战抖起来。

第一百三十七章
攻克墨西哥这座大城池后科尔特斯下令办理的事项

科尔特斯办的第一件事，是命令瓜特穆斯把查普尔特佩克的几条供水管道修复如初，让清水经供水管道流入墨西哥城，又让他们把大街小巷的尸体和人头全部清除、掩埋，使街道保持清洁，城内再也闻不到一点儿臭味。他还命令他们把全部桥梁和堤道修得与从前一样好，把宫殿和房屋重新盖起；两个月之内，就又住上人。科尔特斯指定他们应居住何处，应腾空何处，以供我们居住。

我们把墨西哥城内的全部金银珠宝收集起来，但数量很少，听说瓜特穆斯在被擒前四日，已将大部分金银珠宝投入湖中。此外，特拉斯卡拉人、特斯库科人、韦霍辛戈人、乔卢拉人以及我们的其他友军抢走不少；双桅帆船上的神使，也抢走一部分。

吾王陛下的财政官员吵吵嚷嚷地说，瓜特穆斯将金银珠宝藏匿起来了；科尔特斯对此感到高兴，因为这样便可不交出来，他就可以独吞。为此，财政官员们决定拷打瓜特穆斯以及他的堂兄弟与重要亲信——塔库巴酋长。他们为贪图黄金而拷打像瓜特穆斯这样一位君王，确实使科尔特斯极为难过，何况他们早已对此作过多次调查，瓜特穆斯的所有管家也说过，他所有的黄金都已在财政官员手中，这批黄金约值三十八万比索，已熔铸成金条，从中提取了交国王的五一税和归科尔特斯的五分之一。

同科尔特斯不和的征服者们一见黄金寥寥无几，便对胡利安·德·阿尔德雷特司库说，科尔特斯之所以不愿擒拿瓜特穆斯，不愿擒拿他的统领，也不让他们拷打，他们怀疑他是为了要把黄金据为己有，怕这些人供出他来；因此，他们便去拷打瓜特穆斯，用油烫瓜特穆斯和塔库巴酋长的双足，科尔特斯也无法制止。

瓜特穆斯和塔库巴酋长供认，四天前，他们已把黄金及上次把我们赶出墨西哥并最终打败科尔特斯时从我们手中夺去的枪炮，统统扔入湖中。我们派人前往瓜特穆斯所指认的扔东西的地点，让泅水好手潜入水中，结果一无所获。我们又带瓜特穆斯前往他往常居住的几所房屋，我见到那里有一口蓄水池般的池子，我们从池中取出一个黄金制的太阳圆盘（与蒙特苏马赠给我们的相仿），还有瓜特穆斯本人所拥有的许多珠宝及不太值钱的器物。塔库巴酋长说，在距塔库巴约四西班牙里处的他的几所房屋内，他存有一些黄金制品；他要他们带他去，他将说出那些东西的埋藏地点，以便把东西献出来。佩德罗·德·阿尔瓦拉多带六名兵士前去，我陪他们同往，当我们到达时，这个酋长说他作此供认是想在途中寻死，即使杀死他，也没有任何黄金珠宝。这样，我们毫无所得地回去了。找黄金的事就此作罢，我们没有弄到更多黄金来熔铸成金条。

我们全体官兵见黄金为数有限，被攻克的地方满目疮痍，便陷入沉思。那位施恩会修士、佩德罗·德·阿尔瓦拉多、克里斯托瓦尔·德·奥利德及其他指挥官都对科尔特斯说，既然黄金不多，应把大家该分的那部分拿出来，分给那些断臂缺腿、失明失聪的人，分给那些瘫痪和得了胃病的人，分给那些被火药烧伤的和患有胸痛病的人；说把所有的金子分给以上这些人，其余尚属健壮的都没有意见。他们对科尔特斯说这番话是经过考虑的，以为这样一说他会多拿出一点来分给我们，因为很多人怀疑他大概把其余的都藏匿起来了。

科尔特斯的答复是，他要看看我们每人究竟能分得多少，再行定夺。官兵们个个都想看看我们能分多少；我们催促留出那五分之一，并让大家知道我们能分多少比索。经估算后宣布：骑兵可分得八十比索，弩弓手、火枪手及持圆盾的兵士可分得五六十比索（我已记不准了）。他们给我们定的那些钱数，没有一个兵士想要，于是我们背地里都对科尔特斯有所非议；也有人说，是阿尔德雷特司库拿走并藏匿了金银珠宝，为了反驳我们对他的非议，他说他无计可施，因为科尔特斯从总数中又拿走一份与国王陛下相等的黄金珠宝给自己，另支付许多费用赔偿战死的马匹，又有许多黄金器物要送交国王陛下而没有归入总数，我们应去找科尔特斯争吵，而不应找他。

在三个营地内及各条双桅帆船上，有些兵士本是随纳瓦埃斯过来的古巴总督迭戈·贝拉斯克斯的朋友和亲信，他们对科尔特斯没有好感，处处与他为敌；在分黄金时，一见没分给他们所希望之数，便不肯接受分与他们的那一份，说干脆都给那个拿了金子的人算了;又放肆地说,是科尔特斯把黄金藏匿起来了。

科尔特斯其时在库尤阿坎,住在几座墙上抹灰并粉刷得很白的宫殿内,这种墙用炭或其他颜料在上边写字极为方便;每日天亮时,墙上就被人写上许多讽刺诗文,有些是散文,有些是韵文,全是冷嘲热讽的无头告示。

有的诗文写道,日月星辰各有运行轨道,海洋与大地也有各自的范围,即使偶尔越出应有的范围,也必将恢复原状;科尔特斯的权欲也是如此,也会重新回到起点上去。另有一些讽刺诗文写道,不是我们征服了墨西哥,倒是科尔特斯征服了我们,我们再不要自称新西班牙的征服者了,不如称为埃尔南多·科尔特斯的掌中物。还有的诗文写道,他拿了统帅的一份丰厚的黄金还不够,还想分得同国王一样多的一份,更不必说其他的好处了。也有的诗文写道,“科尔特斯不把弄到手并藏匿的金子全归还,叫我心里多难过!”也有的诗文写道,迭戈·贝拉斯克斯花尽资产,发现了从北方直到帕努科的整个海岸,科尔特斯却来享现成,竟把疆土和黄金全卷走。如此这般的讽刺诗文还有不少,还有许多下流的话,不便记述于此。

每日早晨,科尔特斯一走出住所便看到这种诗文,因每篇诗文和每首歌谣都用韵文或散文写成,文体高雅,音韵和谐,他颇为欣赏。科尔特斯终于也抛出自己的妙语,因他颇有几分诗才,便作出答复,吹嘘自己的丰功伟绩;他所作的答复音韵也相当和谐,而且所写的一切都很得体。墙上出现的讽刺诗文日益放肆,以至科尔特斯也写道:“洁白的墙壁,成为愚蠢的传单。”天亮时有人接着写道:“更是贤明、真实的传单,国王陛下顷刻准知情。”科尔特斯大为生气，公开宣布不许恶语中伤，说定要惩罚放肆无礼的卑鄙家伙。

我们都欠下不少债，有的人欠弩弓款五十至六十比索，有的人欠剑款五十比索，我们购买的物品全都如此昂贵。一位叫做胡安医官的外科医生，治过几次重伤，治疗费同样索价极高；还有一个半吊子江湖医生，名叫穆尔西亚，是个药剂师兼理发师，也给人治病；另有几十种坑骗也使我们欠下债。他们要求我们把分得的份儿拿来还债，科尔特斯提出的办法是选两个做买卖在行的正直人，让他们计算一下我们赊购的物品应折合多少钱。他命令，凡是这二人说卖与我们的物品折合多少钱，说外科医生的治疗费该多少钱，我们就须照付；若是我们无现钱，便让债主等两年。

科尔特斯见很多兵士放肆无礼，要求他分与更大的份儿，还说他一人独吞了金子；他们还向他借钱；他便决定把他们打发开，派他们到他认为适合开拓的一些地区去开拓。他命令贡萨洛·德·桑多瓦尔去开拓图斯特佩克，并去惩处在那里的墨西哥驻军，我们上次被赶出墨西哥时，这些驻军杀害了留在图斯特佩克的纳瓦埃斯手下的七十八个西班牙男人和六个西班牙女人，还命令他开拓叫做麦德林的镇子；然后到瓜萨夸尔科，并在那个港口开拓。他还命令那个皮内达和比森特·洛佩斯去征服帕努科地区；命令罗德里戈·兰赫尔驻守比利亚里卡，派佩德罗·德·伊尔西奥与他同往；命令胡安·阿尔瓦雷斯·奇科去开拓科利马；命令比利亚富埃特去开拓萨卡图拉；命令克里斯托瓦尔·德·奥利德前往梅丘阿坎；派弗朗西斯科·德·奥罗斯科去开拓瓦哈卡。

我们攻克墨西哥城之后的那段日子里，前述各地区虽然都得到墨西哥覆亡的消息，但因地处偏远，酋长及君王们都不能相信，便派首领去向科尔特斯祝贺胜利，并向国王陛下称臣，他们要亲眼看看他们认为最可怕的墨西哥是否真的一败涂地，他们全都带来贵重的黄金礼物赠送科尔特斯，甚至还带孩子来见识一下墨西哥城，他们指着该城对自己的孩子说“这就是过去的墨西哥城”，如同我们常说“这里过去就是特洛伊城[①]”一样。

许多好奇的读者要问我，我们这些攻克新西班牙和坚固、雄伟的墨西哥城的真正征服者，为何不留在城内开拓，而要前往其他地区。其原因是：我们在蒙特苏马的贡税册内看到纳贡的黄金从何处运来，何处有金矿、可可及棉布制品；我们在贡税册内看到那些地方，看到他们给蒙特苏马纳贡的数字，我们便想到那些地方去，特别是看见像桑多瓦尔这样重要的指挥官及科尔特斯的朋友都离开墨西哥，又因我们看到墨西哥周围的村落没有黄金，也没有金矿与棉花，只有许多玉米和可以酿酒的龙舌兰。因此，我们认为这里是穷地方，便到其他地区去开拓。我们去的人全都上当了。

记得我去对科尔特斯说，请他准我随同桑多瓦尔前往，他便对我说：“贝尔纳尔·迪亚斯·德尔·卡斯蒂略先生，依我看你想错了，我希望你留在这里同我一起；如果你愿意同你的好友桑多瓦尔一起走，那就走吧。我当然会把你需要的东西记在心上；不过，我很明白，你会因为离开我而后悔的。”

---

① 是安纳托利亚西北部的古城，也叫伊利昂。据传说，希腊人曾远征特洛伊，战争时间长达十年，后希腊人佯作退兵，留下一匹大木马，内藏伏兵。特洛伊人将木马拉入城内，希腊伏兵打开城门，希腊军队于是攻破特洛伊城，在城内大肆抢掠杀戮。荷马史诗《伊利亚特》即叙述这次战争的故事。——译者

第一百三十八章
一个名叫克里斯托瓦尔·德·塔皮亚的来当总督的人到达维拉克鲁斯港

话说恰在科尔特斯将官兵派去平定并开拓几个地区之际，来了一个名叫克里斯托瓦尔·德·塔皮亚的人，他是圣多明各岛的巡视官，带来布尔戈斯主教堂胡安·罗德里格斯·德·丰塞卡一手炮制的陛下敕令，以便让他统辖新西班牙。除陛下敕令外，他还带来主教本人致科尔特斯、其他许多征服者以及跟随纳瓦埃斯前来的指挥官们的许多信函，敦请他们襄助克里斯托瓦尔·德·塔皮亚。除了由主教封缄并盖印的这些信函之外，塔皮亚另又带来许多空信函，以便填写他所需要的一切，对他认为合适的官兵委以官职。主教在这些信函中一再保证，倘若我们将统辖权交与塔皮亚，他将给我们重赏，否则，他反复威胁说，国王陛下势必派人惩罚我们。

塔皮亚在比利亚里卡向贡萨洛·德·阿尔瓦拉多出示他带来的敕令；贡萨洛·德·阿尔瓦拉多是堂佩德罗·德·阿尔瓦拉多的兄弟，当时是科尔特斯委派的城防长官，因为在比利亚里卡任镇长的罗德里戈·兰赫尔，在职期间不知干了什么不正当的蠢事，科尔特斯予以撤职。阿尔瓦拉多见敕令后便表示服从，并当作国王敕令举到头上。至于执行，他说镇上的各位长官与镇政会议成员须开会讨论，须研究敕命的内容；还说，敕令须大家一体遵行，因为他仅是单独一人，他们尚须了解发出此种敕令国王陛下是否知情。

这种答复当然不能令塔皮亚满意，与科尔特斯不和的一些人便劝他立即前往墨西哥城，科尔特斯及全体官兵都在该城，他们在那里必将遵从敕令。塔皮亚除出示敕令外，还以总督身份给科尔特斯写信。塔皮亚的信写得很宽厚，但科尔特斯精明过人，又看到布尔戈斯主教的各种许诺、保证与威胁，所以，若说塔皮亚的信是满纸花言巧语，那么科尔特斯给他的答复则是更加动听的恭维和客套。

科尔特斯随即要求并命令我们的几位指挥官——他们是佩德罗·德·阿尔瓦拉多、贡萨洛·德·桑多瓦尔、迭戈·德·索托·巴尔德内夫罗及安德烈斯·德·塔皮亚——往见塔皮亚，遣人飞速通知他们，让他们停止对所在地区的开拓，前往塔皮亚停留的比利亚里卡镇；他甚至还让一位能说会道的佩德罗·梅尔加雷霍·德·乌雷亚修士随他们前往。

塔皮亚在前去墨西哥城同科尔特斯会面的途中，与那几位指挥官及修士相遇；他们向他说许多好话，他才返回到一个叫森波亚尔的村落。他们在村内要求再次出示敕令，以便了解国王敕令的具体内容。敕令上若有国王陛下亲笔签名，若国王陛下确实知情，若他果真被委派为总督，他们全体便以埃尔南多·科尔特斯及新西班牙全境的名义恭顺服从。塔皮亚于是又出示敕令，那几位指挥官都像对待国王陛下的敕令那样加以亲吻并举到头上；可是提及执行时，他们却要求向国王陛下陈诉，他们说敕令及其他事情，陛下并不知情。他们说塔皮亚当不了总督，说布尔戈斯主教反对我们为国王陛下效力的全体征服者，说他未将真情禀报国王陛下便作出这种安排，是为了庇护迭戈·贝拉斯克斯和塔皮亚，是为了让塔皮亚同丰塞卡家的一位千金——主教本人的侄女或女儿——结婚。

塔皮亚见好话、敕令、许诺及种种保证都于事无补，不免恼怒万分。我们那几位指挥官写信向科尔特斯详陈此事的全部经过，劝他赠送金锭和金条，以此消除塔皮亚的怒气。黄金立刻送来，他们给塔皮亚买了几个黑人、三匹马和一条大船；塔皮亚登上那条船，便返回他原来出发的圣多明各岛去。

塔皮亚返抵圣多明各岛时，设在该岛的王家检审法院及作为政府代表的几位圣耶罗米教团的修士，都很注意他的归来，见他发了横财，都很生他的气，因他离开圣多明各来新西班牙之前，他们曾明令他那时不要来新西班牙，因为他一来便可能导致中断或妨碍征服墨西哥，他不肯服从，非要按丰塞卡主教的意思办不可；法官们和修士们只得服从丰塞卡主教的命令，因为他是西印度院主席，而且国王陛下在佛兰德，尚未回到卡斯蒂利亚。

第一百三十九章

科尔特斯同国王的官员们决定把从墨西哥城夺取的属于五一税的黄金全部送呈国王陛下

阿隆索·德·阿维拉当时已从圣多明各岛返回，他是被派去同王家检审法院以及担任各岛政府代表的圣耶罗米教团的修士们谈判的，他带来的答复是，在国王陛下了解情况或下达其他敕令之前，准许我们征服新西班牙全境，准许我们像在埃斯帕尼奥拉岛、古巴岛、牙买加岛惯常进行的那样，给奴隶打烙印，分配印第安人并对之实行委托监护。

科尔特斯一直认为阿隆索·德·阿维拉是个傲慢无礼的人，与他的关系不太融洽；他是布尔戈斯主教的亲信，当过主教的仆人，因此科尔特斯总是尽力把他打发开。他此次出差回来时，科尔特斯为了使他满意，也为了取悦于他，当时便将瓜尔蒂坦村交他监护，另给他一些金比索，并说了许多好话和许诺，加上给了他上述的那个村落（该村落十分富庶，贡税丰厚），便使他成为自己的好友和仆人；科尔特斯派他去卡斯蒂利亚，让自己的卫队指挥官安东尼奥·德·基尼奥内斯随他同行。

这二人是以新西班牙及科尔特斯的代表的身份前往的。他们带走两条船，船上装载五万八千卡斯特亚诺[①]金条，还带走原先为蒙特苏马所有、后归瓜特穆斯的那一屋子金银，总之是呈给我们君王的一份贵重礼物，包括十分珍贵的宝石和珍珠（其中有些大如榛子），许多像翡翠般精美的绿宝石（其中有一块宽如巴掌），其他珠宝多得记不胜记，我也不想在此赘述。我们还送去几块在库尤阿坎的一座神庙和神堂发现的巨人骨头，与我们在特拉斯卡拉得到的巨大腿骨棒相同，那些骨头实在大得出奇，上次已经送走。两条船还带去三只豹和其他物品——我已记不得了。

两位代表带去墨西哥市政会议呈交国王陛下的信件，也带去全体征服者及科尔特斯、佩德罗·梅尔加雷霍修士、胡利安·德·

① 金衡单位，合 0.46 克。

阿尔德雷特司库三人共同呈交国王陛下的信件。我们一致禀报国王陛下，科尔特斯及我们全体征服者为他出大力、立大功，现在仍在忠诚效力；我们另又报告进占墨西哥城后我们所发生的事情，以及发现南海的情况，认为该海域确是个富庶的地方。我们恳请国王陛下派主教和德高望重、精通教义的各教团的修士前来，以帮助我们在这里的各地区全面确立我们的天主教信仰。我们一致恳求国王陛下，将新西班牙的统辖权赐与科尔特斯（因他是国王陛下的忠诚的好仆人），也将这种恩典赐予我们全体征服者以及我们的子孙，不要把司库、税务官和收税官、公证人、要塞司令、执行监察官等王国政府的官职赐予他人，而要留给我们。我们恳求国王陛下不要派律师来，因为他们来到此地后便会用他们的法律典籍搅乱这个地方，便会引起诉讼和纷争。我们向国王陛下禀报了克里斯托瓦尔·德·塔皮亚的情况，说他前来是受布尔戈斯主教堂胡安·罗德里格斯·德·丰塞卡的指使，根本不能胜任统辖任务，他若留下任总督，新西班牙必将不可收拾。我们还恳求国王陛下亲谕布尔戈斯主教不要插手科尔特斯和我们的事情，因为主教会妨碍科尔特斯征服新西班牙及平定各地区，因为主教曾命令塞维利亚的西印度贸易署①的官员，不准向科尔特斯及拥护他的兵士出售武器、派去兵士或给予其他方便。我们还报告了许多其他事情。

至于科尔特斯，他在所写的信中把发生的事情全部提及，一件都不遗漏，写了二十一张之多；我看过全信，对内容了解得一清二

① 西班牙在1503年设立的一个中央行政机构，主要管理西班牙与西印度的贸易，该机构兼有研究航海、审判等职能。——译者

楚，所以在此提上一笔。此外，科尔特斯还派人恳求国王陛下，批准他前去古巴岛擒拿古巴总督迭戈·贝拉斯克斯，押回卡斯蒂利亚以便国王陛下下令予以惩治，免得他妨碍科尔特斯并把新西班牙搞乱，因他曾从古巴岛派人来杀害科尔特斯。

信件之事按下不表。话说我们的代表于1522年12月20日从维拉克鲁斯港动身后，一路顺风顺水，平平安安地在巴哈马海峡登岸。在旅途上，他们带的三只豹有两只逃脱，咬伤了几个水手；他们商定把余下的一只豹杀掉，因这只豹十分凶猛，他们对付不了。

他们航行到拉特塞拉岛[①]。安东尼奥·德·基尼奥内斯是指挥官，自以为勇敢、多情，看来他在该岛搞上了一个女人，并为这个女人与人争斗，被人一刀砍死，只剩下一个阿隆索·德·阿维拉指挥官带队。他率领两条船向西班牙进发，离开该岛不太远便遇上法国海盗让·弗洛朗；这个海盗夺得黄金与船只，擒获阿隆索·德·阿维拉，将他押往法国。

当时让·弗洛朗还抢了另一条从圣多明各开来的船只，夺得价值两万多比索的黄金和大量珍珠、食糖、牛皮。他拥有这一切之后，回到法国便成为富豪，把从新西班牙抢来的这些物品和金锭，作为厚礼赠与法国国王与海军司令。我们送呈我们伟大国王的这些财富，使法国上下惊叹不已，连法国国王本人也比以往更想染指西印度群岛和新西班牙。

当时法国国王说，我国国王仅仅因为丢失来自那片疆土的这批黄金，便有可能对法开战，因为那时尚未攻占秘鲁，也没有有关

① 在亚速尔群岛。

秘鲁的消息；只发现了如前所述的新西班牙和圣多明各、圣胡安、古巴、牙买加诸岛。据说，法国国王（也许是派人）质问我国国王，何以同葡萄牙国王瓜分世界，而不分与他一份；他要他们把我们教皇的遗嘱[①]拿出来，看看是否只许他们继承、统辖他们据为己有的那些疆土，一点儿地盘也不分与他，为此之故，他从海上抢掠一切能抢到手的东西都是正当的。

法国国王随即又命让·弗洛朗率领另一支舰队回到海上闯荡，他抢得大量各种布料，返航时在卡斯蒂利亚和加那利群岛之间遇到比斯开的三四条快船组成的舰队，这几条舰只从两面进攻让·弗洛朗，将他率领的舰队打得落花流水，擒获他及众多法国人，夺得他们的舰只和布料。他们把让·弗洛朗及其他指挥官押往塞维利亚的西印度贸易署，然后又押解到国王陛下的京城去。国王陛下得悉此事后，降谕在途中处决他们，于是在皮科隘口[②]把他们绞死。我们的黄金、押送黄金的指挥官以及抢走黄金的让·弗洛朗的结局，便是如此。

言归正传。却说他们押送阿隆索·德·阿维拉到法国后，把他关入要塞；因他负责运送大量黄金，他们认为定可以他索取大笔赎金，对他看守得十分严密。阿隆索·德·阿维拉想方设法买通看管或拘押他的那个法国骑士；为了让卡斯蒂利亚方面得知他已被俘，让他们前来赎回他，他要他们从速把他从新西班牙带来的所有信件与授权证书，送往国王陛下的京城，交与王家法院的书记

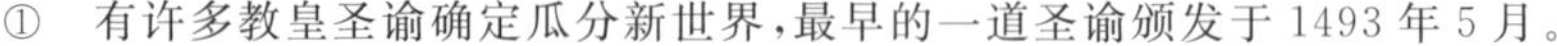

① 有许多教皇圣谕确定瓜分新世界，最早的一道圣谕颁发于 1493 年 5 月。

② 皮科隘口在西班牙的格雷多斯山脉。

官、科尔特斯的表兄弟努涅斯律师；或者交与科尔特斯的父亲马丁·科尔特斯，他住在麦德林镇；或者交与迭戈·德·奥尔达斯，他就在京城。信件与证书平安送到，那几个人立即送往佛兰德，呈交国王陛下，不通知布尔戈斯主教，也不对他提及此事。这位主教毕竟还是得知了此事，他说他对全部黄金被抢掠一空感到高兴；据说，他还说："科尔特斯这个叛贼在这件事上活该落得这种下场。"他还说了许多不堪入耳的话。

主教之事按下不表。话说国王陛下得知此事后，对丧失许多黄金颇感惋惜，另一方面，见给他送来如此之多的财富，又很高兴；他又觉得，由于我们送呈的那些财富，法国国王也许会找他麻烦。他立即降旨布尔戈斯主教，要他对科尔特斯及新西班牙的事情尽力给予帮助；他又匆匆返回卡斯蒂利亚，以便处理迭戈·贝拉斯克斯与科尔特斯之间的纠葛。

我们在新西班牙很快得知黄金及珠宝财富丧失、阿隆索·德·阿维拉被囚的消息，以及上面记述的一切，我们对此感到十分惋惜。科尔特斯随后急忙设法，把能收集到手的尽可能多的黄金都收集起来，又用从梅丘阿坎运来的低成色黄金与银子铸造一门炮（叫凤凰炮），以送呈国王陛下。

这些事按下不表。言归正传，说说科尔特斯铸造那门炮并聚敛黄金，以送呈国王陛下时，他派去开拓前述那些地区的贡萨洛·德·桑多瓦尔及其他指挥官的情况。我知道，有些好奇的读者必定要问，何以写到科尔特斯派佩德罗·德·阿尔瓦拉多、贡萨洛·德·桑多瓦尔及其余几位指挥官去征服并平定前述那些地区时，本书未把他们在那些地区的一切建树说完，而现在又回头重提此事;其原因是:恰在他们登程前往征服各自的地区之际,克里斯托瓦尔·德·塔皮亚抵达比利亚里卡港,前来担任新西班牙总督。因佩德罗·德·阿尔瓦拉多和贡萨洛·德·桑多瓦尔是十分杰出的指挥官,又善于出主意想办法,科尔特斯为了商讨应付此事的办法,立即派人召唤他们。他们随即中断征讨,前来商讨对付塔皮亚的办法,因为对于为国王陛下效力来说,此事更为重大,若是塔皮亚果真留下统治,新西班牙及墨西哥城势必再度发生动乱。此时克里斯托瓦尔·德·奥利德也从梅丘阿坎前来,因该村离墨西哥城很近,村子又很和平,印第安人送给他许多金银。他又新婚未久,妻子年轻貌美,所以他急忙赶来。塔皮亚之事刚刚解决,便发生帕努科叛乱,科尔特斯忙去平定。

第一百四十章

科尔特斯派佩德罗·德·阿尔瓦拉多去危地马拉地区开拓一个城镇,促使那里的人前来议和,他遵命去做

科尔特斯一向抱负很大,雄心勃勃,在指挥与统治方面处处想学马其顿的亚历山大大帝[①],手下又始终有良将精兵,所以在开拓

① 亚历山大大帝(Alejandro Magno,公元前 356—公元前 323),马其顿国王。——译者

墨西哥城、瓦哈卡、萨卡图拉、科利马、维拉克鲁斯、帕努科、瓜萨夸尔科之后，得知危地马拉地区有一些强悍的村落，人口众多，还有矿藏，便决定派佩德罗·德·阿尔瓦拉多前去征服，并进行开拓；科尔特斯曾亲自派人去该地区，要他们前来讲和，可是他们不肯。

此次远征，科尔特斯交给阿尔瓦拉多约三百名兵士（其中一百二十名为火枪手与弩弓手，一百三十五名为骑兵），四门大炮及许多火药，还交给他二百名特拉斯卡拉人及乔卢拉人，一百名墨西哥精兵。

科尔特斯给阿尔瓦拉多许多指示，要求他千方百计促使印第安人讲和，不要攻打他们；让他带上几位通译和教士前去，向他们宣讲有关我们圣教的各种事情；要求他不许他们用人献祭，不许他们鸡奸，也不许他们互相抢掠；还让他把他们通常囚禁供食用的印第安人的牢房与囚笼捣毁，将囚犯释放；要求他好言相劝，善意引导他们服从国王陛下，在各方面都须好生对待他们。佩德罗·德·阿尔瓦拉多听取指示后，辞别科尔特斯及当时在墨西哥的他的全体骑士朋友们，他们互相告别之后，便于1523年11月13日从墨西哥城动身了。

科尔特斯吩咐他先去大路附近一个叛乱的山村，这个山村在特旺特佩克地区境内，阿尔瓦拉多与该村的人讲和后又从那里前往一个大村落——特旺特佩克，那是萨波特卡人的地方，他们非常亲切地接待他，因为他们早已同我们讲和，而且去过墨西哥，表示降服国王陛下，晋见科尔特斯，并献给他不少黄金。

佩德罗·德·阿尔瓦拉多从特旺特佩克前往索科努斯科地区，当时该地区人丁兴旺，达到一万五千人以上。他们也友好地接待他，赠与他黄金，并表示臣服于国王陛下。他从索科努斯科到达另一个叫做萨波蒂坦的村落附近；途中有一座桥，是难行的通道，他遇到等在那里不让他通过的众多武士。阿尔瓦拉多与他们打了一仗，印第安人聚集了很多，不仅仅是萨波蒂坦人，还有附近其他村落的人，因他们人多势众，虽然打伤他们不少，仍无法把他们赶走。双方交锋三次；我们的天主保佑阿尔瓦拉多战胜他们，并使他们前来讲和。

佩德罗·德·阿尔瓦拉多从萨波蒂坦前往一个叫做克萨尔特南戈的强悍村落，到达之前，他又与该村以及邻村乌拉坦的村民交锋数次，该村是克萨尔特南戈周围各村落的首府，他们打伤了佩德罗·德·阿尔瓦拉多的一些兵士，击毙三匹马，虽然他与他手下的人打伤打死许多印第安人。其后，来到一个隘口，那是个崎岖的斜坡，延伸一西班牙里半，他带领排列得整整齐齐的火枪手、弩弓手及全体兵士，开始向上攀登；他们在隘口顶上发现一个被杀了祭神的胖胖的印第安女巫及一只狗（是他们喂养的那种可以食用、不会吠的狗）。再往前走，他发现众多武士在守候他，他们向他逼近，因隘口的斜坡崎岖难行，又是在山上，骑兵无法奔驰，无法转身，也无法施展威力。不过，弩弓手、火枪手以及持剑与盾的兵士勇猛地与武士短兵相接，他们从斜坡和隘口往下一直打到峡谷。峡谷内守候着另外一些武士队伍，同他在那里又打了一场十分激烈的遭遇战。看来这乃是他们商定的一种计策。

佩德罗·德·阿尔瓦拉多及其全体兵士同印第安人作战，斗志昂扬，他们打伤他手下二十六七名兵士和两匹马，但他还是把他们赶跑了，可是他们逃走不太远，转眼又同其他武士队伍一起卷土

重来，再度作战，自以为能打垮阿尔瓦拉多。他走到一处泉水边时，守候在该处的印第安人让他们走近，然后众多印第安人上去，两三人一起对付一匹马，拼力要把马推倒，另外一些人拽住马的尾巴。

阿尔瓦拉多在此陷入莫大的困境，因敌人人多势众，他对付不了从四面八方向他以及他手下全体兵士袭来的那些印第安武士。他手下的火枪手与弩弓手弹不虚发，持剑兵士猛砍猛杀，才使敌人稍稍避开。骑兵毫不迟疑，用矛枪猛扎，策马向前猛冲，直冲得他们四散溃逃，三日之内再也没有聚集起来。他见敌人已被打退，便不到村镇去，而在田野里宿营两日，并寻找食物。

阿尔瓦拉多随即率领全军前往克萨尔特南戈村，当他们正在休息及治疗伤号之时，他接到报告说，周围那些村落的军队全部又来攻打他，他们聚集起众多武士，抱着拼死的决心前来。佩德罗·德·阿尔瓦拉多获悉这一情况，便带领他的队伍来到一处平川地，敌人来势凶猛，开始向他的队伍接近，向他们投射投枪、箭与石弹，还用长矛扎他们；因那里是一马平川，马匹可以四处奔驰，冲向敌人的队伍，不多久便打得他们转身落荒而逃。

这场胜利使那些村落十分害怕阿尔瓦拉多，于是整个地区商定派人向他求和，他们还派人送来为数不多的黄金，希望他同意讲和。许多首领带着礼物来到佩德罗·德·阿尔瓦拉多面前，按他们的习惯行礼之后，便请求他宽恕发生过的那几次攻击，自愿向国王陛下称臣；又说他们的村落很大，很平静，而且靠近其他几个村落，他们可以在村内接待他们，求他同他们一起前往。阿尔瓦拉多十分亲切地接受这一建议，并不知道他们策划的阴谋诡计。他斥责他们发动攻击的邪恶行径之后，同意他们讲和的要求；次日上午，他率领军队同他们一起前往乌特拉坦。他进村时见到村子固若金汤，有两个门，其中一个门有二十五级台阶，进村之前须经过这里；另一个门有一条大道，十分难走，且有两处遭到破坏，房屋鳞次栉比，街道狭窄，全村不见妇女、儿童，四周都是深谷；他们供应的食物极差，而且很不及时，谈话时那些酋长躲躲闪闪。几个克萨尔特南戈的印第安人报告阿尔瓦拉多说，倘若他的军队留下来，他们将在当夜放火把他们全部烧死；他们在深谷内埋伏许多武士队伍，一见房屋起火，便同乌特拉坦人一起，从两面夹攻阿尔瓦拉多的军队，阿尔瓦拉多的军队势必陷入火海，无法对付，被他们活活烧死。

佩德罗·德·阿尔瓦拉多明白已处于巨大的危险中，急忙命令手下的指挥官及全营地的人立刻出发到原野去，对他们说明他们所遇到的险情。他们得知这种情况后，立即前往靠近一处深谷的平地，因四周都是险路，他们只有从该处可以到平原去。同时，佩德罗·德·阿尔瓦拉多对该村及其他邻近村落的酋长及首领们显得十分亲热，对他们说，马匹白天须在野地放一放，村内房屋与街道又太挤，所以他要离开村子。

酋长们见他就这样离开，都很沮丧；而阿尔瓦拉多再也不能容忍他们策划的这种背叛，虽然武士队伍就在附近，他还是下令擒拿该村酋长，经审判后命令把这个酋长烧死，并把统治权交其儿子。他随即离开村落到深谷以外的地方去，同早已埋伏在该处的武士队伍开战，这群武士经过较量、干毕坏事之后，被打得溃不成军了。

当时，一个叫做危地马拉的大村落已经得知，佩德罗·德·阿尔瓦拉多自进入该地区之后业已打了几仗，而且每战必胜，眼下正在乌特拉坦境内，从那里向前挺进，攻打许多村落，而乌特拉坦人及其所属村落都是危地马拉人的仇敌。于是，他们决定派使者带着黄金往见阿尔瓦拉多，并自愿向国王陛下称臣；他们又派人来说，若需要他们助战，他们一定派人来。阿尔瓦拉多亲切接待他们，为此一再向他们表示感谢；为了试探他们说的话是否兑现，更因他不了解当地情况，便要他们为他带路，要求他们派两千武士来，他提出此项要求是因为有无数深谷及坎坷难行的道路；阿尔瓦拉多想让印第安人修路填沟，以便他得以通过，还要他们搬运辎重。危地马拉人派了人来，还派来他们的统领。

阿尔瓦拉多在乌特拉坦地区连续进剿七八天，那里都是些本已臣服国王陛下、表示臣服之后又造反的反叛村落；阿尔瓦拉多及其手下的人给许多印第安男女奴隶打上烙印，缴纳国王的五一税之后，把余下的东西让兵士们分了。

阿尔瓦拉多随即前往危地马拉城，受到接待并在城内住下。该城的酋长们告诉他，在离城不远处的湖边有个村落，他们有一座防守坚固的石山，他们是危地马拉人的仇敌，经常进攻危地马拉人。他们离危地马拉城很近，知道佩德罗·德·阿尔瓦拉多在城内，却不像其余几个村落那样来降服，他们生性恶劣，不是好人。该村落叫做阿蒂坦。

阿尔瓦拉多派人去要他们来议和，说他一定好生对待他们，还说了许多和气的话。他们的答复便是辱骂使者。他见此次没有奏效，又派几个使者前去敦请他们来议和。佩德罗·德·阿尔瓦拉多三次派人要求他们讲和，每次都遭他们辱骂，因此他亲自前往，随身带去一百四十多名兵士(其中有二十名火枪手及弩弓手,四十名骑兵),还带去两千危地马拉人。他抵达该村落附近时,又要求他们前来讲和,他们却射起箭来,用弓和箭来答复他。他见此情景,又见不远处的水中有座石山,山上布满众多武士,便朝湖边走去,此时有两队精良的印第安武士冲下山来,他们手执长矛、良弓、利箭及其他许多武器,同时敲着鼓,并戴着羽饰与标志。

佩德罗·德·阿尔瓦拉多同他们交战了好一会儿,许多兵士被打伤,但敌人没有坚持多久,立刻逃回山上去;阿尔瓦拉多率手下兵士尾追不舍,迅速攻占这座石山,打得他们死伤无数,余下的若不是投湖渡到一座小岛上去,死伤还要多。于是,阿尔瓦拉多他们把坐落湖边的房屋抢掠一空,然后开拔到有许多玉米田的平原上去,当夜就在那里宿营。

次日大清早,他们前往阿蒂坦村,村内已空无一人。阿尔瓦拉多于是命人搜遍全村与花生地(他们的花生地极多),擒来该村的两个首领。阿尔瓦拉多立即派他们同前一日俘获的人,一起去要求其余的酋长前来议和,并说要将俘虏全部交与他们,他将好生照顾他们,尊重他们;他们若是不来,他便要像对付克萨尔特南戈村及乌特拉坦村那样去攻打他们,要割掉他们的花生秧,要尽可能使他们遭到各种损失。

他们听到这许多威胁的话,立刻前来讲和,还带来一些黄金作礼品,向国王陛下称臣。佩德罗·德·阿尔瓦拉多及其所率军队返回危地马拉城。一连数日没做什么值得一提之事,该地区的全部村落及南海岸一带皮皮尔人的许多村落都来讲和;来讲和的那些村落有许多人抱怨说,在他们前来的途中,有个叫做伊斯奎因特佩克的村落，他们很坏，不让从他们的地界通过，还打算抢掠前来讲和的人的村落；这些人还说许多抱怨他们的话，不过这些说法并不真实，因为据确知此事的人说，阿尔瓦拉多去是为了抢他们最漂亮的印第安女子，而且他也没有叫他们来讲和。佩德罗·德·阿尔瓦拉多决定率领手下的全体兵士和骑兵、火枪手、弩弓手，还有许多危地马拉友军到他们那里去，神不知鬼不觉地在一个早上袭击他们，使他们遭受重创，又抢走他们许多东西，其实他应依法办事而不该干此种事情，这是不符合国王陛下谕旨的很不好的事情。

第一百四十一章

科尔特斯派一支舰队去平定并征服伊格拉斯和洪都拉斯地区

科尔特斯听说伊格拉斯和洪都拉斯很是富庶，且有丰富的矿藏。几个到过那一带的司舵也让他相信，他们曾发现印第安人在海上捕鱼，他们夺得印第安人的渔网，发现渔网上的坠子是掺铜的黄金制成的；他们还对他说，他们相信有一道海峡从该处穿过，经此道海峡可从北岸到达南岸；据我们所知，国王陛下也嘱咐并命令科尔特斯在探察新疆土时，须尽心尽力去发现、调查、寻找可以通往香料岛[1]的海峡、港口或通道。

① 指远东的一些岛屿。

不论是为了寻找黄金还是为了寻找海峡，科尔特斯都决定派克里斯托瓦尔·德·奥利德担任此次出征的指挥官，以为此人忠于他并能完成他所委托的任务。由于走陆路路途过于遥远，既辛苦又花钱，很不合宜，因此他决定让他们走海路，这样既省力又省钱。于是，科尔特斯交给克里斯托瓦尔·德·奥利德五条船及一条双桅帆船，配备大炮和大量火药，以及充足的给养。科尔特斯还交给他三百七十名兵士，其中弩弓手及火枪手一百名，骑兵二十名；这些兵士中，有五名是最早随科尔特斯前来的征服者，有许多人则对科尔特斯心怀不满，因他没有分给他们许多印第安人和黄金。

科尔特斯指示克里斯托瓦尔·德·奥利德由比利亚里卡港出发，取道哈瓦那，到该城找他的一名老兵阿隆索·德·孔特雷拉斯，这名老兵已带去价值六千比索的黄金，去购买马匹、木薯面饼、猪、腌猪肉及舰队所需要的其他给养。科尔特斯还命令他，抵达哈瓦那装上购得的全部马匹后，便由该城开往伊格拉斯，这条航线很好走，距离又近。

科尔特斯还命令他好生对待印第安人，不要杀害他们，登陆之后须设法在一处良港建立城镇，促使那个地区的印第安人前来讲和，寻找金银；若是到南海岸，便设法调查了解南海岸一带是否有可以通航的海峡或港口。他派两位教士给克里斯托瓦尔·德·奥利德，其中一位会讲墨西哥话，他嘱咐这位教士要好生宣讲我们的圣教，不许印第安人搞鸡奸和献祭，但须和风细雨地予以根除。他还命令把囚禁供食用和献祭的印第安男女的木笼予以捣毁，把可怜的被囚禁的人释放；并命令在各地立起十字架。他交给奥利德许多圣母玛利亚的圣像，以便让他们安放在村落内，他还对奥利德说了这么一句话："克里斯托瓦尔·德·奥利德兄弟，你已见过我们在新西班牙这里的做法，你尽力照着做去吧！"

他们亲热地拥抱告别，克里斯托瓦尔·德·奥利德便辞别科尔特斯和自己的全家前往比利亚里卡，他的整个舰队已在那里准备就绪，他便率领部下上船，一路顺风抵达哈瓦那，见马匹及其余的一切均已齐备。他又遇到五个有身份的兵士，是因行凶捣乱被赶出帕努科的人中的五个。这五个兵士怂恿克里斯托瓦尔·德·奥利德，说他既已知道要去的地方很富庶，又带领一支装备精良的船队，给养充足，马匹及兵士又多，应马上起来造科尔特斯的反，从此以后不受他管辖，再也不要搭理他。克里斯托瓦尔·德·奥利德作出这个决定之后，立刻就此事写信给科尔特斯的对头——该岛总督迭戈·贝拉斯克斯。这位总督来到船队停泊的地方，二人达成的协议是：他们共同为国王陛下占领那片叫做伊格拉斯和洪都拉斯的疆土，让克里斯托瓦尔·德·奥利德以国王的名义统辖该地，迭戈·贝拉斯克斯为他供应所需的物资，并将此事呈报在卡斯蒂利亚的国王陛下，以便为他争取统辖权；他们同样也达成共同组成舰队的协议。

克里斯托瓦尔·德·奥利德的性格及外貌，须在此处作一交代。他这个人无论当步兵还是当骑兵，都十分勇敢大胆，若他的智慧和审慎能赶得上他的勇气，那他便是十足的男子汉，但他不是帅才，只能听人指挥。他年近三十六岁，是巴埃萨或利纳雷斯[①]人，

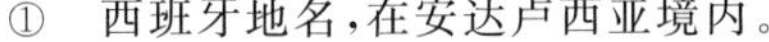

① 西班牙地名，在安达卢西亚境内。

身材魁梧，健壮，背部很宽，身体匀称。他的头发略呈金黄色，相貌堂堂，下唇有一道裂口。谈吐有些粗俗，令人惊奇。他很健谈，为人豪爽。起初在墨西哥时，他对科尔特斯很忠实，可是发号施令的野心与不甘受人驱遣的想法，使他昏了头；他又听从那几个卑鄙的劝告者的指使，再加上少年时在迭戈·贝拉斯克斯家当过仆人，曾是古巴岛上的通译，所以他总念着与迭戈·贝拉斯克斯这段情，实际上对他恩情更重的是科尔特斯，而不是迭戈·贝拉斯克斯。

克里斯托瓦尔·德·奥利德同迭戈·贝拉斯克斯达成此种协议之后，古巴岛上便有许多居民前来与他为伍，尤其是劝他造反的那几个人。因在古巴岛没有更多事情需要处理，他将全部给养装船之后，便下令全船队扬帆起航，一路顺风，驶出卡瓦略港约十五西班牙里，来到一处小海湾，在那里登岸。他是 5 月 3 日到达的，他把随后规划建立的村镇定名为特里温福德拉克鲁斯，并把在墨西哥时科尔特斯向他提名委派过的人，任命为镇长及镇政会议成员，以国王陛下及国王代表埃尔南多·科尔特斯的名义占领那片疆土，并作出其他一些适当的决定。他所做的这一切，都是为了不让科尔特斯的朋友们知道他已反叛，他希望他们得知此事时已成为他的好朋友；又因他不知道所去的地方是否像传闻所说的那样富庶，有丰富的金矿；于是他采取两全的做法，一方面，如我所述，若是那个地方矿藏丰富、人口众多，他便占领该地；另一方面，若是那个地方不太富庶，他便返回墨西哥，到自己的妻子身边和自己的委托监护地去，去对科尔特斯解释，告诉科尔特斯自己与迭戈·贝拉斯克斯为伍，是为了让他提供给养与兵员，自己并没有回报他任何东西；科尔特斯也可以了解，他是以科尔特斯的名义占领那个地

方的。据他的许多朋友说，他当时打的便是这个主意，因他曾同他们商量，他在特里温福德拉克鲁斯开拓之事按下不表（在八个多月时间内，科尔特斯对此毫无所知），因为此事以后当再提及，现在暂且撂过一旁，先说说我们在瓜萨夸尔科发生之事，以及科尔特斯派我随路易斯·马林指挥官去平定恰帕地区的情况。

第一百四十二章

我们留在瓜萨夸尔科开拓的人始终忙于平定反抗我们的那些地区，科尔特斯命路易斯·马林指挥官去征服并平定恰帕地区，以及其他事情

我们许多老征服者及有身份的人在瓜萨夸尔科镇定居下来，都分得大片授予地；起初，我们在新西班牙各个地区时，只要一向印第安人收取贡税，他们便造反，甚至把委托监护地领主杀死，把能抓到的西班牙人抓起来；现在该镇也发生同样情况，几乎没有不发生反叛的地区。

因此，我们始终须带领一支军队，逐个村落去劝诱他们讲和；西马坦人不肯到瓜萨夸尔科镇来，也不服从我们遣人传达的命令，路易斯·马林指挥官决定不派大队人马前去攻打，而让我们四个人去劝说他们讲和。我是其中的一个，其余三人是：阿维拉人罗德里戈·德·纳奥，半个比斯开人弗朗西斯科·马丁，还有一个是埃

斯特雷马杜拉的因吉胡埃拉人，名叫弗朗西斯科·希门尼斯。指挥官指示我们，须和和气气召唤他们来议和，而不可说会激怒他们的话。

我们动身前往他们的地区，那是一个坐落在大片沼泽与水流丰沛的河流之间的村落，我们来到距他们村落二西班牙里的地方时，派使者将我们的来意通知他们。他们的答复是派出三支弓箭手与长矛手组成的队伍来对付我们，他们猛射一阵利箭，射死我们两个伙伴；他们第一箭便射中我的脖子，血流如注，当时我无法压紧伤口，更不能止住血，我的性命十分危险。我还有一个没有受伤的伙伴，就是那个比斯开人弗朗西斯科·马丁，我同他一直在抵抗，还打伤几个敌人，此时他决定逃走，躲到停靠在一条叫做马萨帕的大河里的独木船上去。

敌人把我打得半死不活，我孤身一人，身受重伤，昏昏沉沉、迷迷糊糊地钻入高高的灌木丛中，苏醒过来后心情沉重地想道："圣母啊，救救我！不然，今日我非死在这帮狗东西手里不可！"我鼓起莫大的勇气钻出灌木丛，向印第安人猛冲猛砍，虽然又受了伤，还是冲出了印第安人的包围；我向独木船逃去，我的伙伴弗朗西斯科·马丁以及我们带来为我们扛随身行李的四个印第安朋友，已在那里的一条独木船上。我们同西马坦人战斗时，这四个印第安朋友扔下行李，躲到河边的独木船上，这一下倒救了我与弗朗西斯科·马丁的命，因为敌人都忙着去抢我们的衣物箱笼了。

此事就此打住。却说我主耶稣基督让我们从那里死里逃生，我们坐独木船渡过那条又宽又深的河，河里鳄鱼很多，为了不让西马坦人追上我们，我们在山林里待了八天。几日之后，瓜萨夸尔科便得知这一消息,是随同我们前往的那些印第安人带回去的,他们说我们已经阵亡。这些印第安人一见我们负伤,便纷纷逃走,把仍在战斗的我们置于不顾,没过几日就回到瓜萨夸尔科镇。我们不但人没出现,而且消息杳然,他们因而相信我们确是死去了。路易斯·马林指挥官按当时西印度通行的习惯,把我们拥有的印第安人分与其他征服者,并遣信使去请科尔特斯送委托监护地证书来,甚至变卖了我们的财产。二十日之后我们突然回到镇上,我们的几个朋友因此大为高兴,而分得印第安人的那些人却很是不快。

路易斯·马林指挥官见我们不但无法平定那些地区,反而让他们杀害了许多西班牙人,便决定前往墨西哥城,去要求科尔特斯给予更多的兵士、增援物资与作战装备。他还下令,当时镇上的任何居民均不得前往远处的村落,要运食物,也只可到四五西班牙里以外的几个村落去。

他到达墨西哥城后,向科尔特斯报告了发生的一切情况,科尔特斯当即命他返回瓜萨夸尔科,拨给他约三十名兵士,其中有一个便是我多次提及的阿隆索·德·格拉多;科尔特斯命他带领我们全体镇上居民以及他此次带去的兵士,一同前往发生叛乱的恰帕地区,让我们去平定并开拓一个城镇。

路易斯·马林指挥官领到这些任务前来,我们这些早已在此开拓以及新带来的两拨人马做好一应准备,开始在一些难以通行的山林及沼泽地开辟道路,我们把木头和树枝投入沼泽地,以便马匹通过。我们费了九牛三虎之力,终于来到一个叫做特普松特兰的村落,在此之前我们只能坐独木船溯河而上,因为别无其他大路。我们从该村落登山前往另一个叫做卡丘拉的村落;我须交代一下，这个卡丘拉村是在恰帕地区的山地上，我提及这一点，是因为在洛斯安赫莱斯村附近还有一个同名的村落。我们从卡丘拉前往附属于该村落的其他村落。

由于没有任何道路，我们便沿着从恰帕地区流来的那条河，向上游方向继续开辟新路；恰帕人确实是当时我在新西班牙全境见过的最了不起的武士，所有居住在其周围的人，甚至入侵过他们境内的特拉斯卡拉人、墨西哥人、萨波特卡人、朱赫人，都非常惧怕他们。我提及这一点，是因为墨西哥始终统治不了他们，当时该地区人口众多，而且当地人十分强悍好斗，经常袭击周围地区，一有机会便掳掠其他小村落，把被他们杀害的人拿去祭神或饱餐一顿。此外，在通往特旺特佩克的各条路上，经常有他们派的众多武士守候住艰险的必经路段，抢劫往来于各地区的印第安商贩；因此，他们有时使各地区之间停止往来，甚至强迫其他村落的人迁往恰帕附近居住，把这些人当作奴隶，为他们种地。

话说我们开辟的那条路，沿河向上游方向一直通到他们的城池，那是在 1523 年的四旬斋期间(年份我都记得不很准确)。在抵达恰帕城之前，我们清点了参加此次征讨的全部骑兵、火枪手和弩弓手，而在此之前一直无法进行，其原因是我们镇的某些人及其他一些外来人没有赶上来，他们在附属于卡丘拉的各村落收取理应交付他们的贡税，由于我们此次开来浩浩荡荡的一支队伍，他们才敢前去，而在以前，那些村落的人既不交纳贡税，也不把我们看在眼里。

清点结果发现，能战斗的有二十七名骑兵(其余五名打不了仗)，十五名弩弓手，八名火枪手，一门炮，大量火药，还有一名兵士当炮手，据说他去过意大利——我在这里提及此事，是因为他很不中用，又是个十足的胆小鬼。我们带来六十名持剑与圆盾的兵士，大约八十个墨西哥人，还有卡丘拉的酋长以及他所带领的几个首领；我说的这些卡丘拉人害怕得要命，我们说尽好话带他们来，是要他们帮我们开路并搬运辎重。

我们一路井然有序地行进，到达靠近敌方村落的地方；有四名十分灵活的兵士始终走在前边，担任报子和侦察兵，其中一个便是我；我把我的马交别人牵，因为那个地方马没法走；我们始终在距大队人马半西班牙里的前方行进。恰帕人是高明的猎手，当时正在猎鹿，一发现我们，便点起巨大的报警烟火，召集全村落的人。

我们到达他们的村落，那里有很宽的路及大片大片种植玉米与其他菜蔬的田地。我们走到的第一个村落叫埃斯塔帕村，距首府约四西班牙里，当时村内已逃得空无一人，但有许多玉米及其他食物，午餐及晚餐我们都吃得很饱。我们在村内宿营时，布置了岗哨，派了报子和侦察兵。忽然两个去侦察的骑兵回来大声喊道："快拿武器，快拿武器！恰帕的武士从平原的各条路上打来啦！"我们一向枕戈待旦，所以在他们到达村子之前，便已出去迎战他们；我们同他们打了一场恶战，他们携带许多装有鹿角镞的烤过的投枪、弓箭、长矛（比我们的长矛长得多），他们身穿棉甲，头戴羽饰，还有的人带来像石刃木斧般的大头棒。

我们所在的打仗的地方有许多石头；他们用投石器给我们造成许多伤亡，并开始包围我们，一阵猛射，击毙我们两名兵士及四匹马，打伤约十三名兵士及我们的许多朋友，还把路易斯·马林指挥官打伤两处。此次战斗，我们从下午直打到黄昏后；由于天色渐暗，他们又已尝过我们的刀剑、火枪、弩弓及长矛的滋味，便撤退了，这使我们大为高兴。我们发现他们十五具尸体及许多因负伤无法脱逃的人，其中有两个像是首领，我们把他们捉来，从他们口中了解到，整个地区的人准备次日袭击我们。

当夜我们埋葬死者，为伤者进行治疗；路易斯·马林指挥官伤势很重，因为中途没有离开战斗去治疗包扎，失血过多，身上直发冷。事毕后，我们布置岗哨，派出探子与侦察兵，马不卸鞍，全体兵士也都随时作好准备，因为我们确信敌人夜间必将前来袭击。我们已在刚才那场战斗中见识过他们如何奋战，弩弓、长矛、火枪及刀砍剑劈都无法使他们退避一步，因此都认为他们是英勇善战的武士。

是日夜间，骑兵得到命令，次日须每五骑合为一组斜持长矛冲锋，须用长矛刺得敌人逃走，长矛须高高举起，朝他们脸上扎，还要踩着他们向前冲。这个决定路易斯·马林已说过多次，我们这些老征服者也告诉过新从卡斯蒂利亚来的那些人，而他们有些人不把遵守命令放在心上，只想把冲来的敌人刺死；结果有四人反而吃了亏，敌人夺下他们的长矛，用矛扎伤他们及他们的坐骑。我要说的是，六七个敌人一起拽紧马匹，硬是要把马夺下，还把一名骑兵从马上推下去，若不是我们趋前搭救，早被敌人送去祭神，两日之后准得死了。

言归正传。次日早上，我们决定按原定路线向恰帕城进发；该处确实称得上是座城池，相当繁华，房屋与街道十分齐整，人口在四千以上（不包括周围附属于该城的许多村落）。我们秩序井然地向前推进，大炮装好炮弹，炮手做好随时开炮的准备，我们推进了不到四西班牙里，便遇上恰帕的全部军队，只见满山遍野的武士，头戴巨大的羽饰，身穿精良的盔甲，手持很长的长矛，使用箭及带鹿角镞的投枪、石弹及投石器，并大声叫喊、打唿哨。

他们与我们面对面交手，像激怒的狮子般猛扑猛打，确实令人害怕；我们带来的倒霉炮手——那可真是个倒霉鬼——惧怕得不知所措，既不知道开炮，也没有给大炮点火，等到我们大声喊他点火，他反而打伤我们三名兵士，真是个不中用的家伙。指挥官见此情形，便让我们全体骑兵按原来的决定结合成小组，去冲破包围；火枪手、弩弓手及持剑与盾的兵士一起配合，也给予我们有力的支援。但是冲上来的敌人很多，参加此次战斗的若不是我们这些身经百战的兵士，换了他人，定会吓个半死，就是我们这些人见到如此之多的印第安人，也感到吃惊。路易斯·马林指挥官对我们喊道："嘿，诸位，圣徒保佑，让我们一鼓作气再去把他们冲垮！"我们的冲击十分猛烈，片刻工夫便冲得他们抱头鼠窜。这一仗是在坎坷难行的乱石滩上打的，马匹在那里跑不动，所以我们无法追击他们。

我们继续前进，不免稍有疏忽大意，认为他们不会再聚集到一起，然而比原先更多的武士队伍就埋伏在不远处的几座小山背后，他们携带各种武器，许多人带来绳索，要用套索套住马匹，再拉紧绳索，把马撂倒；他们还在各处张起往常捕鹿的网，想用这种网捉住马匹及我们。这些武士队伍全都来迎战我们的军队，他们是十分勇猛的武士，用弓箭、投枪及石块猛攻我们，几乎打伤我们所有的人；他们夺走骑兵四支长矛，杀死两名兵与五匹马。

当时，有一个略上了点年纪的很胖的印第安女人在他们的队伍中，据说，他们把她当作他们的女神与占卜者。她对他们说过，只须她来到他们正在战斗之处，我们马上便会被打败。她带来一只装有熏香的香炉及几个石刻偶像，她浑身上下涂了颜料，还用棉布贴于所涂的颜料上。她毫不畏惧地钻到我们的印第安友军中间，我们这些朋友正同他们的队伍混在一起，这个讨厌的女神立刻便被砍掉了四肢。

再来说说我们的战斗。路易斯·马林指挥官同我们大家见前来袭击我们的武士如此之多，攻势如此之猛，便祈求天主保佑，并按商定的那样冲击他们，渐渐把他们冲垮，打得他们四散奔逃。他们有的躲在开阔的乱石滩上，大部分人跳入河中，河流就在近处，河水很深；他们是很在行的泅水能手，纷纷泅水渡河。我们击败他们之后，连声感谢天主；我们在进行过此次战斗的所在，发现他们的许多尸体及一些伤号。我们决定前往位于河边的一个村落，该村就在通往城内的道路附近，出产上好的李子，当时是四旬斋，恰值李子的成熟季节。当天的其余时间，我们就在村内把阵亡者掩埋于村内居民无法发现之处，并为伤号及十匹马治伤。我们决定在该村宿营，严密布置了岗哨和探子。

午夜过后不久，从紧挨着首府与恰帕城的两个小村落过来十个印第安人；他们是这两个靠河的小村落的人，是重要人物，坐五条独木船悄悄划桨渡过那条又宽又深的河。他们在我们营地附近下船，一上岸立即被我们的哨兵俘获；他们甘愿被捉，被带到指挥官面前时说道："大人，我们不是恰帕人，是另一个叫做哈尔特佩克的地区的人。这些凶恶的恰帕人派许多武士攻打我们，打死我们很多人，让各村余下的人全部携带家小移居到此地来，夺走我们所有的财产，让我们做了十二年奴隶；我们为他们耕地、种玉米，他们还要我们去打鱼，去干其他活计；他们还夺走我们的女儿和妻子。我们来告诉你们，今夜我们将给你们送来许多条独木船，你们可以坐船渡河，我们还要为你们指明一处涉渡口，不过水不太浅。指挥官大人，因为我们为你们做了这件好事，等你们得胜并打垮这些恰帕人之后，请你们开恩，允许我们摆脱他们的势力，回到我们的故乡去。为了让你们更相信我们说的是真话，在我们渡河坐的独木船上——这些船同我们的几个伙伴和兄弟一起藏在河里——我们带来三件金饰（是三个发箍）送给你们，还带来鸡和李子。”他们请求允许他们去取礼物，并说不能出声，不能让守卫河上通道的恰帕人听见。

指挥官听毕那几个印第安人对他说的话，明白他们要大力帮助我们渡过那条湍急的河流，便感谢天主，对那几个使者显得十分热情，不仅答应他们的请求，还说要将我们从该城夺得的布匹和物品赠送给他们。他从他们口中得知，在过去的几次战斗中，我们已打死打伤一百二十多个恰帕人；恰帕人又调集更多武士，准备次日的战斗，还迫使这两个派使者前来的小村落的人来攻打我们；他们让我们不要害怕这些人，因为这些人反而会支援我们。他们说，恰帕人定会等着我们渡河，他们认为我们绝不敢渡河，只要我们一渡河，他们就能打垮我们。

这几个使者通知这些事之后，留下两个印第安人在我们处，其余的人都回他们村落去，以便命人次日清晨送二十条独木船来，在此事上他们很好地履行了诺言。他们走后，我们在天亮前稍事休息，但十分警惕，派了巡逻队、哨兵和探子，因为我们听到聚集在河岸一带的武士们的嘈杂声，还听到他们吹喇叭、打鼓及吹号角的声音。

天亮时，我们见到，尽管有恰帕人防守，他们还是公然把独木船送来了；看来，恰帕人发觉那两个小村落的人要起来反抗他们、进行防守并站到我们一边，便捉拿他们一些人，他们余下的人退守在一座大神庙内；因此，恰帕人与当地人之间已经发生麻烦和战斗。那两个村的人立刻向我们指明渡口。

当时，那几个朋友直催我们赶快渡河，因为他们担心前一夜被俘的人会被送去献祭。我们到达他们指点的渡口，那里水很深，但是弩弓手、火枪手、骑兵排成整齐的队伍，我们的朋友——那两个村落的人——也划着独木船帮我们渡河，所以虽然河水齐胸深，大家挤在一起抗住湍急的河水，在天主的保佑下涉渡到靠近对岸的地方。我们刚要上岸时，许多武士前来攻打我们，向我们猛射一阵用弩弓打的投枪、箭与石块，还有人使用很长的长矛，几乎把我们全部打伤——有的人受伤两三处；还打死两匹马。有个名叫富拉诺·格雷拉（或格拉）的骑兵，渡河时淹死了；他连人带马沉入急流中，他的坐骑上了岸，主人却不见了。

却说我们渡河时，他们攻打我们很长时间，我们无法打退他们，又上不了岸；此时，那两个反抗恰帕人的村落的人前来支援我们，从背后袭击在河边同我们作战的恰帕人，打伤打死他们许多人，因恰帕人奴役他们多年，他们怀有深仇大恨。我们一见他们来援，骑兵连忙登岸，弩弓手、火枪手、持剑与圆盾的兵士，还有墨西哥友军紧紧跟上，我们迅速向恰帕人进攻，他们经过自己的村落一直往前逃走，连印第安人也拦不住他们。

随后我们立刻排列得整整齐齐，打起我们的旗帜，同跟随我们的两个小村落的许多印第安人一起进入恰帕城；我们到达的是居民稠密的地方，有雄伟的神庙与神堂，房屋鳞次栉比，我们不敢在此安营，而把营地设在野外，设在放火也烧不到的地方。我们的指挥官遣人去召唤该村落的酋长及统领前来议和，并让他们马上来，说他对他们既往不咎，若是不来，我们便前去征讨，要比上次更厉害地攻打他们，并焚毁他们的城池。

他们听到这种气势汹汹的话之后立刻前来，还带来一些黄金做礼物，他们为攻打我们而请求原谅，并表示臣服于国王陛下；他们请求路易斯·马林不要允许我们的朋友焚烧任何一所房屋，因为他们进入恰帕城之前，已经在坐落于河流前边的那个村落内烧了许多房屋。路易斯·马林答应他们的请求，使命令我们带去的墨西哥友军及卡丘拉人不要进行破坏。我们在该城发现三个木栅围成的牢笼，关满脖子上拴着锁链的囚徒，都是恰帕人从路上捉来的，我们把这些人从牢笼内放出来，让他们回家乡去，我们把木栅统统予以拆除。我们在神庙内还发现他们所崇拜的形象十分丑陋的偶像，两天中被杀了来祭神的许多印第安男人与少年；还发现他们鸡奸用的许多丑恶物品。

指挥官命令他们立即去召唤周围的村落前来议和，并向国王陛下表示臣服，他们都来照办了，他们甚至感到惊惧，我们人少力单，竟能战胜恰帕人，不过他们都显得十分高兴，因为他们都恨恰帕人。指挥官派人去叫查穆拉村前来讲和，他们的答复很不好，我们把此事看得很重，因担心周围已降服的村落会仿效他们再次造反，便决定立即去攻打他们，他们不来讲和就不放过他们。随后我们遣人去召唤西纳坎特兰村的人(他们是有头脑的人,很多是商贩),要他们派两百个印第安人来,为我们搬辎重,因为他们的村落是去查穆拉的必经之路,我们要到他们那里去;我们又要求恰帕人派两百个印第安武士携带武器护送他们,恰帕人立即照办。

一日上午,我们从恰帕出发,前往一处盐场宿营,印第安人为我们准备了很好的营房;我们于次日中午到达西纳坎特兰,就在该村过复活节。我们又遣人去召查穆拉人前来议和,他们不肯来,我们只得去找他们,他们的村落距西纳坎特兰村约三西班牙里。查穆拉的房屋及村落都在一个难以攻克的堡垒内,我们必须从有深沟的一边攻打他们,另一边地势更险,更难攻克。

我们带领军队到达时,他们从高处向我们投射无数石块、投枪和箭,散落得遍地皆是。他们使用的极长的长矛,其长度超过二西班牙哼[①],装有燧石刀(前面已提及多次,这种刀比我们的剑更锋利);他们的护身盾做成盾牌样式,战斗时可以挡住全身,不用时可卷折起来,毫不妨碍他们的行动;他们还用投石器投射无数石块。他们投射箭和石弹十分快速,打伤我们五名兵士和两名骑兵;他们不停地大声叫喊,打唿哨,号叫,吹号,打铜鼓,吹螺号,没见过他们的人见了定会惊骇不已。

路易斯·马林见到此种情况,明白骑兵在山地起不了作用,便命他们回平川地去,因为我们所在之处是陡坡与险峻的山地;他给骑兵这种命令,也是因为担心那个叫做基阿维斯特兰的已经造反的村落的武士,会在那里袭击我们,想让骑兵作后援。我们立即向

① 西班牙长度单位,合 1.6718 米。

堡垒内的人射了许多箭，开了无数枪，但损害不了他们一丝一毫，因为他们有巨大的胸墙，而他们射击我们时，总能打伤我们许多人。

当天我们就这样进行战斗，他们丝毫不把我们放在眼里；我们想方设法要攻进去，但他们在我们企图进攻的地点布置一千多长矛手进行防守，并建造防护板与雉堞墙，即使我们的人想冒险跳入堡垒，也会因为从如此高的地方跳下而摔得粉身碎骨，这可不是值得冒险的事。

我们认真商讨如何攻打之后，决定从附近一个已空无一人的小村落运来木材和木板，修造一种可供遮护与攻墙的防护板，此种防护板每块可掩护二十人；再使用我们带来的铁锄及十字镐，并用当地挖土的木柄锄，把他们的堡垒挖开，挖开一个豁口以便攻入，其他办法都做不到，因为其余两边同样坚不可摧，我们已观察过了。离此处约一西班牙里的地方，有一处十分险要的入口，比此处更难攻克，因那里的陡坡十分险峻，据说攻打那里有如过鬼门关。

却说我们在防护板的掩护下，不停地拆毁他们的堡垒，他们从上面向我们扔下点燃的松油与树脂，滚烫的水与血，有时还扔下炭火，给我们造成很大损失。随后他们又扔下无数巨石，把我们的防护板砸坏，我们只得撤下阵去修理，然后再去拆他们的堡垒。

他们见我们把他们的堡垒挖开几个大豁口，便让四个祭司及其他几个要人，用盾牌与木护板遮挡着站在一堵雉堞墙上，大声喊道："既然你们要黄金，那就快进来吧，这里多的是！"喊毕，从雉堞墙上扔下七个纯金发箍，无数黄金铸的珠子，还有不少黄金制作的像蜗牛与鸭子似的东西；扔下这些东西之后，他们又投射许多箭、投枪及石块。我们已在堡垒上挖开两个大口子，但因天色已晚，又开始下雨，当时便停止攻打，等次日再进行。当夜我们在该处宿营，保持高度警惕；指挥官下令那些在平川地的骑兵不要擅离哨位，而且要马不卸鞍。至于查穆拉人，他们整夜擂鼓吹号，大喊大叫，叫嚣次日定要杀死我们，因为他们的偶像也向他们许愿。

天亮时，我们靠防护板的掩护，把豁口挖得更大，敌人则拼命守卫自己的堡垒，当天打伤我们五名兵士，我也被狠狠扎了一枪，长矛扎穿我的棉甲，若不是棉甲里结结实实絮了很厚的棉花，准把我扎死了，因为那么厚的棉甲都给扎穿，棉花全露了出来。当下我受了轻伤。

当时日已过午，且又大雨倾盆，不久便阴雾蒙蒙，因那里地处高山，常有雨雾。我们的指挥官因雨离开战斗，我在墨西哥已是身经百战，此时我发现，阴雾一来，敌人的叫喊声便比先前小多了，又见他们的长矛都集中在墙头、堡垒及投射孔等处，只剩两百来支还在舞动，便猜测到他们大概想逃走，或已经逃走了。

于是，我同我的一个同伴迅速从豁口攻入，堡垒内将近两百个武士冲向我们，无数长矛朝我们扎来。若不是迅速赶来援救我们的西纳坎特兰印第安人，把紧跟我们之后攻入堡垒的我们的兵士叫来，我们大概早已在那里丧命了。那些查穆拉人正在用长矛抵抗，一见援兵到来，便纷纷逃走，因其他武士早已趁阴雾降临之机逃遁；我们的指挥官率领全体兵士及友军攻入，村内财物均已转移，儿童与妇女都已从十分坎坷难行的通道离开，我已说过，该处地势险峻，上山难，下山更难。我们紧追不舍，擒获许多妇女、青年及儿童，还擒获约三十个男人，村内除粮食之外，没找到战利品。

打完这一仗，我们带上俘虏返回西纳坎特兰，决定把我们的营地安设在靠近一条河的地方——即现今雷亚尔城所在地，又叫西班牙人的恰帕。路易斯·马林指挥官在此释放从查穆拉捉来的六个印第安人及他们的女人，让他们去叫查穆拉人前来，并告诉查穆拉人不必惧怕，说俘虏要全部交予他们。带口信的人走了，次日他们便来讲和，并将他们的人一个不留地全部带走。

他们降服国王陛下之后，路易斯·马林指挥官便将该村落交予我，这是因为科尔特斯从墨西哥来信说，要把征服到的一个好地方赏我；又因为我既是路易斯·马林的好友，又是攻入堡垒的第一个兵士。科尔特斯给我寄来该村落的委托监护证书（我至今仍保存着这份证书），他们向我缴纳贡税达八年之久。当时雷亚尔城尚未开拓，进行开拓后便以我的村落为居民区。

闲话少叙，言归正传。查穆拉平定后，我们派人去叫作乱的韦维斯特兰人前来议和，他们仍然不肯来，我们的指挥官便决定到他们的几个村落去征讨。我在此称之为“几个村落”，是因为当时他们由三个小村组成，而且都建在险要的山头。我们把伤号及辎重留在当地我们的营寨内；指挥官带领我们健壮、敏捷的兵士及西纳坎特兰派交我们的三百个武士一同前往，从我们所在之处到韦维斯特兰村约为四西班牙里。

我们前往他们村落时，发现道路已被阻断，到处是圆木及砍倒的树，障碍极多，马匹无法通行；我们让带来的友军清除障碍，他们把圆木搬开了。

我们来到那三个村落中的一个（前面说过，那是个险要的山头），发现村内到处是武士，他们对我们大叫大喊，向我们投射投枪与箭；他们也像查穆拉人那样手持长矛及盾牌，使用双手抡的、跟折刀一般锋利的石刃砍刀。我们的指挥官率领我们大家向他们的山村攀登，此处比查穆拉更险峻，更难攻克。他们决定逃走，村内一人不留，也没有留下任何粮食。西纳坎特兰人擒获他们两个人，立刻押交指挥官，他下令放这二人去叫其他村民前来讲和。我们在那里停留一日，等待他们的答复；他们都来讲和，还带来一些不很值钱的黄金及格查尔鸟的羽毛（他们有很多这种羽毛）作为礼物，我们便返回我们的营地。我们还遇到其他事情，因与本文无关，略过不提。

我们随即决定前去惩罚西马坦；前面说过，他们曾经杀害我们两个兵士，就是我同比斯开人弗朗西斯科·马丁逃出他们手心那次。在通往塔佩洛拉村的途中，就在即将到达该村的地方，我们遇到一带崇山峻岭，上下山的路都坎坷难行，我们感到很难越过那个隘口，路易斯·马林便派人到该村落去，要求他们的酋长派人修整隘口，使我们能够通过，他们照办了；我们的马匹费了九牛二虎之力，总算过了隘口。

我们随即前往叫做特科马亚卡特与阿特亚潘的另外两个村落，那时实际上是一个村，两个村的房屋紧紧相连，又是该地区的大居民点之一，而且在科尔特斯授予我的委托监护地之内，至今我仍保存着由他签署的委托监护地证书。

当时这两个村落人口众多，且与其他村落靠得很近，他们渡过流经该村的一条很深的河流，出来迎战，打伤六名兵士、三匹马。我们同他们厮杀很久，终于渡过河去，他们逃走了，自己放火烧掉房屋，然后逃往山中。我们在该处停留五日，一面治疗伤号，一面征讨，掳获了十分漂亮的印第安女子，然后派人去召他们前来议和，答应把俘获的人员交还他们，宽恕他们对我们的袭击。

全体印第安人都回来了，在他们的村落住下，要求我们按我们的许诺将妻小还给他们。公证人迭戈·德·戈多伊劝路易斯·马林指挥官不要交还，而给他们打上王家烙印，说这些人应得此种待遇，他们已降服国王陛下，好端端的又反叛，而且袭击我们，用弓箭射我们，打死三匹马，因此须用在俘的那些印第安女子赔偿被打死的马。我表示反对，认为打烙印不对，因为他们是来讲和的。我同戈多伊为此发生激烈争吵，甚至动起刀子，结果双方都负了伤，最后别人把我们拉开，并为我们进行调解。

路易斯·马林指挥官为人十分宽厚，绝非奸诈之徒，认为只有照我的请求做才是对的，便下令将在俘的妇女及其他人等，全部交给那个村落的酋长，我们就这样放他们回家平安度日。我们穿过该村前往西马坦村及另一个叫做塔拉图潘的村落，村民在村前山旁修筑有射击孔与瞭望台，附近有几片沼泽，我们到达时他们突然万箭齐发，打伤我们二十多名兵士，打死两匹马；若非我们迅速击溃他们，并拆毁他们的围墙和射击孔，他们定会打死打伤我们更多的人。他们立即躲入沼泽；这些印第安人是本地区杰出的弓箭手，能用弓箭射穿两层叠在一起的用棉花絮得很厚的软甲，这是很了不起的事。

我们在他们村内停留两日，遣人去叫他们，可是他们不肯来讲和。我们已经等烦了，那里又是大片大片的沼泽，颤颤悠悠的，马匹无法从沼泽地上进村，就是人从沼泽地上进去，也无不陷进去，只能用四肢爬出沼泽，而能够爬出来便是奇迹，这片沼泽竟是如此

难以对付。闲话少述。当下我们大家都同意回我们的瓜萨夸尔科镇去，我们于是经由琼塔尔帕村及其他村落，再经乌拉帕，到阿瓜卢尔科河及托纳拉河，最后回到瓜萨夸尔科镇，在恰帕村及查穆拉村得到的黄金，用去赔偿战斗中被杀害的马匹。

第一百四十三章

我们随同罗德里戈·兰赫尔前去平定萨波特卡人的村落及西马坦村

有个罗德里戈·兰赫尔（前面已多次提及这位兰赫尔），攻克墨西哥城时他不在场，征服新西班牙的任何一次战斗他都没有参加，为了也能得到点儿名望，请求科尔特斯恩准交给他一支军队，以便前去征服反叛的萨波特卡人村落；他还要带佩德罗·德·伊尔西奥同行，以充当他的行动参谋。

科尔特斯了解罗德里戈·兰赫尔，知道不能委以任何职务，因为他一直有病，长有许多疮，人很瘦，腿很细，到处是烂疮，身上及头上都有不愈合的口子，便不同意这次征讨，说萨波特卡印第安人是很难降伏的，因为他们居住在崇山峻岭间，我们无法带马匹去，那里终年雨雾蒙蒙，道路又窄又滑，据说在这样的路上行走，走在前面的人的脚紧挨着走在后面的人的头（此种说法毫不夸张，在上面爬的人的脚，确实紧挨着后面的人的头），所以还是不去为好；若要去，便须带领灵活、健壮、身经百战的兵士前去。

兰赫尔这个人十分固执，又是麦德林人——科尔特斯的同乡，科尔特斯只得准许他的要求，据我们后来所知，科尔特斯对于把他派去送死并不可惜，因为他喜好说长道短，说过许多诽谤人的话。科尔特斯亲笔写信到瓜萨夸尔科，信中提到十一二人的名字，要求我们这些人同兰赫尔一起去，助他一臂之力，在他通知的兵士中也提到我的名字。于是，我们这些科尔特斯信中提到的人，全部都去了。

上文已提到，萨波特卡人居住在崇山峻岭之间，他们生就瘦削身材，身手敏捷，发出的喊叫声和唿哨声，会像回声那样在山谷中轰鸣。因为是与兰赫尔同行，我们做不成任何事情；我们走到一个村落，发现村内空无人迹，而且房屋都不在一起，有的在小山上，有的在山谷里；当时正在下雨，可怜的兰赫尔烂疮疼得直叫，我们大家谁都讨厌与他同行；兰赫尔见留在那里是白浪费时间，因为萨波特卡人身手敏捷，有比我们长得多的长矛，他们都是出色的弓箭手，并用投石器投射石块，万一他们在只能一个跟着一个走的道上守候并抗击我们，恐怕我们准得遭殃；再加上他此时比刚到该地时病得更重，便决定停止此次倒霉的（确实是倒霉）征服，于是大家各自回家。

兰赫尔带来当参谋的佩德罗·德·伊尔西奥，是第一个劝他作出这一决定的，离开他后便返回原来居住的比利亚里卡去。兰赫尔说要同我们一起前往瓜萨夸尔科，因那里天气热，对他的病有利。我们这些在场的瓜萨夸尔科居民认为，带这么个讨厌的病人同我们一起走，比跟他去打仗更糟。

兰赫尔到瓜萨夸尔科后，立刻说他要去平定西马坦地区与塔拉图潘地区；前面已经提到，这两个地区的人不肯前来议和，因为他们居住在大河与颤颤悠悠的沼泽之间；除沼泽这个难以攻克的堡垒，他们还天生是出色的弓箭手，又有绝佳的良弓，箭不虚发。言归正传。却说兰赫尔在城内拿出埃尔南多·科尔特斯的指令，该指令委派他为征服那几个反叛地区（特别是西马坦地区与塔拉图潘地区）的指挥官，要该城的全体居民跟随他出征。我们十分敬畏科尔特斯，见到他的指令尽管满心不愿意，也不敢不照办。我们有一百多名骑兵与步兵，还有大约二十六名弩弓手与火枪手，跟随兰赫尔前往；我们取道托纳拉、阿亚瓜卢尔科、科皮尔科及萨夸尔科，坐独木船与木筏渡过好几条河，经过叫做琼塔尔帕的各村落，这一带是平静的。我们走到离西马坦约五西班牙里之处，遇到聚集在沼泽边及坎坷难行的通道上的该地区的全部武士，他们修筑起一些围墙及巨大的掩体，堆起很粗的木棍与圆木，他们就守在里边，还修造一些胸墙和可供射箭的射击孔，他们当下向我们猛射一阵子箭，猛投一阵带鹿角镞的烤过的投枪，打死七匹马，打伤约八名兵士，骑在马上的兰赫尔本人左臂也中了一箭，不过这一箭扎得较浅。

我们这些老征服者对兰赫尔说，要派一些身手矫健的人徒步探察道路，看看有无埋伏；还多次告诉他，这些印第安人很会打仗，还善于用计。兰赫尔是个多话的家伙，当下便说，他娘的，他才不信我们的话呢，他兰赫尔绝不会中那些印第安人的计策；他又说，往后我们都来当指挥官，在此次战斗中也许须由我们来指挥他。受伤的兵士与马匹（除打死的七匹马之外还有几匹马受伤）治完伤之后，兰赫尔命令我带上他的一条十分勇猛的猎犬，另带两名身手灵活的兵士及弩弓手，往前方侦察。我让他同骑兵一起，留在后边较远的地方，说毕便同那两个兵士及弩弓手一起动身。

我们在前往当时人口众多的西马坦村途中，又发现与前次同样多的一些掩体与堡垒。他们对准我们这几个走在前面的人，投射许多箭与投枪，当即射杀那条猎犬；我身中七箭，身上若没有穿结实的盔甲，定会把命丢在那里，因甲胄中很厚的棉花把箭矢卡住了，然而我仍是被打伤一条腿，我的伙伴个个都负了伤。

于是，我呼喊走在我们后面护卫我们的印第安朋友，让他们去叫弩弓手、火枪手及步兵赶快来救援，并叫骑兵留在原处，因为那个地方骑兵无法奔驰，也起不了作用，只能白白遭受弓箭射击。他们立刻应声赶来，因为我在出发时已同其他人说定，让骑兵留在后边较远处，而其余的全部人马一接到信号或命令，便须迅速赶来。弩弓手及火枪手一到，敌人便撤出掩体，躲入大片颤颤悠悠的沼泽地去；走进沼泽地的人，除非爬行或有人大力帮助，是走不出来的。此时，兰赫尔同骑兵一起来到，这个地点附近有许多房屋，当时房屋里的居民都已逃避一空，我们当天就在那里休息，为伤号治疗。

次日，我们在向西马坦村进发的途中，遇到大片大片平坦的草原，草原之间有十分令人害怕的沼泽；敌人在其中的一片草原上守候我们，他们设下计谋，在旷野守候，认为一心要追上并用长矛刺杀他们的骑兵，必定会在纵马追赶时陷入沼泽，他们这样商定之后便付诸实行。尽管我们早已对兰赫尔说过，并要他留神，说那些草原上有许多沼泽，可不能在上面纵马驰骋，马匹是会陷进去的，那些印第安人时常施展此类诡计，而且在沼泽边沿修筑射箭孔与堡垒，可是他就是不信。第一个陷入沼泽的便是兰赫尔本人，敌人打死他的坐骑，若不是被人迅速救出，冲进那可怕的沼泽去擒拿他的许多印第安人，早已把他活活押去祭神了。结果他头上的烂疮也被弄破了。

这个地区人烟稠密，附近还有一个小村落，我们便前往该村落。当时村内居民均已逃走，兰赫尔及三名负伤的兵士都得到治疗；我们从该村落前往另一个无人的小村庄——房屋的主人都已逃避一空，我们发现又一座用大圆木修建的堡垒，有牢固的围墙与射箭孔。我们休息还不到一刻钟，就来了许多西马坦的武士，把我们团团围在那个村落内；他们击毙我们一名兵士及两匹马，我们好不容易才把他们赶跑。

我们的兰赫尔头上伤口疼痛难忍；那里蚊子极多，他日夜得不到休息；又有很大的蝙蝠咬他，使他流血不止。加之雨下个不停，兰赫尔带来的新从卡斯蒂利亚来的一些兵士，见该地区的印第安人从三面守候我们，打死我们十一匹马及两名兵士，还打伤许多人，便劝兰赫尔从那里撤回，说那片土地满是沼泽，兰赫尔的病势又很重，此种劝告正合兰赫尔心意，但他为了让人相信，不是他决定撤回而是许多人提出了这一意见，便决定召集同他想法一致的人征求意见，以便撤回。

紧靠该处有几片花生地，当时我们二十名兵士去看看能否捉来几个人，随即捉到两个印第安男子和三个印第安女子。此时，兰赫尔把我叫到一旁征求意见，他说自己头上疼，还说有些兵士劝他撤回去，并把全部情况都告诉我。我责备他不该有撤回去的想法，因为我们从古巴岛相识以来已达四年之久，便对他说：“大人，怎么回事！快到西马坦村了，倒想撤回去，人家会怎么说您呢？科尔特斯绝不会赞成，盼您倒霉的那些家伙必定会揭您的短，他们会说，您从我们的瓜萨夸尔科镇带来如此出色的征服者，可是无论是在同萨波特卡人的战斗中，还是在这里，您都没干过一件像样的事。为了我们与您的荣誉，我同其余的兵士都认为我们应该前进，我同我的伙伴可以在前面探明沼泽和山林，并同弩弓手、火枪手一起，一直挺进到西马坦首邑；请您把我那匹马，交予一位善于使长矛的、敢驾驭的骑士，我在前面探路，用不上这匹马，您可以率骑兵稍靠后跟上来。”

兰赫尔是个爱大喊大叫、说空话的人，听毕我上述那番话，便从正在征求意见的小屋内走出去，对全体兵士大喊大叫地说道：“命运定了，咱们必须前进，他娘的（这是他赌咒及讲话时的口头禅），我完全相信贝尔纳尔·迪亚斯·德尔·卡斯蒂略说的话是对的，是为了我们大家好！”

尽管有些兵士不快，但其余的人都认为很好，我们随即排成整齐的队伍行进，走到一个村落，当时该村村民都已逃避一空。我们从该村向西马坦首邑进发，遭到一阵箭与投枪的攻击；我们很快把他们赶走，当地居民放火烧掉村内许多房屋。我们在此地捉住将近十五个男女，让他们一起去叫西马坦人前来议和，对他们说我们一定宽恕他们攻打我们的事。我们捉住的那些妇女儿童的丈夫和亲人来了，我们把捉到的人全数交予他们，他们说一定把全村的人都领来讲和，可是他们再没有前来回话。于是，兰赫尔对我说道：“你他娘的欺骗我，你必须带其他伙伴去进攻，你劝我放走多少印第安男女，你必须如数给我找回来。”

我立即带领五十名兵士去攻打坐落在沼泽之间的一片村舍；

我们不敢进沼泽去，他们便从大片的荆棘和能把脚扎穿的蒺藜中逃出来。我们在花生地里擒获六个男女及其子女，然后回到兰赫尔指挥官所在的地方，才使他火气平息下来。他马上又把他们释放，要他们去叫西马坦人来议和，他们就是不肯来，我们便决定返回我们的瓜萨夸尔科镇。征讨萨波特卡人及西马坦人的事，就这样不了了之，这就是兰赫尔请求科尔特斯派他出兵征讨时所希望得到的所谓名望。

第一百四十四章

十二位品德高尚的方济各会修士来到维拉克鲁斯港，马丁·德·巴伦西亚修士前来当代主教及修道院院长

话说我们曾上书国王陛下，恳请给我们派几位品德高尚的、虔诚的方济各会修士，以襄助我们用我们的教义说服土著居民皈依基督教，并向他们传布我们的圣教教义——我们从进入新西班牙之时起，便在印第安人中间宣传圣教。科尔特斯同我们这些攻克新西班牙的征服者一起，曾就此事写信给堂弗朗西斯科·德·洛斯安赫莱斯修士(他是方济各会会长，后来成为枢机主教)，请求惠允派遣真正品德高尚的修士前来，使我们的圣教始终得到弘扬，并使土著居民看到我们与之作战时便已对他们说过的事情——我们对他们说过，国王陛下定会派遣比我们品格优秀得多的修士前来，

希望修士们向他们宣讲教义，我们对他们讲过，这些道理和教义都是正经道理。

堂弗朗西斯科·德·洛斯·安赫莱斯会长恩准我们的请求，立即派来十二位修士，当时同他们一起来的有托里维奥·莫托利内亚修士；莫托利内亚这个名字是墨西哥的酋长及首领们为他取的，按当地土话是“穷修士”的意思，因为别人给他多少，他都按天主的意旨全部送与印第安人，有时弄得连食物都没有，穿的道袍破烂不堪，光着脚走路，始终不停地向印第安人布道，他们十分敬爱他，因为他是个圣者。

科尔特斯得悉这十二位修士已到达维拉克鲁斯港，便传令所有的印第安人的村落及西班牙人居住的村镇，凡他们所到之处，都要为他们清扫道路；若他们在野外及村落住宿，要为他们建造茅舍；若他们到达西班牙人居住的镇子及印第安人的村落时，必须出迎，并敲响当时各村落所有的钟；迎来之后，所有的人都必须对他们十分尊敬。科尔特斯命令印第安人举着点燃的蜡烛与十字架；为了表示谦卑，也为了让印第安人见后予以仿效，他还下令西班牙人须下跪并吻修士的手与道袍。他还派人给他们送许多点心到途中，并给他们写去十分亲切的书信。

他们直奔墨西哥城而来，将及到达时，科尔特斯在我们英勇无畏的兵士簇拥下出迎。墨西哥君王瓜特穆斯带领墨西哥的全体首领及其他城池的许多酋长，随同我们出迎。科尔特斯得知他们已经到达后，立刻下马，我们大家也随之下马。我们同十二位可敬的修士见面之后，第一个跪在马丁·德·巴伦西亚修士面前并要上前吻他手的便是科尔特斯，不过修士不肯接受，于是科尔特斯便吻他及其余修士的道袍。我们在场的全体指挥官与兵士，瓜特穆斯与墨西哥的酋长们，也都照此行事。

瓜特穆斯及各位酋长见科尔特斯膝行上前吻那位修士的手，感到十分惊奇；他们见那十二位瘦骨嶙峋的修士都光着脚，穿的道袍破破烂烂，没有骑马，徒步走来，而且面色蜡黄，而他们心目中的神明偶像的科尔特斯，竟跪在这些修士面前；从此，所有的印第安人都依例而行，至今凡有修士前来，他们便按前述方式迎接、施礼。此外，科尔特斯同那些修士说话时，总是脱下帽子拿在手里，对他们十分尊敬；而这些杰出的方济各会修士，在新西班牙全境确实做出许多成绩。

此后过了三年半或更长一点时间，又来了十二位多明我会修士[①]，其中一位名叫托马斯·奥尔蒂斯的修士，是来当省教区大主教或修道院院长的。他们来后，天主使他们染上昏睡病，不久即全部病故。后来，圣多明各教团也派来许多品德高尚的杰出修士，他们身体力行，使危地马拉地区的土著居民明白了我们的圣教，给所有的人带来极大好处。

这些修士的神圣事迹按下不表。却说科尔特斯始终担心，卡斯蒂利亚方面支持古巴总督迭戈·贝拉斯克斯的人，会在布尔戈斯主教的支持下重新抱成一团，在国王陛下面前诽谤他；他从自己父亲马丁·科尔特斯及迭戈·德·奥尔达斯的来信中得到一些消息(他们正在张罗他同堂娜胡安娜·德·苏尼加小姐——贝哈尔公爵堂阿尔瓦罗·德·苏尼加的侄女——的亲事)，因此他力图将

① 方济各会修士到达时间为1524年；多明我会修士到达时间为1526年。

从各地敛得的全部钱款派人送去，一个目的是让贝哈尔公爵了解他的巨万家资，以及他的英雄事迹与杰出建树，而最主要的目的却是希望国王陛下支持他并赐给他恩典。于是，他派人把三万比索送呈国王陛下，并附上一封信。

第一百四十五章

科尔特斯得悉克里斯托瓦尔·德·奥利德已率舰队反叛，派一位名叫弗朗西斯科·德·拉斯·卡萨斯的指挥官前去征讨

科尔特斯得悉克里斯托瓦尔·德·奥利德在古巴总督贝拉斯克斯的支持下，已率舰队反叛之后，陷入冥思苦想中。他为人果敢，不容他人在诸如此类的事情上愚弄他，而且他已呈报国王陛下，说他打算亲身或派其他指挥官前去征讨克里斯托瓦尔·德·奥利德。当时恰巧有个名叫弗朗西斯科·德·拉斯·卡萨斯的绅士从卡斯蒂利亚来到墨西哥城，是科尔特斯的亲戚，他信得过，便决定派此人率领五条船（船上配备有精良大炮、充足的给养及一百名兵士），前去征讨克里斯托瓦尔·德·奥利德。

弗朗西斯科·德·拉斯·卡萨斯受到委派，被授予充分权限并得到擒拿克里斯托瓦尔·德·奥利德的指令后，便率领那五条给养充足、航行轻捷的船只（船上挂有王家舰队旗帜），从维拉克鲁斯港起航，一路顺风抵达特里温福德拉克鲁斯湾，克里斯托瓦尔·

德·奥利德的舰队就停泊在湾内;前面我已说过多次,靠近海湾处有个镇子,名叫特里温福德拉克鲁斯镇。

船到港时,弗朗西斯科·德·拉斯·卡萨斯虽已下令挂上表示和平的旗帜,克里斯托瓦尔·德·奥利德见那几条船停到他的港内,不敢相信,即下令调集两条配备多门大炮与许多兵士的三桅帆船,防卫港口,不让那几条船上的人上岸。德·拉斯·卡萨斯是个果敢的人,一见这种情况便命令搬出几条划子,放到海上,划子上载着许多全副武装的兵士、几门大炮、小口径长炮、火枪和弩弓。他同这些人一起去,想方设法要登陆,克里斯托瓦尔·德·奥利德尽力防守,他们在海上进行一场鏖战。德·拉斯·卡萨斯把敌人的一条三桅帆船弄沉,杀死四名兵士,打伤另外几名兵士。

克里斯托瓦尔·德·奥利德因几天前刚刚派出两支人马前往佩钦河(该河属于戈尔福杜尔塞湾辖区),去捉拿就在该地区征讨的一个指挥官(此人名叫希尔·冈萨雷斯·德·阿维拉),因此他手下的兵士没有全部在那里,他正在等他们回来,便决定向弗朗西斯科·德·拉斯·卡萨斯要求议和,因他认为德·拉斯·卡萨斯一旦登岸,就必定动手;而他的兵士不全,所以他提出讲和。

德·拉斯·卡萨斯决定离开陆地,当夜把所率领的船只停在海上休息,让船张着帆或停下来,打算到另一个海湾去登陆,又因海战正在进行时有人暗暗递给他一封信,说是克里斯托瓦尔·德·奥利德手下的一些科尔特斯派的兵士将帮助他,让他务必到陆地上去捉拿奥利德。谁知他作出这一决定后,偏偏克里斯托瓦尔·德·奥利德交了好运,而德·拉斯·卡萨斯却倒了大霉;因为当夜一阵猛烈的北风朝海岸猛刮,把弗朗西斯科·德·拉斯·卡萨斯率领的船只吹向陆地，全部沉没，淹死三十名兵士，其余的人全部被俘。他们有两天没吃到东西，浑身被咸乎乎的海水泡得透湿，当时该地常常下雨，真是又苦又冷。

克里斯托瓦尔·德·奥利德因擒获弗朗西斯科·德·拉斯·卡萨斯并俘虏许多兵士而洋洋得意，他要他们立即宣誓站在他一边，如果科尔特斯亲自前来，他们一定予以反对。俘虏们宣誓之后，他便释放他们，仅仅把弗朗西斯科·德·拉斯·卡萨斯囚禁起来。

没过几日，他派去捉拿希尔·冈萨雷斯·德·阿维拉的指挥官们回来了。克里斯托瓦尔·德·奥利德见自己一下子俘虏到两名指挥官，十分得意；他有英勇的美名，而且确是名不虚传，为了饮誉西印度各岛，他将此事写信到古巴岛，告知他的朋友迭戈·贝拉斯克斯。

然后，他从特里温福德拉克鲁斯镇向内地走，前往当时人口稠密的一个富庶村落，那一带还有许多村落。该村落名叫纳科村，如今这个村及其他村落都已荡然无存。克里斯托瓦尔·德·奥利德同他的俘虏及一大群兵士在纳科村安顿下来之后，便派人向其他地方进军，并指派一个叫做布里奥内斯的人为指挥官。此人是最早劝克里斯托瓦尔·德·奥利德反叛的人之一，本是个好闹事的家伙，连耳根上都有刀砍的疤痕。这个布里奥内斯自称曾在一个要塞当兵，之所以被砍伤，是因为他同其他几名指挥官拒不投降。这个布里奥内斯后来在危地马拉因煽动哗变的罪名被绞死。

布里奥内斯率领众多兵士出征之后，克里斯托瓦尔·德·奥利德的营地里传出消息，说布里奥内斯率所部全体兵士反叛，并欲前往新西班牙，结果成为事实。被俘的弗朗西斯科·德·拉斯·卡萨斯及希尔·冈萨雷斯·德·阿维拉当时行动自由，未受囚禁，因克里斯托瓦尔·德·奥利德自恃英勇过人，没把他们放在眼里；他们闻听此事，见杀死奥利德的机会来了，便十分机密地与科尔特斯派的兵士商妥，什么时候喊出“拥护国王和国王代表科尔特斯的人在这里，快来反对这个专横跋扈的家伙！”，就一起上去用刀砍死他。

此事商妥后，弗朗西斯科·德·拉斯·卡萨斯笑眯眯地对克里斯托瓦尔·德·奥利德开玩笑说：“指挥官大人，你放了我，我就到新西班牙去，向科尔特斯说明我打败仗的原因，我一定当个调停人，让您作为科尔特斯的指挥官留下来掌权。您把我关在这里没什么用处，反倒会妨碍你的征服行动。”克里斯托瓦尔·德·奥利德答道，他觉得这样很好，还说他因为有一个如此可敬的男子汉与他作伴而感到高兴。弗朗西斯科·德·拉斯·卡萨斯一听此话，便对他说：“您可要好好留神，总有一天我要设法宰了您。”他是半真半假地笑着说这句话的。克里斯托瓦尔·德·奥利德没把他说的话放在心上，只当是开玩笑。

如前所述，德·拉斯·卡萨斯同科尔特斯的朋友们商妥要杀死奥利德，一日他们与他同桌吃晚饭，饭毕，桌布已撤去，摆膳侍从及侍童已退出去吃晚饭；在场的只有胡安·努涅斯·德·梅尔卡多及科尔特斯派的几个知情的兵士，弗朗西斯科·德·拉斯·卡萨斯与希尔·冈萨雷斯·德·阿维拉二人身上各藏一把剃刀般锋利的裁纸刀，因为不准他们携带任何武器。他们同克里斯托瓦

尔·德·奥利德谈征服墨西哥城的情况及科尔特斯的好运气，奥利德对要发生的事毫无防备，弗朗西斯科·德·拉斯·卡萨斯突然伸手揪住他的胡子，拿刀子对准他的脖子刺去，为了派上用处，这把刀子已磨得同剃刀一样锋利。希尔·冈萨雷斯·德·阿维拉及科尔特斯派的兵士们一齐向前，转眼间便把奥利德打得遍体鳞伤，无法还手。奥利德十分粗壮结实，且又力大无比，因而边喊边逃："我的人快来呀！"可能因为大家都在吃晚饭，也可能因为他命运不济，没有人很快赶来；他逃入灌木丛躲藏，相信他手下的人一定会去帮他。

尽管很快有许多人前来帮他，但弗朗西斯科·德·拉斯·卡萨斯大声疾呼道："拥护国王和科尔特斯的人在这里，快来反对这个家伙，再不能让他横行霸道啦！"所有赶来支持克里斯托瓦尔·德·奥利德的人，一听到国王陛下和科尔特斯的名字，都不敢保护他了，德·拉斯·卡萨斯当即下令他们捉拿他。命令下达后，又传告说，任何知道克里斯托瓦尔·德·奥利德下落的人都不得知情不举，否则处死。他们很快得知奥利德的下落，把他擒获，随后对他进行审理，根据两位指挥官对他所作的判决，在纳科村的广场上将他斩首。这个英勇过人的奥利德，因为不把科尔特斯擢升他为总领并赏赐他许多印第安人放在眼里，却听从居心叵测的参谋们的劝告而反叛，因而断送了性命。

弗朗西斯科·德·拉斯·卡萨斯及希尔·冈萨雷斯·阿维拉见他们的敌人已经毙命，他们自己也已获得自由，便把手下的兵士集合到一起，两人和和睦睦地共同统率。德·拉斯·卡萨斯开拓了特鲁希略镇，他是埃斯特雷马杜拉的特鲁希略人，所以给该镇取

了这个名字;希尔·冈萨雷斯则派遣几个信使,到他开拓的圣希尔德布埃纳维斯塔镇去通知已经发生的情况,并命令他的一个名叫阿门塔的城防长官留在该镇开拓,不要做任何别的事,说他要去新西班牙向科尔特斯请求援兵,很快便回。前面详述的情况发生之后,两位指挥官决定前往墨西哥,去向科尔特斯报告发生的一切情况。此事留待以后适当时候再述;下面要讲一讲科尔特斯的打算,因为他此时对前述的在纳科村发生之事一无所知。

第一百四十六章

埃尔南多·科尔特斯离开墨西哥城,前往伊格拉斯地区讨伐克里斯托瓦尔·德·奥利德

话说埃尔南多·科尔特斯统帅数月前已派遣弗朗西斯科·德·拉斯·卡萨斯去攻打克里斯托瓦尔·德·奥利德,他突然觉得派出的那支船队也许遇到了麻烦,又有人报告他该地区有丰富的金矿,因此他的心情十分急切,既关心那些金矿,又担心那支船队可能出事,在他脑海里打转的都是这一类行动中经常会遇到的种种不幸。由于他心肠好,所以很后悔派了弗朗西斯科·德·拉斯·卡萨斯,而没有亲自出征,这倒不是因为他没有认识到,他派的是一个能对付任何棘手问题的男子汉。

他经过这么一番忖度,决定亲自出征,把精良的大炮留在墨西

哥的堡垒与船坞内。他把总督之职托付给国王的全体财政官员，让他们密切防范土著反戈；他又托付方济各教团的托里维奥·莫托利内亚修士及其他杰出的修士，防止墨西哥及其他地区发生动乱。为了使墨西哥太平，使印第安人群龙无首，他把墨西哥的君王瓜特穆斯及其他许多首领带在身边。他甚至从米却肯地区带走另外几个酋长；他还带走通译堂娜玛里娜，因赫罗尼莫·德·阿吉拉尔已经亡故。他让许多定居在墨西哥的骑士及指挥官随他同行。他带走一位教士和两位方济各会修士，他们都是佛兰德人，是渊博的神学家，要在征途上传道。他委派卡兰萨为总管，胡安·德·哈索及罗德里戈·马纽埃科为摆膳侍从，塞尔万·贝哈拉诺为饮料侍从，在瓦哈卡居住的圣米格尔为糖果点心师，也在瓦哈卡居住的吉内亚为膳食监督。他携带许多金银餐具，委派特略·德·梅迪纳负责保管金银器；委派马德里人萨拉萨尔为贴身侍从，定居于墨西哥的佩罗·洛佩斯硕士为医生，迭戈·德·佩德拉萨医官为外科医生。他另又带上许多侍从，其中之一是堂弗朗西斯科·德·蒙特霍，此人后来在尤卡坦当上指挥官；他还有两个为他扛武器的侍从，八个马弁，两个养猎鹰的猎手。他还携带五支笛号、长号及六孔竖笛，一个翻跟斗的人，一个会手技和玩杂耍的人。他的马夫是贡萨洛·罗德里格斯·德·奥坎波，他有三个西班牙骡夫为他照料骡子。还带了一大群猪，以备途中食用。随同墨西哥酋长前来的约有三千印第安人，都携有武器，另有不少侍候那些酋长的仆人。

话说他们如此这般出了墨西哥城，途经的各个村落都隆重迎接他们，盛况令人惊奇，真不知如何叙述是好。途中又有五十名兵

士及新从卡斯蒂利亚来的无业游民，加入他们的队伍。科尔特斯命令他们分两路前往瓜萨夸尔科，因没有足够的粮草供应全部人马。

中途，在奥里萨瓦村附近的一个小村落内，胡安·哈拉米略同通译堂娜玛里娜在证婚人面前举行婚礼。我们继续往下说。话说他们在前往瓜萨夸尔科途中，来到一个叫做瓜斯帕尔特佩克的大村落，是桑多瓦尔的委托监护地。我们在瓜萨夸尔科得知科尔特斯同许多骑士一起前来，镇长及众指挥官、全体镇政会议成员，都像去捞好处那样，走出三十三西班牙里去迎接科尔特斯，并对他表示热烈欢迎。我所以在这里提及此事，是为了让好奇的读者及其他人看看，科尔特斯是何等受人拥护和敬畏，他想做什么，大家便做什么，不管是好是坏。

科尔特斯从瓜斯帕尔特佩克继续向我们镇子行进。途中有一条大河，他在渡河时开始遇上不顺心的事。过河时他有两条独木船翻了，丢失一部分银子与衣服；胡安·哈拉米略也丢失一半行李，因为河中到处有很大的鳄鱼，一件东西都找不回来。我们从这条河前往一个名叫乌卢塔的村落，一直陪伴科尔特斯到达瓜萨夸尔科，这一带地方全都已开拓。我们已命人把许多独木船准备好，每两条拴在一起，停泊在镇子附近的河上，共有三百多条。我们搭起凯旋门，表演基督徒与摩尔人之间的伏击战，组织其他大规模欢庆活动及各种游戏，对科尔特斯表示热烈欢迎。我们让科尔特斯以及他带来的全部人马，住宿在当时所能找到的最好的房屋内，他在该处逗留了六天。

第一百四十七章

我们在长征途中经历的艰辛，我们建造的几座大桥，以及我们在持续两年零三个月的征途中所遭受的饥饿

科尔特斯首先做的一件事，便是写信到比利亚里卡给他的一个名叫西蒙·德·昆卡的总管，命令这个总管用两条运载量不大的船只，装运玉米饼干(当时在墨西哥弄不到小麦面包)、六大桶葡萄酒、油、醋、咸猪肉、马蹄铁以及其他给养。科尔特斯还命令他靠近北海岸航行，说他会写信给他，通知他在何处靠岸；并让西蒙·德·昆卡亲自率船前来。然后，他命令全体在瓜萨夸尔科定居的人随他同行，除病人外都不得留下。前面已提过多次，开拓该镇的是攻克墨西哥城的最老的征服者，全是绅士，都参加过征服墨西哥的战斗；就在我们历尽艰辛之后需要休息，同时也需要谋取一点好处的时候，科尔特斯却命令我们踏上五百多西班牙里的征程，而且一路之上几乎都不太平，我们徒然抛弃所有的一切，在征途上度过两年零三个月时光。我们还是言归正传吧。我们全都把武器与马匹准备就绪，因为我们都不敢对他说个不字，虽然有人对他说了，也不得不去。我们这些瓜萨夸尔科与墨西哥的西班牙居民，共约二百五十名兵士，其中一百三十名骑兵，其余为火枪手及弩弓手，此外还有许多新从卡斯蒂利亚来的兵士。

科尔特斯从瓜萨夸尔科起程，前往相距八西班牙里的托纳拉；然后，坐独木船渡过一条河，前往一个叫做阿亚瓜卢尔科的村落，然后坐独木船渡过另一条河；又从阿亚瓜卢尔科村往前走七西班牙里，穿过一片伸入海中的潮淹地，印第安人特地为他修造一座长约八分之一西班牙里的大桥，在潮淹地上建造这样一座桥是很艰难的事——科尔特斯总是派瓜萨夸尔科居民中的两位西班牙指挥官打前站，其中一位名叫弗朗西斯科·德·梅迪纳，是个善于指挥当地印第安人的聪明人。

科尔特斯走过那座大桥，途经几个小村落，一直走到另一条大河，即起源于恰帕的马萨帕河，水手们都把此河叫做双口河。这条河上有许多每两条拴在一起的独木船。渡过这条大河后，他途经叫做伊基努瓦帕的另外几个村落；又从我们用圆木建造的桥上过了又一条河。然后，他渡过一片潮淹地，走到一个叫做科皮尔科的大村落，从这里起便是琼塔尔帕地界了。整片地区人口十分稠密，到处是可可园，十分平静。我们从科皮尔科动身，途经纳卡胡胡伊卡，到达萨瓜坦，途中坐独木船渡过又一条河。科尔特斯在此丢失一块马蹄铁。

我们到达萨瓜坦时，村内平安无事；后来到了夜里，村内居民纷纷逃走，渡过一条大河，逃进对岸的沼泽中去。科尔特斯命令到山林中去找他们，他下的这个命令考虑欠周，而且毫无用处。我们出去寻找的兵士费了九牛二虎之力渡过河，找来七个首领及一些孩子。可是没有起什么作用，他们不久又逃走一空，我们仍然没有向导。此时，塔巴斯科的酋长们来到该地，带来五十条装载玉米与给养的独木船。从我当时拥有的委托监护地所属的两个村落，即特亚帕村及特科马哈亚卡村，也来了一些印第安人，他们用独木船运来几船给养。

我们随即向另外两个名叫特佩蒂坦与伊斯塔帕的村落行进，途中遇到一条水量丰沛的河流，名叫奇拉帕河，我们花费四日工夫造木筏。我对科尔特斯说，听说河的上游有个村落，与河流同名，叫奇拉帕村；最好派五个我们带来的印第安人当向导，坐我们在河上发现的那条破独木船，去通知上游的那个村落送独木船来，还要派一名兵士跟他们同去。我把这个想法对科尔特斯一说，他便照此下达一道命令。他们向河的上游进发，遇到两个酋长，带来六条装载给养的大独木船；我们用这几条船和木筏渡河，渡河花费了四日时间。

我们从奇拉帕河来到特佩蒂坦村，发现村内空无一人，房屋已被焚毁，据我们所知，其他几个村落袭击过他们，掳走他们许多人，几日前放火把这个村落烧毁。渡过奇拉帕河后，我们足足走了三天路程，所有的路都泥泞不堪，马匹直陷到马肚带部位，而且有许多极大的癞蛤蟆。

我们从特佩蒂坦村前往另一个叫做伊斯塔帕的村落，该村的印第安人因为惧怕，都渡过一条水量丰沛的河流，到对岸去了。我们前去寻找他们，带来几个酋长及许多携家带小的印第安人。科尔特斯对他们说了不少好话，还下令把我们在山中捉到的四个印第安女子同三个印第安男人交还给他们。为答谢此事，他们好心好意赠送几件不很值钱的金饰给科尔特斯。我们在该村停留三日，因那里有可以喂马的好牧草，还有许多玉米，科尔特斯便说这是个可以设镇的好地方，因他听说周围有一些好村落，这对设镇很有好处。

在这个伊斯塔帕村，科尔特斯向该村酋长及当地商贩打听我们应走的道路，他还把由瓜萨夸尔科带来的那幅龙舌兰布地图拿给他们看，地图上标有我们走到瓜亚卡拉（土语为“大卡拉村”的意思，因为还有一个村落叫“小卡拉村”）一路上要经过的所有村落。他们说，我们要走的路上有许多河流与潮淹地，要走到另一个叫做特马斯特佩克的村落，尚须经过三条河及一大片潮淹地，还说我们须在路上走三天。科尔特斯明白这种情况并得知路上有几条河之后，便要求所有的酋长去修桥，并带来独木船，他们没有照办。我们准备烤玉米及各种豆类，作三天的干粮，他们说路上需要三日时间，我们信以为真。其实他们是为了让我们离开他们的村子，谎称路途不远，我们却走了七日，并发现那几条河上既没有桥，也没有独木船；我们用很粗的圆木修桥，使马匹能从上面通过。我们全体官兵都去伐木并搬运，墨西哥人尽力帮助我们。我们修桥花费三日工夫，没有东西吃，只好吃草及当地叫做克克斯克的一种很辣的野生植物的根，吃这些东西，把我们的舌头和嘴都烧破了。

渡过潮淹地后，我们一条路也没找到，只好拿剑开路。我们边走边开道，走了两日，以为那条路直通村落，不料一日上午又回到我们开的路上。科尔特斯一见这种情况，心烦得直冒火，又听到众人因挨饿而背地里埋怨他，埋怨他的此次征讨，说他做事欠考虑，只顾满足自己的欲望，又说为了使大家不至于饿死，最好的办法是往回走。还有一个情况，就是山高林密，几乎望不见天空。就是爬上树去，瞭望地形，也是白搭，因为实在是山深林密，我们带来的向导两个已经逃走，留下的一个染病在身，对于路径及其他情况，也是说不清道不明。

科尔特斯是个精细的人，凡事谨慎小心；我们带有一个航海罗盘同一个名叫佩德罗·洛佩斯的司舵，他又有一幅从瓜萨夸尔科带来的绘在龙舌兰布上的地图，图上标有我们要经过的村落，他便下令带上罗盘穿过山林，用剑朝东方开路，因地图上标明这一方向有村落。科尔特斯甚至说，倘若次日我们一个村落也找不到，他也不知道我们该怎么办。我们众多兵士及所有其他人等，都希望回新西班牙去。

我们继续在山林中摸索，天主保佑我们发现几棵以前砍倒的树，随即又发现一条小径。我同佩德罗·洛佩斯司舵带领几名兵士在前头开路，立即回去报告科尔特斯已发现田庄，让他不要发愁，全体官兵听到后都兴高采烈。在那片田庄前边有一条河及一片沼泽，我们费了很大力气才得以迅速渡过，进入那个村落。村里人已于当日逃空，我们找到玉米、菜豆及其他菜蔬等许多食物。我们正饿得死去活来，便开怀大嚼，连马匹都恢复了元气。我们大家连声感谢天主。我们带来的那个翻跟斗的人已在途中亡故，还有三个新从卡斯蒂利亚来的人也已去世。米却肯的印第安人及墨西哥人都有不少人亡故，还有许多人病倒，留在途中等死。

当时村内空无一人，我们既无通译又无向导，科尔特斯便派我们两支人马，到山上及田庄去寻找他们。另有一些兵士在村子附近的一条大河上坐独木船去找，遇到该村的许多居民，他们好说歹说，总算来了大约三十人，大多是酋长与祭司。科尔特斯通过堂娜玛里娜同他们亲切交谈，他们运来许多玉米与鸡，又为我们指点去另一个村落（即西古阿特卡德村）应走的路径，这条路须走三日，长约十六西班牙里。途中还有一个小村落,从属于我们现在所在的那个特马斯特佩克村。

却说我们队伍中的西班牙人及墨西哥人,个个饥饿难当,看来有几个墨西哥酋长,从我们路过的村落内捉住两三个印第安人,他们让这几个人穿上同他们一样的衣服,暗暗将这些人同他们搬运的货物一起带着走。他们因腹中饥饿,途中便把这几个人杀死,在地下砌个石灶,用以烤这几个人的肉(以前在墨西哥,他们经常这样行事),把肉吃了。他们还捉住我们带去、后来逃走的两个向导,把这二人也填了肚子。

科尔特斯得知此事之后,在瓜特穆斯的劝告下,命令把那几个墨西哥酋长叫来,严加申斥,说他们若再干这种事,他定当予以惩罚。我们带来的方济各会修士之一也宣讲了非常神圣、正经的事情;传道结束后,科尔特斯为印第安人被吃一事,下令将一个墨西哥印第安人处以火刑,虽然他明白在这件事上他们全都有罪;为了表明他主持正义,装出除那个受火刑的人之外,对别人的罪行毫无所知。

我们经历过的其他许多艰辛,这里不再细述。至于科尔特斯带来的笛号手、长号手及竖笛手,在卡斯蒂利亚过惯了安逸生活,根本没尝过艰苦的滋味,都因为饥饿而患病,除一人之外,都不能给他奏乐了。我们所有的兵士听见奏乐便发牢骚,说是像鬼哭狼嚎,有玉米吃比听音乐要强得多。

有人问过,饥饿的程度怎会有我说的那么严重,我们何以不吃带来供科尔特斯食用的那群猪,因为饥饿的需要是不受法律约束的,就是供国王吃的东西,在大家挨饿的状况下,也该让科尔特斯在那时下令把猪分给大家吃。我只能这样回答：有个来当科尔特斯膳食监督与总管的人，名叫吉内亚，是个阴一套、阳一套的人，谎称过河时猪被鲨鱼及鳄鱼吃了，为了不让我们看见他赶的猪，总要落在我们后面几日路程。此外，即使把猪全部分给我们这么多兵士，吃一日都不够。由于这一缘故，也为了不惹怒科尔特斯，我们没有把猪吃了。

我们在经过的村落与道路两旁的树木（尤其是木棉树等适宜雕刻的树木）上刻十字架。刻在树上的十字架记号，比用木材做的更牢靠，随着树皮生长，十字架就更加清晰。写有“科尔特斯某时经过此地”的告示，贴在人们能看到的地方；贴这种告示，是为了让来找我们的人知道我们的去向。

再来说说我们前往西古阿特佩卡德的情形，约有二十个特马斯特佩克村的印第安人随同我们前去，用木筏及独木船帮我们渡河，还充当使者前往我们要去的村落，劝他们的酋长不要惧怕，说我们丝毫不会侵扰他们。因此，他们许多人都留在自己家里。

第一百四十八章

途中的其他经历

我们抵达前述的那个村落，科尔特斯对该村的酋长及首领们说了许多好话，还送与他们一些精美的墨西哥绿宝石；他向他们打听，从村旁流过的一条水深流急的大河流向何方。他们告诉科尔特斯，那条河流向一片潮淹地，那里有个叫做韦亚塔斯塔的村落，该村附近还有一个叫做希卡兰戈的大村落。科尔特斯觉得最好还是立即派两名西班牙人坐独木船去北海岸，以了解西蒙·德·昆卡指挥官及其所率两条船的情况，他曾经命令这位指挥官去装运粮草，以供途中食用。他写信给这位指挥官，使之了解我们的艰苦情况，要他沿海岸前进。

科尔特斯了解到如何从那条大河到达前述的那两个村落之后，派出两个西班牙人，二人中主要的一个是弗朗西斯科·德·梅迪纳，委以指挥官的权限，令与西蒙·德·昆卡共同负责，因此人十分干练，而且能说当地的各种话。从此后发生的情况看，科尔特斯真不如不授予这种权限为好。弗朗西斯科·德·梅迪纳从河上顺流而下，来到西蒙·德·昆卡及其所率两条船停泊的希卡兰戈，他正在该处等待科尔特斯的消息。梅迪纳递交科尔特斯的信件后，又拿出任命他为指挥官的指令，两位指挥官为争权而发生争吵，直至拔刀相见。船上的西班牙人各支持一方，除六七人外，全部争斗身亡。希卡兰戈及韦亚塔斯塔的印第安人见他们自相争斗，便袭击他们，结果把他们杀光，并放火烧船。此后过去两年半，我们对此方略有所闻。

再来说说我们在西古阿特佩卡德村的情况。印第安首领们对科尔特斯说，从该村前往瓦亚卡拉村须三日路程，而且途中要过两条河，其中一条河又深又宽，过河后紧接着便是连片的泥泞地与沼泽，若没有独木船，不但马匹过不去，他的人马也都过不去。

科尔特斯派三名兵士随该村的三个印第安首领，前去踏看那条大河及沼泽地，了解一下我们如何方可通过，并要他们带回有关的详尽报告。三名兵士之一看过河流，坐着河上原有的小独木船观察一番，便认为架桥可以过河，而没有留意去看前方一西班牙里之外的危险的沼泽。他回来见科尔特斯，报告说只要修上桥便可过河，以为沼泽不难对付，可是我们后来却吃了不少苦头。

科尔特斯立刻派我和一个名叫贡萨洛·梅希亚的人，同西古阿特佩卡德的几个首领一起到阿卡拉所属的各村落去，用好话同酋长们说，让他们不要逃走；阿卡拉约有二十个小村落，一部分在陆地，还有一部分在小岛上，要坐独木船经河道与潮淹地才能前往各村落。我们带着三个西古阿特佩卡德的印第安向导，途中头一夜过夜时，他们就逃走了，他们不敢随我们同去该村，因为，据我们后来所知，他们彼此是仇敌，而且打过仗；我们没有向导也须往前走，过沼泽时吃尽苦头。

我们来到阿卡拉的第一个村落，尽管他们吵吵嚷嚷，准备开战，但我们又说好话又送珠子，终于使他们高兴起来；我们便要求他们前往西古阿特佩卡德看望马林切，并给他送去食物。看来我们到达该村那日，他们尚未听说科尔特斯来到及带来众多人马（有骑兵也有墨西哥人）这一情况。次日，酋长们从印第安商贩处听说科尔特斯带来大队人马，他们比前一天更愿意给我们送粮食了，还说，只要我们到达那几个村落，他们一定为科尔特斯效力，尽可能为他供应粮食，至于去他所在之处，他们不愿意，因为那是他们仇敌的地方。

恰在我们同那几个酋长商谈之际，有两个西班牙人带着科尔特斯的书信前来，他在信中命令我带上可能弄到的全部粮食，三日之后运到途中，因为我从那里出来的那个村落已空无一人，那里的人已全部逃走。他通知我，他已在前去阿卡拉途中，一点玉米都没带，而且也找不到；他让我想方设法稳住那些酋长。带信来的两个西班牙人还告诉我，科尔特斯曾经派四个西班牙人（其中三个是新近从卡斯蒂利亚来的）前往西古阿特佩卡德那条河的上游，去向那一带的其他村落要粮食。这四个人没有回来，大家都认为他们已经丧命，结果证明大家没有料错。

再来说说科尔特斯的情况。他已动身上路，两日之后到达前述的那条大河，并立即动手架桥。架桥费了好大劲，使用又粗又大的木材，桥修成后，阿卡拉的印第安人见他们用木材如此架桥，大为惊奇。科尔特斯为架桥花去四日时间。科尔特斯率领全体官兵离开村子时，没有带玉米或其他粮食；我们在阿卡拉村停留的四日，也就是科尔特斯忙于架桥的四日，众人饿得要命，不过，几个老资格的兵士倒是在砍伐一些像椰枣树一样高大的树时解了急，因为那种树上结有核桃似的十分坚硬的果实，他们用火烤那些果实，爆开后用以充饥。

桥梁刚刚修成的那日夜里，我同三个伙伴带着一百三十包玉米、八十只鸡、蜂蜜、菜豆、盐、蛋及其他果品到达那里。我夜间到达时，天已一片漆黑，全体兵士都在等待粮食，因为他们已经知道我去弄给养了。科尔特斯也对官兵们说过，他相信天主，既然我已去阿卡拉弄给养，只要我不像他派出去的四个西班牙人那样被印第安人杀害，他们大家很快便会有东西吃。

我带着玉米及其他给养到达桥头时，正是夜间，兵士们一哄而上，把东西全部拿走，一点儿都不留给科尔特斯及指挥官们，我大声喊道："别拿走，这可是给科尔特斯统帅的粮食！"科尔特斯的总管卡兰萨与膳食监督吉内亚也大喊大叫，紧紧抱住玉米，说至少须留一包给他们。那时是夜间，兵士们对他们二人说："你们同科尔特斯猪肉早吃够啦。"根本不听他们的话，把给养全部抢走。

科尔特斯得知给养已被抢走，而且一点儿东西都不给他留下时，急得又是骂又是跳脚；他十分生气，说一定要查出是谁抢了东西；但是，有人说出猪的事情之后，他考虑到生气徒劳无益，咆哮如雷也没人听，便命人叫我去，怒冲冲说我何以不小心看管给养。我对他说，他应设法先派人去守护，又说，即使他亲自去守护，兵士们也一定会抢走，让你靠天主为你解饿，饥饿是什么法律也约束不了的。

科尔特斯见无法可想，又十分需要给养，便甜言蜜语对我说好话，当着贡萨洛·德·桑多瓦尔指挥官的面对我说："啊，贝尔纳尔·迪亚斯·德尔·卡斯蒂略先生，好兄弟，也许你在路上藏了点东西，求你分一部分给我，我确信你很能干，一定会为你自己和你的朋友桑多瓦尔弄些东西来的！"听他说的这些话，看他说话的态度，我实在可怜他。桑多瓦尔也对我说："我要发誓，我连一小把玉米都没有。"

我于是同意，说最好是当夜在第二班哨兵上岗时，等营地安息以后，去把几个村落给我的十二包玉米、二十只鸡、三罐蜂蜜、菜豆、盐弄来，还把两个做玉米饼的印第安女子带来。我们须在夜里回来，否则会在路上被抢去，又说这些东西须由科尔特斯大人同桑多瓦尔以及我同我的伙伴同享。科尔特斯心中十分高兴，便拥抱我。桑多瓦尔则说，夜里他要跟我一起去弄给养，我们果然把给养弄来，靠此活命。我还将两个印第安女子分与桑多瓦尔一个。我在这里回忆此事，是为了告诉读者，新世界的指挥官们吃了多少苦头；科尔特斯是如此令人敬畏的人物，结果别人还不给他玉米吃；桑多瓦尔也不肯相信别人会把他的那份给他，而要亲自同我一起去弄给养，尽管有许多兵士可供他驱遣。

架桥所受的艰辛与我们挨的饿，这里按下不表。话说我们走出约一西班牙里便遇到泥泞难行的沼泽，那沼泽很糟糕，架圆木、铺树枝都没用，也找不出其他办法使马匹通过，马的整个躯体陷入大片沼泽中，我们都以为那些马一匹也逃不出去，全要淹死在那里了。我们仍然坚持向前进，因为约在半箭之遥的地方就是干地和好走的路了。我们在半是泥塘半是水的沼泽中开出一条小道，没费多大劲就通过了，因为有时可在沼泽与水之间半泅水半行走地渡过去。

走到干地后，我们为此感谢天主。科尔特斯随即命令我们赶快返回阿卡拉，尽量稳住那些酋长，不要让他们叛乱，并立刻把给养送往途中，我领命去办。我到达阿卡拉的当天，即在夜间派三个与我同行的西班牙人，带一百多人把玉米及其他物品运走。科尔特斯派我办理此事时，我对他说，大人最好亲自守护给养，可不要像上次那样被人抢走。他果然照我说的办，同桑多瓦尔及路易斯·马林一起，抢先一步把给养全部控制在手里，然后由他们分发。次日约在中午时分，他们到达阿卡拉，酋长们都去向科尔特斯表示欢迎，并送给养与他。

第一百四十九章
科尔特斯到达阿卡拉后所做之事

科尔特斯到达瓦亚卡拉后，该村的酋长便来同他讲和，他通过堂娜玛里娜通译跟他们交谈，看来他说得他们很高兴；科尔特斯还把卡斯蒂利亚的东西赠给他们，他们便把玉米与给养弄来。他立刻吩咐把所有的酋长都叫来，从他们口中了解到我们应走哪条路；他又问他们，是否知道还有像我们一样留胡子及骑马的人，是否看见有船从海上开过。他们说，离那里八日路程的地方有许多留胡子的人，还有卡斯蒂利亚女人、马匹、三条船，科尔特斯听到这个消息大为高兴；他又询问我们应经过哪些村落，应走哪条路径，他们便把一切画到布上，还画上河流、沼泽及泥泞地。因为他们人多，又是大村落，科尔特斯便要求他们在河上架桥，并带独木船来。酋长们说，虽然他们共有二十个村落，但不是所有的村落都肯服从他们，尤其是处在两条河之间的一些村落，他应当立刻派他的神使去，让他们送玉米及其他物品来。

科尔特斯一了解到这种情况，立即命令迭戈·德·马萨列戈斯(他是留在墨西哥当总督的阿隆索·德·埃斯特拉达司库的表兄弟)前去，派他当那些村落及其邻近的其他地方的指挥官，这表明他看重马萨列戈斯，所以给予这份荣誉。科尔特斯委派马萨列戈斯时暗暗对他说，因他不十分了解当地情况，又是新从卡斯蒂利

亚来的，与印第安人打交道经验不足，要他带我同往，我劝告的话，他最好不要不听；他遵从了。

我们八十名兵士随同马萨列戈斯一起，坐上酋长们交与我们的独木船出发。我们到达那些村落时，他们全都很乐意地拿出他们的东西给我们，我们得以运回约一百船玉米、给养、鸡、蜂蜜、盐，还有他们的十个印第安女奴，几位酋长还来看望科尔特斯。于是，全营地都有了充足的食物。四日之后，酋长们全部逃走，只留下三个向导，我们带着这三人上路，渡过两条河：一条河是架桥渡过去的，过河后立刻把桥拆掉；另一条河是坐木筏渡过去的。我们前往附属于阿卡拉的一个村落，该村已空无一人；我们在村内搜寻食物，村民都把食物藏在山上。

我们的艰辛经历及途中情况按下不表。话说随同我们出征的墨西哥君王及其他墨西哥首领，经商讨或布置要把我们杀光，然后返回墨西哥，到达后集合他们强大的军队，进攻我们留守墨西哥的人，再次起来造反。向科尔特斯揭发此事的是两个大酋长，一个名叫塔皮亚，一个名叫胡安·贝拉斯克斯[①]。这个胡安·贝拉斯克斯是瓜特穆斯在墨西哥抗击我们时的大统领。

科尔特斯得知此事后，不仅向两个揭发此事的人，还向参与此事的其他酋长进一步了解此事。他们承认说，他们见我们一路上戒备不严，而且一个个很不高兴，很多兵士生病，粮食始终缺乏，已经饿死四个笛号手、一个翻跟斗的人及十一二个兵士，还有三个兵士折回墨西哥，甘愿冒险重又踏上他们来时走过的不太平的路；他

① 这些可能是他们受洗时由他们的教父为他们取的名字。

们还承认说，他们宁死也不愿往前走，最好在我们渡河或过沼泽时袭击我们，因为墨西哥人约有三千，都带着武器、长矛，有些还带着剑。

瓜特穆斯承认，情况同他们说的一样；不过，这个决定并不是他的主意，他不知道是否大家都参加，也不知道是否真能执行，而且他从来也没想真干，只是谈论过这种打算。塔库巴酋长说，他同瓜特穆斯一起说过，与其每日在路上受煎熬，看着他们的部下与亲戚活活饿死，倒不如一下子死去。

就凭这些证据，科尔特斯便下令绞死瓜特穆斯及其堂兄弟塔库巴酋长。方济各会的修士们在他们被绞死之前，通过堂娜玛里娜通译为他们打气，并求天主宽恕他们。瓜特穆斯临刑时说道："啊，马林切，我早就知道你一定会这样处死我，我也已经看清了你的谎言，因为你处死我是不公正的！让天主处治你吧，因为我在墨西哥城向你投降时，我就不该这么做。"塔库巴酋长说，能同他的君王瓜特穆斯死在一起，他觉得死得很值。

我确实十分同情瓜特穆斯及其堂兄弟，因为我认为他们是了不起的君王，途中他们还送东西给我，对我很是看重，还给我几个印第安人，为我的马运草料。这样将他们处死极不公正，我们大家都觉得这件事做得很糟。

我们又踏上征途，因担心墨西哥人看见他们的君王被绞死会闹事，所以排成整齐的队伍；然而，由于他们身受饥饿与病痛等各种不幸，也就顾不得此事了。绞死那两个君王之后，我们立刻登程，前往另一个小村落，进村前坐木筏渡过一条很深的河流；我们发现村内空无一人，他们当天早已逃走了。我们在田庄内搜寻食物，找到八个印第安人，他们是侍奉偶像的祭司，很愿意同我们一起到他们的村子里去。

科尔特斯通过堂娜玛里娜同他们交谈，要他们把居民叫来，叫他们不要害怕，还要他们送食物来。他们对科尔特斯说，他们请求他下令，不要触动放在他住宿的房子旁边的一些偶像，他们就将送食物来，并做他们能做的一切事情。科尔特斯对他们说，他们说的事他一定做到，他绝不会去碰他们的什么东西；不过，他们为何喜欢那些偶像，那些东西都是用土和旧木头做的，是欺骗他们的坏东西。他通过修士与堂娜玛里娜向他们宣讲诸如此类的道理，对此他们都认认真真地答道，他们一定要抛弃那些东西。随后他们送来二十包玉米与若干只鸡。

科尔特斯向他们打听，他们是否知道像我们一样留胡子的人，离他们那里有几日路程。他们说是七日，又说那些骑马的人停留的村落叫做尼托村，说他们可以当向导，带我们前往另一个村落；还说我们在前往那个村落之前，须在旷野过一夜。科尔特斯命令他们在一种叫做木棉树的大树上刻一个十字架，这棵树就长在他们供偶像的几座房屋旁边。

却说科尔特斯征途艰难，又因下令绞死了瓜特穆斯及其堂兄弟塔库巴酋长，加之眼看着大家每日挨饿，许多墨西哥人生病或死去，因而情绪低落，沉默不语，闷闷不乐；看来，夜间他因想及这些事情而不能入眠，便起床在放置偶像的大厅（这是该村落的主要建筑）内踱步，没留神竟从两个大台阶上摔下，摔伤了头部；他一声不响，摔倒的事一字不提，只是治了一下伤口，一切都忍了过去。

次日一大早，我们带着向导上路，一路上没有发生值得提及的事情，后来我们在潮淹地及靠近山地的地方过夜。次日我们一路行进，到做大弥撒的时刻到达又一个村落；当天村内已空无一人，村民们都已逃往沼泽，房屋是不久前新建的，村内用粗圆木造了许多掩体，掩体外又围有一道极粗的圆木，村口前边还挖了几个深坑。该村有两道围墙，一道有如外堡的围墙，上有圆形岗楼与射击孔；另一边是些很高的山石，到处是手工制作的石弹，还有巨大的防护板；还有一边则是难以进攻的大片沼泽。

我们一进入村舍，便发现有许多煮熟的公鸡和母鸡，配有辣椒及他们叫做塔马尔[①]的玉米面团，像是印第安人的通常吃法；我们一方面感到好生奇怪，一方面又为有如此丰富的食物而高兴。我们还发现一座放满小长矛与箭矢的大房子。我们在村落周围寻找玉米田与人，结果毫无所获，连一颗玉米粒都没有找到。

正在此时，从沼泽内来了十五个印第安人，都是该村落的首领；他们以手按地并吻了吻土地，抽搭着对科尔特斯说，他们求他开恩，不要烧村子及其他东西，说他们为抵御敌人，刚刚到那里修了工事（我记得他们所说的敌人，大概是拉坎东人），因为这些人焚烧并捣毁他们居住的两个村落，抢掠他们的东西，还杀死他们许多人；我们后来往前走时，见到这两个被烧毁的村落，都坐落在非常平坦的土地上。他们接着陈诉了敌人攻打他们的详情，以及他们成为仇敌的原因。

科尔特斯问他们何以煮那么多鸡；他们说，他们须随时守候前来袭击他们的敌人，若是敌人战胜，一定会夺走他们的财产和鸡，

① 玉米面团和肉裹在香蕉叶或玉米叶内制成的一种食品。——译者

连他们也要被掳走,为了不让敌人得到或享用这些东西,他们宁愿自己先吃掉。若是他们打垮敌人,他们便到敌人的村子去掠夺他们的财产。科尔特斯说,他为这种状况及他们之间的战争而难过,但为了赶路,不可能对他们有所帮助。该村落及我们次日经过的一些大村落的人,都叫做马萨特南戈人;在他们的语言里,马萨特南戈是"鹿的村落"或"鹿的土地"之意。给这些村落按上这样的名字是很确切的,此事以后再述。我们从此地带上两个印第安人出发,他们把他们被焚毁的村落指给我们看,并向科尔特斯说起前边有西班牙人的情况。

第一百五十章
我们继续我们的征程,以及征途中发生的事情

我们离开围墙村(此后我们便这样叫这个村落),走上一条平坦的好路,全是大草原,没有一棵树。太阳热辣辣地照射着,一路上我们还没遇到过比这更热的天气。那片平坦的旷野上有许多不太跑动的鹿,我们骑着马不须怎么追,很快便能追上,我们打死了二十来只。我们问带来的两个向导,这些鹿何以不太跑动,似乎既不怕马,也不怕其他东西;他们说,在那几个马萨特南戈人的村落,因鹿的样子像他们的神明,便把鹿看作神,他们的偶像谕示他们不可杀鹿,也不可惊吓鹿,他们遵从,所以鹿见人不跑。

猎鹿事按下不表。却说我们很快到达前面已经提及的那几个村落,见村内一切都已破坏、焚毁,甚感惋惜。于是我们继续登程,科尔特斯总是派遣骑兵侦察兵及机警的步兵先行,他们追上两个当地的印第安人;这二人是前方我们必经的一个村落的人,前来打猎,正扛着一只大豹及许多只外形像小蛇的鬣蜥,这种鬣蜥吃起来十分鲜美可口。他们问这二人,他们的村落是否就在近处,二人答是,说可以把我们带往该村。村子坐落在四面环淡水的一片陆地上,从我们走的这一边只有坐独木船才能渡过去,于是我们绕了半西班牙里多一点的路程,有个水深及腰的地方可以通过。我们发现村内只有一多半人,其余的人都已飞速钻入庄稼地附近的芦苇荡里。我们的许多兵士在庄稼地宿营,都待在玉米地里,饱饱吃了一顿晚餐,还为以后的几日准备了干粮。

我们带着向导走到另一个村落,路上用了两日,发现村内有一口很大的清水湖,湖里满是像鲱鱼似的大鱼,但肉味欠佳,而且多刺。村内已空无一人,我们用找到的旧布与破网,把湖里的鱼尽数捞出,共得一千多尾。

我们在村内寻找向导,终于在田庄上捉到几个。科尔特斯通过堂娜玛里娜,要他们领我们到有留胡子及骑马的人的村落去时,他们感到高兴,因我们不是来伤害他们的;他们说,他们很愿意为我们指路,说原以为我们要杀害他们。

他们有五个人带领我们走上一条很宽的大路,但越往前走,路变得越窄,因附近有条大河与潮淹地,看来须坐独木船在河里航行,那河流经过我们要去的村落,该村落叫做塔亚萨尔村,坐落在四面环水的一个小岛上,若不坐独木船,走陆路是进不去的。在二西班牙里的范围内都是白晃晃的房屋和神堂，那是周围几个小村落的首邑。

我们见先前走的大路已变成一条极窄的小径，明白是通往潮淹地的路，我们带的向导也对我们说过。我们决定在靠近山峦的地方宿营，当夜有四队兵士沿通向潮淹地的小径去找向导。天主保佑他们，找到载有十个印第安男子及两个印第安女子的两条独木船；他们把载有玉米与盐的独木船扣住，随即带去见科尔特斯，他通过堂娜玛里娜通译非常亲切地同这十二个印第安人说话，说得他们十分高兴。他们说，他们是小岛上那个村落的人，他们指着那个地方，说那里离此地约四西班牙里。科尔特斯吩咐，把那条大独木船连同四个印第安男子与两个印第安女子，留在我们这里，派六个印第安男子同两个西班牙人坐另一条独木船，前往那个村落，去要求酋长带几条独木船来帮助渡河，说自己绝不会冒犯他，还送几串卡斯蒂利亚带来的珠子给他。

我们随即走陆路到大河河畔，一条独木船已从潮淹地驶到这条河，酋长同众首领已带五条独木船等候在渡口。他们带来四只鸡与玉米。科尔特斯对他们极表好感。科尔特斯听过酋长们对他说的许多理由，决定坐那几条独木船，带三十名弩弓手，随他们前往他们的村落。到达他们村落后，他们请科尔特斯吃饭，还送他不很值钱的低成色金子与布匹；他们还对他说，在两个村落内有同我们一样的西班牙人，一个村子我已说过叫做尼托村，在圣希尔德布埃纳比斯塔境内，紧靠戈尔福杜尔塞湾；现在他们又告诉科尔特斯，说还有许多西班牙人在纳科村；并说从一个村走路到另一个村，约需十日时间；还说尼托村在北海岸，而纳科村是在内地。科尔特斯对我们说，幸亏克里斯托瓦尔·德·奥利德分兵两地，当时我们还不知道开拓了圣希尔德布埃纳比斯塔的希尔·冈萨雷斯·德·阿维拉的人马。

言归正传，谈谈我们的征程。却说我们全部人马坐独木船渡过大河，在离河约二西班牙里处宿营，我们没有继续前进，是为了等科尔特斯从塔亚萨尔村来。他一到便命令我们把一匹枣红马留在那个村，这匹马在猎鹿时受了伤，现在像浑身的油都给晒化了似的，站也站不稳了。在这个村落时，有一个黑人与两个印第安仆役逃走，还有三个西班牙人留下不走，三天之后才发现他们不在队伍中，他们宁可落在敌人手里，也不愿再同我们一起吃苦头。

这一日，我发烧了，又被烈日晒了一天，觉得脑袋发胀，浑身难受。前面说过，那天烈日高照，天热难当，但情况还算不错，不久便下起瓢泼大雨，一连三日三夜没有停歇。我们没有停步，尽管想等天晴再走，可是没有足够的玉米，怕断粮所以不停地赶路。

此后两日我们走山中，山不高，但山上的石头都像刀子那样扎脚。我们的兵士朝好几个方向走出一西班牙里，找别的路走，想绕开这座到处是燧石的山，可就是找不到，只得走这条山路。山上的石头使马匹受重伤，又因雨大路滑，马匹摔倒后划破四肢与身体；我们越往前越难走，因为已是下坡路了。我们有两匹马死在此处，余下没死的全都一瘸一拐的了。有个兵士也在这里摔断了腿，此人好像名叫帕拉西奥斯·鲁维奥斯，是科尔特斯的亲戚。

我们走到靠近一个村落的地方，这村子叫泰卡村。我们都很高兴，以为可以找到给养，但是到该村须渡过一条河。这条河从一座山上的悬崖峭壁间泻下，因下过三夜大雨，河水湍急奔流，从巉岩上一泻而下,吼声如雷,二西班牙里开外清晰可闻。除此之外,河水极深,渡河过去绝无可能。我们决定从一边的巉岩上架一道桥通到另一边去,立刻动手用极粗的大树架桥,三日之后便开始过河,向村子进发。因我们在河上架桥花去三日时间,当地的印第安人得以把玉米及一切给养收藏起来,他们自己也躲到安全地方去,我们在周围到处都找不到他们,我们饥饿难忍,一个个全都昏了头,一心只想着吃。是日恰好是救主耶稣基督复活节的前夕。读者诸君请看,我们连吃的都没有,还过什么节,若有玉米我们便会十分高兴了。

科尔特斯见此情景,立即在节日的第一天派他的仆人及马弁,带着向导到山上及田庄去找玉米,带回来的约有一法内加[①]。科尔特斯见需要大量粮食,便命令把一些兵士(都是瓜萨夸尔科的西班牙居民)叫来,还点了我的名;他对我们说,他恳求我们把这块地方整个翻一遍,搜寻食物,因为我们都明白全营地是处于何种境地。我们五名兵士带上两个向导,渡过两条很深的河流,过河后遇到一片沼泽,然后来到一片田庄,该村大部分居民都躲在那里;我们发现四幢房屋装满玉米、许多菜豆、三十多只鸡,还有当地叫做"阿约特"的一种甜瓜,我们捉住四个印第安男子和三个女子,美美地过了一个复活节。

此事按下不表。话说在这片疆土及地区平定之后,经过那一带的西班牙人都能见到我们架的那座桥,以及我记述过的我们在全部征程中架的许多大桥(直到今日,过了许多年之后,这些桥有

① 为容量单位,在不同地区分别合22.5或55.5升。——译者

的仍然完好无损），以及我们架桥用的大树；至今大家都把这些桥叫做科尔特斯架的桥，有如叫赫尔枯勒斯石柱[①]一般。

我们继续前进，走到一个叫做塔尼亚的村落。走到该村共花两日时间，我们发现村内空无一人，便寻找食物，找到玉米与蔬菜，但数量很少。我们到周围探路，一条路也没找到，四面全是河渠；我们从该村带出的向导落在后头，一日夜间从看管他们的几名兵士手中逃走；这几名兵士都是新从卡斯蒂利亚来的，看来是睡着了。

科尔特斯得知此事后，本想惩罚这几个兵士，因为有人求情而作罢。于是，他派人去找向导并探路，想在这种地方找到确是徒劳，因为村落周围全是大河小溪，印第安男女一个都捉不到。此外，雨下个不停，我们实在对付不了。科尔特斯同我们大家都是既担心又发愁，因为不知道也找不到该走的路。于是，科尔特斯气冲冲地对墨西哥来的佩德罗·德·伊尔西奥及其他指挥官们说道："我现在希望听到有人说愿去找向导或探路，可不要把什么事全推给瓜萨夸尔科的居民去干。"佩德罗·德·伊尔西奥听见此话，便同六名兵士（全是他的熟人与朋友），准备就绪后投一个方向而去。弗朗西斯科·马莫莱霍是个很可敬的人，也带六名兵士，投另一方向而去。还有一个圣克鲁斯人，是墨西哥的镇政会议成员，也带上几个兵士，投又一方向而去。他们走了三日，没探到路，也没找到向导，只遇到大河小溪。

① 也叫赫拉克勒斯石柱。据希腊神话，古希腊民间英雄赫拉克勒斯穿越整个欧罗巴和利比亚（阿非利加）后，在直布罗陀海峡两岸建立两座峭壁（即石柱），以纪念他的漫游。——译者

他们一无所获地回来后，科尔特斯心烦得直想发火，便让桑多瓦尔将我们的困难情况告诉我，让桑多瓦尔替他求我去找向导并探路。他提出这种要求时，言词恳切，像是在求我，因为他确实知道我正在生病。甚至在桑多瓦尔对我说到此事之前，他们本要我同我的朋友弗朗西斯科·马莫莱霍一起去，但我说我病重体弱，去不了；还说怎么总是派我干活，让他们派别人去干。

桑多瓦尔又到我的房舍来，恳求我带两个人前去，这两个人任我挑选；这是因为科尔特斯说，除了天主，他只相信我会给他带来给养。我虽然有病，也不能驳他的面子，便要求让埃尔南多·德·阿吉拉尔及伊诺霍萨与我同行，我知道他们能吃苦，于是我们三人一起动身，沿溪流向下游走去。溪流旁边的山上，有被砍的树枝，像是做的标记，我们循迹往前走半西班牙里，然后离开溪流，遇到不大的一片房舍，是日已空无一人。我们继续循迹而行，从一处山坡上，远远望见一片玉米田及一间房屋，觉得那里有人。当时太阳已经下山，我们在山上等到深夜，一直等到玉米田内的居民大概已经入睡。我们这才悄悄地迅速冲入房内，捉获三个印第安男子与两个年轻女子（可算是印第安美女），还有一个老婆婆。他们有两只鸡和很少的玉米。我们带上玉米、鸡及那几个印第安男女，高高兴兴地返回营地。

科尔特斯为此向我道谢，并说："我就知道您会带回给养来，我凭我的这把胡子起誓，日后定要酬谢您。"他向那几个向导及两个女人打听，他们都说沿一条河往下游走，走两日路程定可到达一个村落。该村落叫做奥科利斯特村，有两百多间房屋，几日前村民已逃避一空。

我们沿河向下游走去，遇到几幢很大的房舍，都是印第安商贩的房子，是他们途中歇脚的地方，便在那里过夜。次日，我们回到同一条河上，在河上顺流航行约半西班牙里，走上一条很好走的路；我们于当日到达奥科利斯特村，村内有许多玉米与蔬菜。在一座供偶像的神堂内，找到献给偶像的一顶旧的红色便帽及一双麻鞋，到田庄去的几名兵士给科尔特斯捉来两个印第安老头及四个印第安女子，都是从该村的玉米田内捉到的。

科尔特斯通过我们的通译堂娜玛里娜，问他们到西班牙人居住的地方去须走哪条路，须走多久。他们说须走两日，一路上没有人烟，他们的房屋都建在海边。科尔特斯随即命令桑多瓦尔带领六名兵士，步行到海边去，无论如何要设法了解到，同克里斯托瓦尔·德·奥利德一起在该处开拓的西班牙人是否很多，因为当时我们根本不知道，在那片疆土上还有其他指挥官。科尔特斯想了解这一情况，以便夜袭克里斯托瓦尔·德·奥利德（他若是在那里），擒拿他及其兵士。

贡萨洛·德·桑多瓦尔带领六名兵士动身，又从奥科利斯特村带走三个印第安人作向导。他们沿北海岸行进，看见海上开来一条靠桨和帆行驶的独木船，白天便躲进山中。他们见海上行驶的那条独木船是印第安商贩的，这船沿海岸航行，装载盐与玉米等商品，进入戈尔福杜尔塞湾的那条大河。夜间，他们在成为独木船停泊港的一个小海湾内，把那条独木船夺到手，桑多瓦尔带两个伙伴上船，让船上的印第安桨手及三个向导，驾船沿海岸航行。其余的兵士走陆路，因为他知道格兰得河就在附近一带。

他们到达格兰得河附近时，恰巧是日上午四个定居该镇的居民同一个希尔·冈萨雷斯·德·阿维拉手下的古巴印第安人，坐一条独木船来到那里。他们渡河到对岸去找一种叫人心果的果实，用来烤了吃；因镇上大多数人病倒，又因周围的印第安人袭击过他们，并打死希尔·冈萨雷斯·德·阿维拉走时留下的十名兵士，他们不敢前去各村落寻找给养，所以大家都在挨饿。冈萨雷斯·德·阿维拉手下的人正在打树上的人心果，爬在树上的两个人看见贡萨洛·德·桑多瓦尔及其伙伴们坐的那条独木船从海上开来时，对这一新鲜事又是害怕又是惊奇，不知该逃走还是该等候。

桑多瓦尔来到他们跟前，叫他们不要害怕，说自己不是来袭击他们的；他们听了才安静下来，但心中十分畏惧。桑多瓦尔及其伙伴们从那两个西班牙人口中打听到，希尔·冈萨雷斯·德·阿维拉手下的人如何在该镇开拓，德·拉斯·卡萨斯船队如何遇到不幸而沉没，克里斯托瓦尔·德·奥利德如何将德·拉斯·卡萨斯及希尔·冈萨雷斯·德·阿维拉捉拿，他们又如何在纳科村把克里斯托瓦尔·德·奥利德判处斩首，以及他们二人早已起程前往墨西哥等情况。桑多瓦尔等人了解到留在镇内的是哪些人及共有多少人，还了解到这些人正在挨饿。他们还了解到，几天前这些人把希尔·冈萨雷斯·德·阿维拉留下的名叫阿门塔的城防长官兼指挥官，在镇上绞死，其原因仅是他不让他们去古巴。桑多瓦尔决定立刻带这两个人去见科尔特斯，科尔特斯未到先不去惊动镇上的人，也先不进镇子去，让科尔特斯亲自向这几个西班牙人打听情况。

此时，一个名叫阿隆索·奥尔蒂斯的兵士，请求桑多瓦尔恩准他先走一小时，以便向科尔特斯以及同他在一起的我们大家报信，因为我们准会赏他报喜钱，他果真先跑来报喜。科尔特斯以及我们全营地的人听到这一消息，个个兴高采烈，认为到此为止所经历的百般辛苦，都已过去了；然而，我们将要遇到的艰难，却是有增无减，容我以后再叙。科尔特斯马上赏给带来好消息的阿隆索·奥尔蒂斯一匹极精壮的马（大家把这匹马叫做“摩尔人的脑袋”），大家也都把当时身边有的东西赏给他。

桑多瓦尔带着两名兵士及那个古巴印第安人随后到达，向科尔特斯报告我前面记述过的一切情况，并回答他问他们的许多其他事情。他们还说在离该镇约半西班牙里的港口内，有一条正在填塞船缝的船；他们如何打算坐上此船前往古巴，因为城防长官阿门塔不许他们上船，也因为他将一个引起镇上动乱的教士处以绞刑，他们便把他绞死了。他们推举一个名叫安东尼奥·涅托的人当城防长官，以取代被他们绞死的阿门塔。

却说镇上的人见去找人心果的两个西班牙居民与那个古巴印第安人当夜没有回来，不免痛哭流涕，以为他们被印第安人杀害，或是被豹或狮子吃了。他们之一是有家室的人，他的妻子为他哭得死去活来。全体西班牙居民以及那位名叫贝拉斯克斯学士的教士，都聚集在教堂内，祈求天主保佑他们，不要让更多的灾难降临到他们身上。至于那个人的妻子，只是一味祈求天主拯救她丈夫的灵魂。

科尔特斯命令全队人马向海边挺进，全程约为六西班牙里，途中有一处河滩，水势很大，而且有涨有落；我们费去半日时间等潮水落下，才半蹚半游或完全泅水渡过去。我们到达戈尔福杜尔塞湾那条大河河畔，第一个想前往坐落在二西班牙里外那个镇子的人，便是带六名兵士及其数名马弁的科尔特斯本人。他坐的是两条拴在一起的独木船，其一是希尔·冈萨雷斯手下的兵士坐了来找人心果的那条船，另一是桑多瓦尔在海边从印第安人手中夺来的那条船；为渡河之需，桑多瓦尔曾把两条船拖到岸上，藏于林中，然后又放入水中，这两条船紧紧拴在一起，科尔特斯及其仆人坐上船渡河。然后，他又让人用这两条独木船，把两匹马送过河去，其方法如下：几个人在船上划桨，让系着缰绳的两匹马紧挨着船泅渡，这要做得很巧，缰绳不可放得过长，免得马匹把独木船弄翻。科尔特斯还下令，在看到他的信函或指令之前，任何人都不得坐这两条船渡河，因为河流湍急，渡河非常危险，科尔特斯自己都后悔坐独木船过河。

第一百五十一章
科尔特斯来到希尔·冈萨雷斯·德·阿维拉部下开拓的镇子

却说科尔特斯渡过戈尔福杜尔塞河之后，朝二西班牙里开外的那个镇子进发。该镇是希尔·冈萨雷斯·德·阿维拉所率的西班牙人落脚的地方，他们现在住在海边，而当初则住在他们称之为圣希尔德布埃纳维斯塔的地方。他们见一个骑马的和六个步行的人来到他们住地，十分惊慌；等弄清来人便是名闻西印度群岛及卡斯蒂利亚各地的科尔特斯时，又高兴得不知如何是好。当下所有的酋长[①]都上前吻科尔特斯的手，向他表示欢迎。科尔特斯亲热地同他们说话，然后命令那个叫涅托的城防长官，到修船地点找两条划子来，若有独木船，就两条两条地拴作一处，一块儿带来。他还命令把木薯面饼扫数收来，带交桑多瓦尔指挥官（因他给养告罄），让他分给手下全体兵士。

涅托立即去办，却只弄到五十磅面饼，因他们只有烤人心果、豆类及捕捞的鱼虾可吃，这点面饼原要留作给养，以备船修好后驶往古巴时用。

两条划子很快找来，还来了八个水手，科尔特斯让他们捎给桑多瓦尔一封信，命他和路易斯·马林二人最后过那条大河，并要他们监督每次上船的人数，勿使划子装载过多，因河水上涨，水流汹涌。每条划子只可载两匹马。独木船则一匹都不能载，因水流过于湍急，定会弄得船翻马失。

过河时，一个名叫萨亚韦德拉的人，是阿瓦洛斯的兄弟（二人都是科尔特斯的亲戚），一定要最先过河，桑多瓦尔已答应他们坐第一批船，还是不肯；当时正让几个方济各会的修士过河，而他们理当受这种礼遇。萨亚韦德拉自恃是科尔特斯的亲戚，一心想称王称霸（这种欲望与魔王撒旦一脉相承），听不得桑多瓦尔的劝阻，反要他住嘴，话说得极不客气。桑多瓦尔受不了，两个人便发生争吵，萨亚韦德拉抓起匕首，桑多瓦尔此时正站在没膝的水中，阻止划子过载，当即向萨亚韦德拉冲上去，一把抓住萨亚韦德拉握着匕首的手，把他打翻在河里。若不是我们赶忙劝架，把他们拉开，萨

① 此处“酋长”疑为“西班牙居民”之误。——译者

亚韦德拉准要吃亏，因为我们所有兵士都站在桑多瓦尔一边。

渡河一共花去四天时间，吃饭的事连想也不用想，我们只能从低矮的番木瓜树上摘些番木瓜吃，还弄来一些核桃般的果实，烤过后敲开，吃里面的果仁。有一名兵士过河时连马一起淹死，那个兵士叫做塔里法，坐一条独木船过河，连人带马遭了没顶之灾。还有两匹马淹死，其中一匹属于一个名叫索利斯·卡斯克特的兵士，那人因丢马而大发脾气，连声诅咒科尔特斯和这次出征。我还要提一提我们过河时挨的饿，以及众人对科尔特斯、对这次出征和对我们这些追随科尔特斯的人的埋怨。我们进村后，始终没有吃到一口木薯面饼，村里的西班牙人自己也没有面饼吃，而且他们也不熟悉道路，只知道不远处原先有两个村子，现在已空无一人。

第一百五十二章

次日我们随路易斯·马林指挥官去找玉米并探察那个地区

话说我们抵达希尔·冈萨雷斯·德·阿维拉开拓的那个镇子时，他们已经断粮，他们总共四十个男人，四名卡斯蒂利亚妇女和两个黑白混血女人，全都病魔缠身，面黄肌瘦。我们当时无以果腹，又见他们也已断粮，恨不得马上去找食物。科尔特斯便命令路易斯·马林指挥官带领我们去找玉米。我们共约八十名兵士，一律步行，直到找到马匹可以通过的道路。我们带着一个古巴来的印第安人，他带领我们到八西班牙里开外的一片田庄和村落，我们在那里找到许多玉米、大片花生地，菜豆和其他菜蔬，饱餐了一顿，并派人报告科尔特斯，让他把墨西哥印第安人全部派来运玉米。我们当即派几名印第安人先给他运去十法内加玉米，另外派人去把我们的马匹带来。

科尔特斯听说我们找到了富庶的地方，又听几个在戈尔福杜尔塞河抓获的印第安商贩说，从我们所在的地方一直往前便可抵达克里斯托瓦尔·德·奥利德被斩首的纳科村，于是命令贡萨洛·德·桑多瓦尔率领他的大部人马，开赴我们所在的地方，并让我们在接到他的命令之前不要离开那片田庄。

桑多瓦尔来到我们所在地点，见食物充足，大为高兴，即派墨西哥印第安人给科尔特斯运去三十法内加玉米，科尔特斯把玉米分给镇上的西班牙居民。这些人因长时间挨饿，又吃惯了烤人心果和木薯面饼，不习惯别的食物，饱餐了用我们送去的玉米做的饼子后，一个个腹胀如鼓，加之原来便已染病，当下死了七人。

此时凭靠上帝保佑，从古巴岛开来一条满载货物的船只，装有七匹马、四十头猪、八桶腌肉，还有木薯面饼，船上的乘客共十五名，还有八名水手，那批货的货主叫“皮靴厂主”安东·德·卡蒙那。科尔特斯把这批货物全部赊购下来，分给镇上居民。他们因饥饿过度，身体虚弱，饱餐了腌肉之后，许多人腹泻不止，死了十四人。

科尔特斯见那条船上有水手和其他人等，便想去考察、探测那条浩荡的大河，看看上游是否有村落，看看那个地方情况如何。他随即命令将希尔·冈萨雷斯·德·阿维拉的一条横泊在岸边的很不错的双桅帆船填塞好，再备好一条划子，作为渡船，然后率领四条拴在一起的独木船、三十名兵士和那八名新来的水手和二十名墨西哥印第安人溯河而上。航行约十西班牙里时，便见一个极大的湖，湖周足有六西班牙里，湖畔没有村落，都是潮淹地。再往上航行，水流更急，有几处落差很大，双桅帆船、划子、独木船都无法通行，科尔特斯决定让所有船只停靠在一段徐缓的河面，并派六名西班牙人看守。

然后，他领兵沿一条小道从陆上前进，来到一片无人居住的破旧村舍，随后又开进一片玉米地，抓获三个印第安人作向导。向导们领他们来到一个小村庄，村里有许多玉米、鸡、山鸡（当地人叫做"萨卡丘莱"），还有一种当地的石鸡以及鸽子。科尔特斯在村里找了几个向导，继续向前，抵达一个叫做齐纳坎滕辛特莱的村子，那里有大片花生地、玉米地和许多棉花。进村之前，他们听见印第安人正在敲鼓鸣号，狂欢滥饮。为了不让他们发现，科尔特斯率兵士们隐蔽在一片林子里，等到合适的时机一起冲出，抓到他们十个男人，十五个女人。村里其他印第安人立即去取武器，很快拿来弓、箭、长矛，向我们的人猛射。科尔特斯带领兵士冲上去，砍伤八个为首的印第安人。印第安人见吃了败仗，又见几个女人被抓，便派四名长者（包括两名供奉偶像的祭司）前来，来人恭顺地恳求科尔特斯放回俘虏，还献上几件低成色的金饰物。

科尔特斯通过堂娜玛里娜之口，命令他们为他运去玉米、鸡、盐和他当时开列的其他物品，并告诉他们独木船和双桅帆船的停靠地点，说等他们把东西运去，他便将俘虏放回。他们答应照办，并说附近有一个伸进河中的河滩。他们即刻扎好木筏，先是半游半蹚地推着木筏走，然后进入了深水，痛快地游起来。

科尔特斯先是答应他们放回所有俘虏，可是后来好像又下令扣下三名妇女和她们的丈夫，让这些女人留下做玉米饼，让那几个男子去做各种差事。印第安人不愿把人留下，为此召集了全村的印第安人，隔着河谷向科尔特斯和他的兵士们猛射一阵长短箭矢和石弹，科尔特斯的脸被打伤，另有十二名兵士挂彩。印第安人毁坏了他的一条渡船，船上所载的东西损失一半，并有一个墨西哥印第安人溺死。那条河上蚊子成阵，无法对付。

科尔特斯忍受了这一切，返回驻扎的镇子，又给那个镇子增加了许多给养。前面已经说过，科尔特斯所去的村子叫做齐纳坎滕辛特莱，离危地马拉七十西班牙里，科尔特斯走这一趟，往返用了二十六天的时间。他见那个镇子不宜开拓，因周围没有印第安人的村落，又见有了足够的粮草（原先已经弄到一些，这回又带来不少），便决定写信给贡萨洛・德・桑多瓦尔，命他马上开往纳科村，又把上述有关他自己探察戈尔福杜尔塞河的情形告诉了桑多瓦尔，并说他将去开拓卡瓦略斯港，又让他派十名在瓜萨夸尔科开拓的兵士给他，说没有这些人便无法前去征讨。

第一百五十三章

科尔特斯率所有兵士登船起航，去开拓现称卡瓦略斯港的那个地方

却说科尔特斯见希尔・冈萨雷斯・德・阿维拉部下开拓的镇

子不是一个好地方，便命令镇上所有的人一个不剩地登上那两条划子和双桅帆船。航行八天之后，他们在现称卡瓦略斯港的那个地方登陆。科尔特斯见那个海湾是个很好的港口，又听印第安人说附近有村落，便决定在那里设镇，命名为纳蒂维达德，任命迭戈·德·戈多伊为该镇城防长官。

科尔特斯从该港出发，两次深入内地，来到不远处的一片村舍（现在那个地方已无人居住），他在村里打听到附近还有别的村落，然后把玉米运回镇子。科尔特斯得知克里斯托瓦尔·德·奥利德被斩首的那个纳科村离该村不远，便写信给贡萨洛·德·桑多瓦尔，让他派十名开拓瓜萨夸尔科的兵士来（当时他以为桑多瓦尔已抵达纳科村，并在该村驻扎），他还告诉桑多瓦尔，他想从该港出发到已设置特鲁希略镇的洪都拉斯港去。他让桑多瓦尔率部下平定那片疆土，并在当地设镇。这封信送到桑多瓦尔手中时，我们还在前述的那片田庄，并未到达纳科村。

桑多瓦尔见信后马上从田庄出发，来到七西班牙里外的一个叫做库尤阿坎的小村落，但他无法遵照科尔特斯的命令立即开赴纳科村，因他不能撇下众多兵士不管，那些兵士为了给自己和马匹寻找粮草，已到另一处田庄去了。到那处田庄必须经过一条河，那河很深，无法涉渡，为了让这些落在后面的西班牙人和许多有病的墨西哥印第安人能够渡河，桑多瓦尔派人给他们守住一条独木舟。

因为当时每天都有许多印第安人从田庄附近的一些村子（那些村子就在戈尔福杜尔塞河边）前去骚扰，桑多瓦尔为防止发生意外，担心那些找粮的西班牙人和墨西哥印第安人死于他们之手，便下令包括我在内的八名兵士守候在那个渡口，并派我为其余七人的头目。他命令我们备好一条渡船，随时停在岸边，让我们时刻注意，如有落在田庄里的人路过，要求过河，就把他们送过河来。一天晚上，从附近的村落和田庄来了许多印第安武士，他们以为我们没有戒备，想夺我们的独木船，突然扑向我们的茅舍，点火烧房。但他们没有做得很秘密，我们已经发觉他们的动静，都撤了出来，我们八个兵士再加上四个没有伤病的墨西哥印第安人向这些武士冲去，刀劈剑砍，杀得他们从原路逃回，他们用箭射伤我们两个兵士、一个印第安人，不过都是轻伤。

发生此事之后，我们三个兵士立刻前往一西班牙里外的那片田庄，因我们料想那些有病的印第安人和西班牙人定然留在那里。我们把几个西班牙人——其中一个叫迭戈·德·马萨列戈斯——和几个有病的墨西哥印第安人接出来，送他们过河，去和桑多瓦尔汇合。从那片田庄接出来的人中，有一个刚从卡斯蒂利亚来的西班牙人病势沉重，情况很不妙，可我们除了玉米饼和炒玉米粉之外，又没有别的食物可给他吃，所以我们行进到离桑多瓦尔所在的地方不过半西班牙里处，那人便咽了气，当时我找不到人把他的尸体扛回营地。

我们来到桑多瓦尔所在的地方，我便把一路上的情形和那个死在路上的人的事情向他禀报，他听后大为生气，说我们大家何以不把他抬回或用马驮回。我回答道，我们的两匹马用来驮两个伤员，其余的人全部步行，所以无法运回尸体。我的一个叫巴托洛梅·德·比利亚努埃瓦的同伴很不客气地回答桑多瓦尔说，我们自己能回来已属不易，何以还要我们扛死人，还说他诅咒科尔特斯，因为他让我们吃尽苦头，遭受如此重大的损失。桑多瓦尔当即命令我和比利亚努埃瓦去掩埋死者，不得耽搁。我们带上两个印第安人和一把锄头，给他掘了个墓穴，把他埋了，并为他立了一个十字架。我们又在死者的头边发现一个小口袋，里面放着许多色子和一张纸片，纸上记着他是哪里人，他父亲姓甚名谁以及他在特内里费[①]的财产。过后不久，这份材料被寄到了特内里费。望天主宽恕他的灵魂，阿门。

随后，桑多瓦尔决定率部向另一个村子挺进(如今那个村子附近有几个矿，是在三年之后发现的)，再从那里来到另一个叫做基米斯特兰的村子，第二天做弥撒的时间，我们抵达纳科村。那时节，纳科村是个很富裕的村子，我们到达的当天，村子里的人躲逃一空，我们便在克里斯托瓦尔·德·奥利德被斩首的一个大院子里宿营。那个村子有许多玉米、菜豆和辣椒，我们还找到一点盐，那是我们最需要的东西。我们卸下辎重，在那里驻扎下来，像要长住下去的样子。

第一百五十四章

贡萨洛·德·桑多瓦尔指挥官着手平定纳科地区，并做了别的事情

话说科尔特斯写信给桑多瓦尔，让他即派十名开拓瓜萨夸尔

① 特内里费为西班牙加那利群岛中最大的一个岛屿。——译者

科的兵士到卡瓦略斯港，他点了十个人的名字，其中有我一个。当时我正有病，便对桑多瓦尔说我身体不适，请求免我这趟差使，桑多瓦尔欣然应允，我便留了下来。于是他派出八名兵士，全是天不怕地不怕的好汉，然而，他们很不乐意前往，个个咒骂科尔特斯和他的这次远征，这也实在难怪他们。

他们不知道途经的村落是否太平，于是桑多瓦尔要求纳科村的酋长们派五名印第安首领随他们前往卡瓦略斯港，他威胁那五个人说，如果那八名兵士有人遭到冒犯，就要烧他们的村子，并要找到他们，严加惩罚；他还下令在那八名兵士经过的所有村落，都要用好吃好喝来招待他们。

那八个人抵达卡瓦略斯港时，才得知科尔特斯正要登船去特鲁希略。科尔特斯见到他们，得知我们平安无事，很是高兴，便把那八个人带上船去。他随即登船起航，留下迭戈·德·戈多伊驻守设在港内的那个镇，由他统率镇上的四十个居民，这些人都是希尔·冈萨雷斯·德·阿维拉的部下，也有一些是新从岛上来的。话说科尔特斯起程后，留下城防长官戈多伊，戈多伊率领身体较好的兵士出击附近的几个村子，使其中两个村子前来求和，但是印第安人见留在镇上的兵士大都有病，而且天天都在死人，便不把他们放在眼里，也不送食物给他们，他们也无力外出寻找，只得忍饥挨饿，不几天便死了一半；另有三人溜走，逃到我们和桑多瓦尔所在的地方。

回过头来说说纳科村的情形。桑多瓦尔见原住村里的印第安人不愿回村，多次派人召唤也无济于事，又见邻近村落的人不愿前来，也不把我们放在眼里，便决定亲自前往，设法让他们前来。于是我们立即开赴纳科村附近的几个村落，村里人都来归顺国王陛下。后来我们又到基斯米斯坦村和山地的其他村落，这些村子也都前来议和。就这样，那个地区所有的印第安人无不前来讲和，因我们没向他们索要东西，他们愿给什么就给什么，所以他们愿意前来，我们就这样平定了整个地区，包括科尔特斯开拓的现在叫做卡瓦略斯港的那个地方。

第一百五十五章
科尔特斯在特鲁希略港登陆

科尔特斯在卡瓦略斯港登船起程后，一路顺风，六天后驶抵特鲁希略港，那个港口为弗朗西斯科·德·拉斯·卡萨斯所开拓，镇上居民得知来的是科尔特斯，都到离镇不远的海边迎接，向他致吻手礼，因那些居民中有不少是从帕努科被驱逐出来的不法之徒，他们曾唆使克里斯托瓦尔·德·奥利德反叛，所以被逐出帕努科，他们自知有罪，都请求科尔特斯宽恕。

科尔特斯对他们很是亲热，许下不少诺言，拥抱他们所有的人并原谅了他们。他随即前往教堂，待他祈祷完毕，他们把他安顿在最好的住处，然后向他禀报有关弗朗西斯科·德·拉斯·卡萨斯和希尔·冈萨雷斯·德·阿维拉的事，告诉他那两人因何将克里斯托瓦尔·德·奥利德斩首，如何向墨西哥进发，如何平定那个地区的部分村落。科尔特斯弄清情况后，好言安抚众人，仍让他们保留各自的职务，只是另外任命他的表兄萨亚韦德拉任那个地区的统帅，他们全部表示赞同。随后他派人召唤邻近各村，各村印第安人得知是征服墨西哥的马林切统帅召唤他们，立即前来拜见，并带来给养献上。

四个最主要村落的酋长会齐之后，科尔特斯通过堂娜玛里娜之口，向他们宣讲我们的圣教，说我们都是伟大君王奥地利王室[①]的堂卡洛斯的臣民，他来到该地，是为了让他们归顺这位如此高贵的国王和君主。酋长们说他们愿意归顺国王陛下，并一定服从科尔特斯的命令。科尔特斯便让他们运给养到镇上来，并派许多印第安人来，还要带上斧子，把镇上的一座林子伐倒，好从镇上望见海边和港口。他还命令他们坐独木船到坐落在几个小岛上的三四个村落去，把那里的人叫来（那几个岛叫做瓜纳赫斯，当时岛上有人居住），那几个村里有很多鱼，他让他们带着鱼来。印第安人领命前去，五天之内，那几个岛上的村子果然都派了人来，而且献上了鱼和鸡。科尔特斯让人给了他们几头母猪和一头种猪（其中有些是从特鲁希略港找来的，有些是从墨西哥带来的），让带去繁殖，因为他听一个西班牙人说，岛上很适合养猪，不用管，只须牧放即可。结果确如那人所述，两年内便繁殖出许多猪，他们便去捕捉。

话说许多印第安人按科尔特斯的吩咐前来镇上砍伐树林，两天之后便能一目了然地望见大海。印第安人造起十五间房舍，其中一间给科尔特斯居住，造得很是不错。然后科尔特斯打听哪些

① 奥地利王室即哈布斯堡家族建立的王朝，1418—1806 统治神圣罗马帝国，1514—1700 统治西班牙，1867—1918 统治奥匈帝国。——译者

村落和疆域不服管辖，不愿归顺，帕帕耶卡村（该村是好几个村子的首邑）的几个酋长对科尔特斯说了一大串村子的名字，那些村子位于山地，并都筑了工事。科尔特斯命人将萨亚韦德拉指挥官和他认为适合担当此任的其他兵士找来，萨亚韦德拉率领这些兵士向那些反叛的村落进发，大部分村落立即表示归顺，只有三个村子例外。

回过头来说说留在特鲁希略的科尔特斯的情形，当时，那几个方济各会修士、他的一个叫做阿瓦洛斯的表兄弟、佩德罗·洛佩斯硕士、管家卡兰萨、膳食监督吉内亚，还有一个叫胡安·弗拉门科略的人和许多兵士（包括科尔特斯带来的人和原先就在特鲁希略的人），甚至那个用船运给养的安东·德·卡蒙那全都染病在身，科尔特斯决定送他们到古巴岛去，让他们去哈瓦那，如果海上天气好，就去圣多明各。他拨给他们一条修理、填塞得很好的船，装足了给养。

他写信给圣多明各王家检审法庭和哈瓦那圣耶罗米教团的修士，详述自己从墨西哥出发去讨伐克里斯托瓦尔·德·奥利德的经过，说他如何把全权授予国王陛下的官员以及一路上经历的千辛万苦，还叙述了奥利德的下场，又说他现时在特鲁希略镇所属的疆域和村子落脚，说那片疆土有许多金矿，要求把在圣多明各岛上无以为生的兵士派往该地，为了证明那个地方确有金子，他取出自己从墨西哥随身带来的许多饰物，还从自己的餐柜中取出金餐具，一并送去。

他派他的表兄弟阿瓦洛斯率领这条船，并命令他在途中把被一个指挥官留在科苏梅尔岛的二十五名兵士接上船，因为他听说这些人在那一带袭击印第安人。他们从洪都拉斯港出发，时而顺风时而逆风，驶过圣安东岬，离哈瓦那还有六七十西班牙里时，忽遇风暴，船撞到陆上，那几个修士、阿瓦洛斯指挥官和许多兵士溺死。

有几个兵士靠划子和木板死里逃生，历尽千辛万苦抵达哈瓦那港，于是，消息迅速传开，全古巴岛都得知科尔特斯和我们全体都还活着，几天以后，圣多明各也获悉这个消息，因佩德罗·洛佩斯硕士（是个医生）抱着一块木板游到该岛。他以科尔特斯的名义，给圣多明各王家检审法庭写信，详述事情的经过，说科尔特斯现住特鲁希略，极需给养、酒和马匹，说他带了许多金子来买这些东西，但因海上失事，金子全部沉没海底。

大家听到这个消息都很高兴，因早就传说科尔特斯及其所有伙伴都已不在人世，这一消息是一条从新西班牙开来的船带来的，大家都信以为真。当圣多明各得知科尔特斯在前述那个地区定居的消息后，那里的法官和商人们立即将大小马匹、衬衣、帽子、零碎东西装满两条旧船，吃的东西除一桶酒之外，什么也没带，连水果都没有运来，只有马匹和其他零碎东西。

第一百五十六章

贡萨洛·德·桑多瓦尔抓了四十名从尼加拉瓜来的西班牙兵士及其指挥官

话说桑多瓦尔在纳科村平定周围各村，忽然有克斯潘和塔尔奇纳尔查帕两个村落的四个酋长来找，说是有许多像我们那样的西班牙人，骑马执剑来到他们的村落，抢走他们的财物和妻女，还给她们拴上铁链。桑多瓦尔听后十分生气，他问来人，那些西班牙人离得有多远，他们答道不足一天就能到达他们所在的地方，他立即命令我们这些跟随他的人，做好一切准备，带上我们的武器、马、弩弓和火枪，我们一共七十人随他前去。我们来到那些西班牙人所在村落，见他们十分平静，完全没有想到我们要去抓他们，等他们看清我们来势汹汹，顿时慌乱起来，赶忙拿起武器，我们很快把他们的指挥官和许多兵士捉住，双方都没有流血。

桑多瓦尔厉声责问他们，抢劫国王陛下的臣民是否应当，这样做是否就叫做征服和平定。一些印第安男女被他们用锁链拴住，桑多瓦尔让人替他们解开锁链，交给那个村的酋长，又命令其他被抓的印第安人回到附近自己的村子里去。释放印第安人之后，桑多瓦尔命令那个被捉住的叫做佩德罗·德·加罗的指挥官和他手下的兵士不得反抗，立即随我们到纳科村去，我们便和他们一起上路。他们带着不少尼加拉瓜印第安女子，其中有几个颇有姿色，另外还带着供他们使唤的印第安女仆，而且他们几乎人人都有马。我们这些人经过长途跋涉，个个精疲力竭，又只有寥寥几个印第安女仆为我们做饭，以他们的奴仆成群来对照我们的寒酸，他们简直就是伯爵老爷。我们带他们到达纳科村之后，桑多瓦尔把他们安置在合适的住处，因为这些人里面有一些是绅士和有地位的人。

他们的指挥官加罗见我们是大名鼎鼎的科尔特斯的部下，对桑多瓦尔及我们大家非常亲热；他们很高兴和我们相处。桑多瓦尔弄明白他们前来的意图之后，便和加罗秘密交谈，并命令我们去禀报在特鲁希略的科尔特斯。两人商妥后派出十名兵士（五名是我们的人，五名是加罗的部下），沿海岸到特鲁希略去送信，大约二十名加罗带来的尼加拉瓜印第安人随他们同行，以帮助他们过河。这些人在行军途中遇到了皮钦河和巴拉阿马河，因河水猛涨，他们无法过河，十五天后又回到了纳科，没有完成吩咐他们做的事情。桑多瓦尔为此大发脾气，狠狠训斥了为首的那个兵士，又立即命令路易斯·马林率领十名兵士（五名是加罗的人，五名是我们的人，其中一个便是我），从离岸较远的内地走。我们一路步行，穿过许多与我们为敌的村子，我们历尽艰辛，频频与印第安武士厮杀，或坐木筏或泅水，渡过一条条河流和一个个海湾，还时常挨饿，如果一一道来，只怕永远也写不完。一路上辛苦按下不表。却说我们行了几日，来到特鲁希略，正是夕祷时分，尚未进村，便见五个骑马的人，原来是科尔特斯和其他四人去海边散步归来，他们远远望见我们，不知道是怎么回事。等到认出我们，科尔特斯立即翻身下马，眼噙泪水拥抱我们，我们也拥抱了他。他说："我的兄弟和朋友，我日夜盼着见到你们，盼着听到你们的消息。"

科尔特斯骨瘦如柴，见了让人伤心，据说他因发高烧，又因过分忧愁，几乎死去；墨西哥方面的情况是好是坏，他当时一无所知，我们从其他人口中得知，他当时眼看着就要咽气，大家已给他备下了方济各会的苦行衣，给他作装殓之用。

科尔特斯和我们大家一起步行到镇上去，将我们安顿好，我们与他共进晚餐。当时给养匮乏，我们连木薯面饼都不能尽量吃。我们到达特鲁希略的前三天，从圣多明各发出的那两条船刚好抵港，船上只有大小马匹、骡子、一些旧盔甲，还有衬衣、帽子和其他一些不值钱的东西，除一桶酒之外，别无有用之物，而我们为购买这些东西和马匹，全都背了债，如此看来，那两条船真不如不来更好。

我们正向科尔特斯叙述一路上的艰辛时，忽然从海上开来一条帆船，那船来自哈瓦那，已经进港，是科尔特斯留在墨西哥当镇长的苏亚索硕士派来的。苏亚索给科尔特斯送来一些给养和一封信。信的内容陈述于后，虽然不是原话，但主要意思都在里面了。

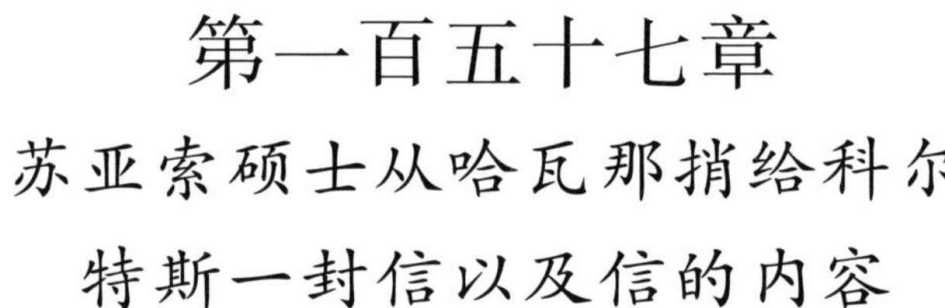

第一百五十七章

苏亚索硕士从哈瓦那捎给科尔特斯一封信以及信的内容

却说那条船进港后，统率该船的一位绅士一上岸便去谒见科尔特斯，行过吻手礼，立即呈上苏亚索硕士（科尔特斯当初留在墨西哥的那位镇长）的一封信。科尔特斯读信后大为伤心，回自己房间吞声饮泣，直到第二天早上才出来，当日是星期六，他一大早便下令做弥撒，祈求圣母保佑。

做完弥撒，他让我们听他讲话，说有新西班牙的消息要告诉我们。这消息是：有人散播消息说我们都已亡故，将我们的财产拍卖一空，我们的印第安奴仆也被分给其他毫无战功的西班牙人。他拿出苏亚索的信来读，其内容如下：

当初在瓜萨夸尔科时，科尔特斯曾以国王陛下的名义将授权证书交与王家收税官贡萨洛·德·萨拉萨尔和巡视官佩德罗·阿尔明德斯·奇里诺斯，他们若发现司库阿隆索·德·埃斯特拉达和税务官阿尔沃诺斯治理不善，就由他们出任墨西哥总督。王家收税官和巡视官带着授权证书来到墨西哥后，便与镇长苏亚索硕士、总监罗德里戈·德·帕斯以及安德烈斯·德·塔皮亚、豪尔赫·德·阿尔瓦拉多和墨西哥城的其他征服者成为好友。

王家收税官见自己人多势众，便宣称应由他和巡视官而不是由司库和税务官来担任总督。于是一部分人支持王家收税官和巡视官，另一部分人支持司库和税务官，两派吵闹不休，还死了几个人。最后总督之职落入王家收税官和巡视官手中，两人将对手及众多支持者囚禁起来，每天都有格斗及骚乱发生，两人把无主的印第安人分赠自己的朋友，不管他们是否有战功，也不让苏亚索硕士主持公道。罗德里戈·德·帕斯本想阻止，结果也被囚禁，后来还是苏亚索硕士促使他们和解，两派才言归于好，一连八天相安无事。

这时，萨波特卡人和米赫人居住的一些地区，还有一个叫做科阿特兰的依山而筑、地势险要的村落，发生动乱。他们二人派出许多兵士（都是刚从卡斯蒂利亚来的或没有参加过墨西哥征服战的人），交由奇里诺斯巡视官指挥，前去征讨。他们花费的许多金币，都取自国王陛下的钱箱和官帑。他们把大批给养运往他们所在的营地，整日不是赌牌，便是胡闹。夜间，那座山村的印第安人出村攻打巡视官的营地，杀死他的一些兵士，并打伤许多人。王家收税官派一个叫安德烈斯·德·蒙哈拉斯的指挥官（本是科尔特斯的部下）增援巡视官，并与巡视官同任作战指挥，因这个蒙哈拉斯已成为王家收税官的亲信。那时候，蒙哈拉斯因身上长疮不能动弹，什么也干不成，印第安人节节取胜，墨西哥随时可能发生动乱。

王家收税官想方设法要把金子运往卡斯蒂利亚，献给国王陛下和莱昂骑士团长[①]堂弗朗西斯科·德·洛斯·科沃斯，他当时四下张扬科尔特斯和我们全体都在希卡兰戈村被印第安人杀死。

那个时候，从卡斯蒂利亚来了一个叫做迭戈·德·奥尔达斯的人，科尔特斯当初曾派他作为新西班牙的代表前往卡斯蒂利亚，但他只是为自己谋得一个御封的圣地亚哥骑士勋章、许多印第安人和以韦霍辛戈附近那座火山为图饰的纹徽。迭戈·德·奥尔达斯来到墨西哥后，见内部骚乱不和，便想去找科尔特斯；他与王家收税官交好，然后乘一条双桅帆船，出海去了解科尔特斯是死是活。他沿海岸航行，来到一个叫希卡兰戈的村子，西蒙·德·昆卡、弗朗西斯科·梅迪纳及所率西班牙人就在此地被杀害。奥尔达斯听到有西班牙人被杀的消息，立即返回新西班牙，在船上写了一封信，让几名乘客带交王家收税官，说他确知科尔特斯已死。奥尔达斯送出这封信后，便原船前往古巴岛购置牛犊和母马去了。

王家收税官收到奥尔达斯的信，拿给在墨西哥的许多人看。于是举城哀悼，并在墨西哥大教堂内设灵台祭奠科尔特斯。王家收税官随即以新西班牙总督和统帅的名义让报子鸣号击鼓，高声传告，命令所有死了丈夫的妇女为他们的灵魂祈祷，并重新嫁人，还派人到瓜萨夸尔科和其他镇子下达同样的命令。有一个叫胡安

① 西班牙圣地亚哥骑士团设有两个骑士团长之位，一曰卡斯蒂利亚骑士团长，一曰莱昂骑士团长。——译者

娜·德·曼西利亚的妇女，是一个叫阿隆索·巴连特的人的妻室，不愿再嫁，说她的丈夫、科尔特斯以及我们全体仍然健在，说我们这些老征服者绝不像奇里诺斯巡视官率领的科阿特兰山下那些兵士那样懦弱，说那次出兵实际上是印第安人打他们，而不是他们去打印第安人，又说她相信天主，一定会使她很快见到她的丈夫、科尔特斯和其他所有的征服者返回墨西哥，并说她不想结婚；为此，王家收税官下令押她在墨西哥城游街示众，一边用鞭子抽她，说她是巫婆。

世上不乏叛逆和阿谀奉承之徒。有一个一向被我们当成正人君子的人（为了他的名誉，此处不提他的名字），当着许多人的面对王家收税官说他受了惊吓，说是某晚他路过塔特卢尔科时（原来是印第安人供奉其主要偶像维奇洛沃斯的地方，现在是圣地亚哥教堂），看见科尔特斯、堂娜玛里娜和桑多瓦尔指挥官的灵魂正在院子里被熊熊的烈火烧烤，一下子就吓病了。另外还有一个名声不错的人（姑且隐其姓名），也跑去对王家收税官说，特斯库科的院子里有一些不祥之物在游动，据印第安人说那是堂娜玛里娜和科尔特斯的灵魂；这些全是背信弃义的鬼话，是为讨好王家收税官而编造的，或是受他之命才这么说的。这时，斩了克里斯托瓦尔·德·奥利德的弗朗西斯科·德·拉斯·卡萨斯和希尔·冈萨雷斯·德·阿维拉两位指挥官来到墨西哥。拉斯·卡萨斯见那里动荡不宁，又见王家收税官自行宣布当总督，便公开说这种做法极为不妥，他绝不能容忍这样做，因科尔特斯仍然健在，他深信不疑；即使科尔特斯果真亡故了（天主绝不会允许此事发生），也应该由品格更高、功劳更大的佩德罗·德·阿尔瓦拉多，而不应由他这个王家

收税官来担任总督;拉斯·卡萨斯还要求把阿尔瓦拉多召回。佩德罗·德·阿尔瓦拉多的弟弟豪尔赫,还有司库和墨西哥的其他居民,都悄悄给阿尔瓦拉多写信,让他无论如何也要率手下所有兵士到墨西哥来,说在打听到科尔特斯的下落并得到国王陛下的新的命令前,要他来担任总督之职,说他们即派人去向国王陛下禀报。

佩德罗·德·阿尔瓦拉多得信后奔墨西哥而来,这时王家收税官派人半道上截住他,威胁要结果他的性命,阿尔瓦拉多又听说罗德里戈·德·帕斯已被绞死,苏亚索硕士也遭到囚禁,因而对王家收税官心生畏惧。

那时,王家收税官已设法敛得许多金子,想派人带给国王陛下并向陛下报信。他派自己的亲信培尼亚带上金子和他的密信前去。弗朗西斯科·德·拉斯·卡萨斯、苏亚索硕士和罗德里戈·德·帕斯,还有司库和税务官,一致予以反对,说是在打听到科尔特斯的确实消息之前,不能说他已亡故,因为他们不相信这是真的,说王家收税官若想把这些金子作为五一税送交国王陛下,那当然很好,但应征求司库和税务官的意见,并得到他们的赞同,不能仅以他个人的名义送去。由于金子已经装船,并且就要起航,拉斯·卡萨斯便带着苏亚索镇长的指令,并得到罗德里戈·德·帕斯和国王陛下的其他财政官员的支持,去阻拦开船,说其他人也要给国王陛下写信,禀报新西班牙的情况,等这些信写好才能起航。因为王家收税官好像不许别人写信,只让带去他一个人的信。

王家收税官见拉斯·卡萨斯和苏亚索硕士与他为敌,对他横加阻挠,立即下令囚禁他们,并就克里斯托瓦尔·德·奥利德被处死一事，对弗朗西斯科·德·拉斯·卡萨斯和希尔·冈萨雷斯·德·阿维拉提出起诉，把他们判处斩刑，而且在两人上诉国王陛下之时，就想执行判决，偏偏国王陛下允准了他们的上诉，王家收税官无奈，只得把两人连同对他们的起诉书一起送回卡斯蒂利亚。

然后，王家收税官又对苏亚索下手，突然将他擒拿，用骡子把他驮到维拉克鲁斯港，又把他装船送往古巴，说是要对他在古巴任法官期间的作为予以弹劾；罗德里戈·德·帕斯也遭到囚禁，王家收税官向帕斯索要科尔特斯的金银，说帕斯身为科尔特斯的总管，必定知道金银的下落，并说准是帕斯藏了起来，而这些财富本属于国王陛下，科尔特斯将它占为己有，他现在要将这批财富交给国王陛下，帕斯拿不出（因为确实是没有），便遭毒刑。王家收税官用油和火烫他的双足，他的腿部也有几处被烫，帕斯在牢里被折磨得形销骨立，病得几乎死去，可王家收税官仍嫌不够，怕他不死，又在国王陛下面前告他，并以煽动暴乱、抢夺财物的罪名下令将他绞死。

他又下令拘捕站在科尔特斯一边的所有在墨西哥的兵士和居民，豪尔赫·德·阿尔瓦拉多、安德烈斯·德·塔皮亚和其他拥护科尔特斯的人，只能躲进圣方济各修道院。其他一些征服者投靠了王家收税官，他用分给他们印第安人的办法拉拢他们，而这些人则是谁得势便喊谁万岁。王家收税官让人把弹药库的武器全数取出，放到他的官邸，又把原先安在工事和船坞的大炮架在他的住处前。

苏亚索的信上还让科尔特斯即来整治墨西哥，因为除了这些倒行逆施之外，还有更加骇人听闻的事。王家收税官在给国王陛下的报告中还说，在科尔特斯的内室发现一个假的铸模，从印第安人处偷偷弄来的金子，就用这个模子打上标记，以此逃避五一税。苏亚索还在信中说，瓜萨夸尔科的一个西班牙人因该镇另一个居民亡故后，留下一些印第安奴仆，便到墨西哥城来，要求把这些印第安人给他。这人悄悄对他的女房东讲，她的丈夫以及科尔特斯手下的所有官兵仍然健在，她不该再次结婚，还讲了许多情由。很快有人将此事禀报王家收税官，他得知此事后，立即派四名差人捉拿此人，把他押往监狱，还下令将他绞死，说他煽动暴乱。那个名叫贡萨洛·埃尔南德斯的可怜的西班牙人只好改口，说他因见那女人哭得伤心，为了安慰她，便说她丈夫仍然健在，其实我们这些人确实早已亡故。王家收税官于是马上把他要求的印第安人赏给他，又命他马上离开墨西哥，不许胡说，否则就下令绞死他。苏亚索说他举出这个例子，是为了让科尔特斯明白墨西哥究竟到了什么地步。信的结尾说："情况就是这样，我已离开他们，他们将我带上船，给我上了脚镣，把我带到我现在所在的地方。"

科尔特斯读完信，我们大家悲愤交集，不住声地诅咒科尔特斯，埋怨他把我们带出来吃尽苦头；我们也连声咒骂王家收税官，一个个肺都要气炸了。科尔特斯止不住伤心落泪，拿着信跑回房间，把自己关在里面，也不让我们去见他，直到下午才出来。大家异口同声请求他立即率领我们乘坐那里所有的三条船，开往新西班牙。他温和地回答我们说："唉，亲爱的朋友们，我看王家收税官那个歹徒现在人多势众，恐怕他得知我们进港后，会干出比他已经干得更加无法无天的事来，他会把我杀死、绞死，或把我投入监狱，对我是这样，对你们也是这样。我看还是由我自己带领你们之中的四五人登上船，靠着天主保佑，在不为墨西哥所知的港口悄悄登陆,然后潜入墨西哥。此外,桑多瓦尔现在只带少量人马驻守纳科村,又要从陆路出征,尤其是要征讨叛乱的危地马拉。路易斯·马林先生,您最好率领来寻找我的全部同伴返回原地,和桑多瓦尔汇合,然后开往墨西哥。”

我见科尔特斯要从海路去新西班牙,便请求他无论如何也要把我带上,让他想想在所有的艰难困苦和战斗中,我始终在他身边并为他出力,说现在我要看看他是否真的看重我为他出的力,看重我对他的情谊和我现在对他的恳求。科尔特斯于是拥抱我,对我说:“我要是把你带上,那让谁跟桑多瓦尔在一起呢?亲爱的朋友,我求你跟你的朋友桑多瓦尔去吧,我以我的这把胡子担保,一定要重重酬谢你,你早就该得到我的酬谢了。”总之,我怎么求都没有用,他就是不让我跟他去。

另一方面,原先在那个镇上的一些绅士,见科尔特斯没有像他们希望的那样封他们的官职,正在底下煽动,科尔特斯便答应带他们去墨西哥,到那里后再封以要职,这才使他们平息下来。科尔特斯命令迭戈·德·戈多伊(他在卡瓦略斯港被封为指挥官)率领一部分有病的居民,转移到纳科村去,因为这些人受跳蚤、蚊子折磨,又无给养,忍饥挨饿,而纳科却是富庶之地;他又命令我们随路易斯·马林开赴墨西哥城,如果有可能,顺便看看尼加拉瓜的情况,好向国王陛下提出要求,让他管辖那片疆域,原来科尔特斯还觊觎那片土地,想在到达墨西哥之后使之置于自己的管辖之下。

科尔特斯和我们大家相互拥抱之后,便上船而去,扬帆起航,驶往墨西哥。我们则朝纳科村进发,因得知要去墨西哥而欢欣鼓舞;我们一路上忍饥挨饿,终于抵达纳科村,桑多瓦尔见到我们欣喜非常。第二天我们便起程，向墨西哥城挺进。

第一百五十八章
科尔特斯走海路前往墨西哥，遇风暴后又返回特鲁希略港

却说科尔特斯在特鲁希略港登船，向墨西哥航行，好像是在海上遇到了风暴，一会儿是逆风，一会儿又断了前桅，便下令返回特鲁希略。他当时身体瘦弱有病，加上海上颠簸，劳顿不堪，又怕到新西班牙后，王家收税官出于恐惧，先把他抓起来，所以觉得那时去墨西哥不太适宜。

在特鲁希略登陆后，他下令做弥撒祭祀圣灵，举行宗教游行，祈求天主和圣母玛利亚指点他如何才能为之更好效力。好像他受圣灵启示，觉得当时不该去墨西哥，而应征服、开拓那片疆域。于是他毫不迟疑地派出三名信使，带着他的书信，快马加鞭追赶我们(其时我们正在路上)，求我们不要前进，留下来征服、开拓那个地区，说是吉祥守护神给了他这样的启示，因此他打算如此行事。

我们读信后，见科尔特斯毫不含糊地下达这样的命令，简直不能忍受，连声诅咒科尔特斯，咒他事事背运，也像让我们倒运那样处处倒霉。我们还众口一词地对桑多瓦尔指挥官说，如果科尔特斯想在那儿开拓，那就请他自己和乐意跟随他的人留下，我们跟着他东征西讨，苦头已经吃够，发誓再也不听从他的旨意，而要到被

我们攻克的墨西哥去。

桑多瓦尔也有同样的想法，最后他使我们同意了这样的解决办法：给科尔特斯写一封信，让那几个送信来的人把信带回，向他表明我们的意愿。几天以后，科尔特斯收到有我们每个人签名的信，但他回信说，他一定会重赏愿意留下开拓那个地区的人，信的最后还附了这么一条，说如果有人不愿服从他的命令，那么在卡斯蒂利亚和其他各地，有的是兵士。

我们见到这个答复，全都想立即去墨西哥，让他威信扫地。桑多瓦尔见此情形，非常温和地恳求我们再等几日，说他要亲自前去说服科尔特斯登船。于是我们又回了一封信，说科尔特斯应对我们有恻隐之心，作出另外的打算，说他把我们弄到了这步田地，由于他的缘故，我们的财产被抢夺、变卖，印第安人奴仆也被夺走。我们之中一些有妻室的人更埋怨说，他们连妻小的下落都不知道。我们要求科尔特斯立即再次登船，驶往墨西哥；如果科尔特斯说在卡斯蒂利亚和其他所有地方有的是兵士，那么他也应当知道，墨西哥也已经有了另外的总督和统帅，不管我们这些人到哪里，总能分得印第安人。

桑多瓦尔立即动身，发誓一定要使科尔特斯登船起程，驶往墨西哥。桑多瓦尔离开我们之前，对我们说了一些亲切的话，又让路易斯·马林担任指挥官。然后我们前往一个叫马尼亚尼的村子，又从该村来到另一个叫做阿卡尔特卡的村落（当时那里有不少房舍），想在那里等候科尔特斯的答复。

桑多瓦尔不几天便抵达特鲁希略，科尔特斯见到他很高兴，他看了我们给他的信，一时拿不定主意，因为他已经派他的表兄萨亚韦德拉指挥官率领全体兵士去平定叛乱的村落，桑多瓦尔再三规劝科尔特斯，让他去新西班牙，但他就是不愿登船。

第一百五十九章
科尔特斯派一条船驶往新西班牙，让他的仆人马丁·多兰特斯任该船的指挥官

贡萨洛·德·桑多瓦尔无法说服科尔特斯登船，他依旧想征服、开拓那片疆土；当时那个地区人口稠密，而且据说有金矿。最后科尔特斯决定，立即派他的一个仆人乘船前往墨西哥，并由他担任该船的指挥官，此人名叫马丁·多兰特斯，非常干练，任何要事都可以放心托付。

马丁·多兰特斯带着授权证书要去交与佩德罗·德·阿尔瓦拉多和弗朗西斯科·德·拉斯·卡萨斯，他们二人若已返回墨西哥，在科尔特斯未到达新西班牙的这段时间里，就由他们担任墨西哥总督；他们若不在墨西哥，就仍由司库阿隆索·德·埃斯特拉达和税务官阿尔沃诺斯担任总督之职（科尔特斯原先已授权他们二人）。科尔特斯同时废除对王家收税官和巡视官的授权，而且给司库和阿尔沃诺斯及一同征服墨西哥的他的所有朋友和圣方济各修道院的修士们，写了非常亲热的信。他命令马丁·多兰特斯到帕努科和维拉克鲁斯之间的一个海湾登陆，嘱咐司舵和水手照此办理并给予重赏；他又命令他们只让多兰特斯一人下船，多兰特斯一

登陆，他们便立即起锚扬帆，驶往帕努科。他把那个地方所有的三条船中最好的一条交给他们并装上给养。做完弥撒后，这条船张帆起航，靠天主保佑，一路顺风，不几日便驶抵新西班牙。然后径直驶往帕努科附近的海湾，马丁·多兰特斯对那个海湾了如指掌。

马丁·多兰特斯上岸后，连声感谢天主保佑，然后乔装打扮，不让人认出他来。他脱下自己的衣服，穿上农夫的服装，科尔特斯命令要如此行事，所以他在特鲁希略准备好了衣服带在路上。他把所有的信件和授权证书藏好，缠在身上，不使显出鼓鼓囊囊的样子；他本是个飞毛腿，便快步赶路。来到有西班牙人居住的印第安村落时，他混在印第安人当中，免得同西班牙人说话，被他们告发。虽然有时免不了和西班牙人接触，他们也认不出他来，因为我们离开墨西哥已有两年零三个月的时间，他的胡子长得很长，有人问起他的名字，问他从哪里来，到哪里去，他或许无法避而不答，便称自己名叫胡安·德·弗莱奇利亚。

他下船后第四天，在夜里摸进墨西哥，便往圣方济各修道院走去。他遇见许多躲在修道院的人，其中有豪尔赫·德·阿尔瓦拉多、安德烈斯·德·塔皮亚、胡安·努涅斯·德尔·梅尔卡多、佩德罗·莫雷诺·梅德拉诺，他还遇见其他许多征服者和科尔特斯的朋友。这些人见到多兰特斯，得知科尔特斯仍然健在，读过他的信，一个个高兴得手舞足蹈。方济各会的修士们（其中有托里维奥·莫托利内阿修士和迭戈·德·阿尔塔米拉诺修士）也都欢欣雀跃，连声感谢天主。

他们连忙紧闭修道院的门户，不使奸徒跑去通风报信（因为奸徒不在少数），也不让走漏风声，到了半夜，他们才通知司库、税务官和科尔特斯的其他朋友。这些人听到消息，悄悄来到圣方济各修道院，见到科尔特斯给他们的授权证书之后，决定先去捉拿王家收税官。他们连夜通知自己一派的人，准备武器，整整忙了一夜，打算第二天一早去捕捉王家收税官，因为当时那位巡视官正在科阿特兰山下。

天亮以后，司库和所有科尔特斯一派的人直奔王家收税官的住处，马丁·多兰特斯也一同前往，为的是让大家见到他，他一路上高喊："国王陛下万岁！代表国王的埃尔南多·科尔特斯万岁！科尔特斯还健在，马上就要到这里来，我是他的仆人多兰特斯。"居民们一大早听到这样的喊叫声，又听得喊"国王万岁！"以为出了什么事，一个个都照定规拿起武器赶来，好为国王效力。等他们听说科尔特斯还健在，又见到多兰特斯，都很高兴。

许多墨西哥的西班牙居民立即站到司库一边，为他出力；那位税务官当时好像很不起劲，心怀鬼胎，阿隆索·德·埃斯特拉达为此责备他，但税务官很不满，两人于是吵得很厉害。

众人冲向王家收税官的住处时，他已得到消息做好充分准备，因为税务官已经报信给他，说有人要去捉他。他下令把炮安在自己的住处前边，炮兵指挥是梅迪纳西多尼亚公爵的堂兄堂路易斯·德·古斯曼；他又调集手下的指挥官，各领许多兵士严阵以待。司库、豪尔赫·德·阿尔瓦拉多、安德烈斯·德·塔皮亚及其他墨西哥的征服者（还有那个无精打采、很不乐意的税务官），带领全部人马，来到王家收税官的住处，高喊："国王的人马来咯！代表国王的埃尔南多·科尔特斯的人马来咯！"他们有的从屋顶，有的从房门，也有的从其他两处冲进住处，王家收税官一派的人张皇失措，炮兵指挥官从这边打，炮兵们从那边打，最后弃炮而逃。阿奇拉加指挥官急忙躲藏起来，埃尔希内斯·诺尔特斯沿着过道溜下来，只有佩德罗·冈萨雷斯·萨维奥特和四个仆人留在王家收税官身边。

王家收税官见手下人马四散奔逃，拿起一段燃着的木柴想亲自点炮，税务官这边的人一阵猛打，打得他招架不住，当场将他擒获，先是严加看管，然后用粗木头钉个牢笼把他关在里面，食物就投在笼里让他吃。王家收税官的统治到此便告结束。

他们派信使到新西班牙各镇，通知事情的经过。局势发展到这一步时，一些人高兴，另一些曾从王家收税官手中分得印第安仆役和职务的人却不高兴。消息传到巡视官所在的科阿特兰山和瓦哈卡，巡视官及其一伙得知后全都伤心、懊恼，巡视官很快病倒，便让安德烈斯·德·蒙哈拉斯担任统帅之职，蒙哈拉斯当时正长疮，他立即来到特斯库科城，躲进圣方济各修道院内。

司库和税务官这时已出任总督，得知这个消息后，即派人到修道院捉拿蒙哈拉斯。在此之前，他们已派差人带上指令和兵士，四处抓他，要剥夺他统帅之职。当他们获知蒙哈拉斯在特斯库科城时，便命人到修道院把他抓来，带到墨西哥城，也像对王家收税官那样，把他投进另一个牢笼。

他们又派人火速前往危地马拉，给佩德罗·德·阿尔瓦拉多报信，告诉他王家收税官和巡视官已被擒，科尔特斯现在特鲁希略，离他所在的地方不远，让他立即去找科尔特斯，劝科尔特斯到墨西哥城来，上述的所有事情他们都原原本本函告阿尔瓦拉多知晓。

除此之外，司库办的第一件事便是表彰胡安娜·德·曼西利亚，即那位被王家收税官当作巫婆下令鞭打的阿隆索·巴连特的妻子。他的做法是：下令墨西哥城所有的骑士都骑上马，他也亲自骑马，让胡安娜坐在身后，上街游行；宣称胡安娜的行为赛似古罗马的女英雄，以此洗刷王家收税官对她的凌辱，恢复她的名誉，从此以后，大家欣然称她为堂娜胡安娜·曼西利亚夫人，都说她应该得到赞美，因为王家收税官无法逼迫她再嫁，也无法使她改口，她始终认为她的丈夫、科尔特斯以及我们大家仍然活在人世。

第一百六十章

许多绅士要求方济各会的修士们派科尔特斯的亲戚迭戈·阿尔塔米拉诺修士乘船前往特鲁希略把科尔特斯接来

司库和科尔特斯一派的其他绅士见冲突、争斗迭起，税务官对囚禁王家收税官和巡视官又很反感，觉得最好还是请科尔特斯速到新西班牙来（税务官很怕科尔特斯得知他在给国王陛下的呈报中所写的关于科尔特斯的那些话），便决定去找方济各会的修士们，请他们准许迭戈·阿尔塔米拉诺修士乘坐他们为他准备的一条船（船上已装足给养），率众多随从前往特鲁希略，把科尔特斯接来。这位修士是科尔特斯的亲戚，在当修士前当过兵，打过仗，而且善于斡旋。修士们觉得这个主意不错，迭戈·阿尔塔米拉诺修士本人也乐意前往。

修士准备出发之事按下不表。话说王家收税官和巡视官既已收监,那位税务官好像心怀鬼胎,因见科尔特斯事事顺当而存心不良。王家收税官一向与许多不法之徒交好,这些人唯恐天下不乱,加之他们从王家收税官和奇里诺斯手里得到过金子和印第安奴仆,所以拥护这两个人;于是他们有许多人纠合在一起,再加上几个有身份的人及其他形形色色的人物,密谋放出王家收税官和巡视官,杀害司库和狱卒。据说税务官尽悉内情,并为此而十分高兴。

为实施这一计划,他们找到一个制弩弓的锁匠密谈,此人叫古斯曼,是个小人,专爱插科打诨。他们悄悄求他配几把钥匙,以便打开监狱的大门和关着王家收税官的牢笼的门,说定当酬以重金。说着便交给他一块印有钥匙形状的金子,叮嘱他小心行事,不可走漏风声。那锁匠甜嘴蜜舌,说乐意效力,还让他们自己更加小心,说他们明知他是什么人,还把如此要紧之事告诉他,他让他们切不可再告诉他人,又说他亟盼王家收税官和巡视官从监狱里出来。

他向他们打听,参与其事的是谁,有多少人,起事时将在什么地方、什么日子、什么时间聚集,他们便把商量好的事一五一十告诉了他。那锁匠照他们给的模子打造钥匙,但故意打造得有些毛病,使之开不得门。他们便一趟趟为钥匙之事到他店里,让他把钥匙配好,他们每去一次,他便更详细地了解他们的密谋,配钥匙的事拖得越久,他知道的内情越多。

钥匙总算配好,他们用他配的钥匙去劫狱的日子终于来到,所有的人都拿好武器,做好准备。这时,锁匠飞速来到司库阿隆索·德·埃斯特拉达家里,向他告发此事,司库得到消息后,立即背着税务官，暗暗派人通知科尔特斯一派的全部人员做好准备，然后直奔那伙密谋放出王家收税官的人的聚集处，以迅雷不及掩耳之势捉了二十个手持武器的家伙，其他人等各自逃散，无法擒获。司库审讯俘虏，问他们因何聚在一起，他们供认是为了要放出前面提到的那两个人，并为了杀死司库。司库还得知，税务官支持他们如此行事。这些人里面有三四个很不安分、专做坏事的家伙，墨西哥城当时发生的所有骚乱和事端都有他们的份，镇长奥尔特加学士审理了他们的案件后，对其中三人判以绞刑，其余的人被处以笞刑。那个锁匠怕王家收税官一派的人因他告发了他们如此秘密地泄露给他的那件事而杀害他，好几天躲着不敢露面。

有关处死那几个人的事按下不表，言归正传。话说那个阿尔塔米拉诺修士按计划在维拉克鲁斯港登船起航，一路顺风，不几日驶抵科尔特斯所在的特鲁希略港，该镇居民和科尔特斯见一条大船扬帆驶近他们的港口，立刻料到是从新西班牙驶来接科尔特斯去墨西哥城的船。那条船进港后，修士便带领一大群随行人员上岸，科尔特斯认出过去在墨西哥城见过的几个人，这些人都向他行吻手礼，修士拥抱了他，彼此说了些很虔诚的话之后，即去教堂祈祷，然后一同来到住处，修士把墨西哥城发生的事以及弗朗西斯科·德·拉斯·卡萨斯为科尔特斯做的事讲给他听，并告诉他拉斯·卡萨斯已被押送回卡斯蒂利亚。

修士说的这些事科尔特斯已从苏亚索硕士的信中获悉，他对发生的事感到痛心，又说这都是天意，说他感谢天主，因为墨西哥再次平定下来。他说打算立即从陆路去墨西哥；说他不敢走海路，他曾两次登船，都因逆水及水流湍急而无法航行，说逆水行舟很费劲，再说他的身体又很瘦弱。水手们立即回答他说，当时已是四月，水流平缓，海上风平浪静。于是他决定坐船走，不过要等贡萨洛·德·桑多瓦尔指挥官来到之后才能起程，因为桑多瓦尔已被派往一个叫奥兰乔的村子，那村子远在五十五西班牙里之外。科尔特斯立刻命人送信给桑多瓦尔，让他火速率领全部人马返回，信上还提及修士已经到来，提及墨西哥城发生的各种事情。桑多瓦尔看信后很是高兴，恨不得马上返回，果然他很快赶到。科尔特斯指示萨亚韦德拉指挥官留下，担任该地的城防长官；他叮嘱萨亚韦德拉应如何行事，又给路易斯·马林指挥官和我们全体写信，命我们立即去危地马拉。

科尔特斯带领全体部众登船起程，顺风顺水朝哈瓦那方向驶去，因如此航行比去新西班牙更为顺利。他上得岸来，哈瓦那的所有居民都是他的熟人，见了他很是高兴。他们用餐后，科尔特斯得知几天前有一条从新西班牙来的船在哈瓦那停靠，据船上的人说，墨西哥很平静，又说固守科阿特兰山与西班牙人作战的印第安人，得知科尔特斯和我们这些征服者仍然健在，便向司库求和，不过提了一些条件。

第一百六十一章

科尔特斯在哈瓦那登船前往新西班牙

科尔特斯急于到达墨西哥，在哈瓦那休息五天之后，使命令部下登船，张帆起程。因是顺风，两天后抵达牺牲岛对面的麦德林港附近，科尔特斯下令停船，因不是顺风，不便前进。科尔特斯为了不在海上过夜，带上二十名心腹兵士上岸，步行约半西班牙里，凑巧遇到一个马队，送一些要登船去卡斯蒂利亚的旅客来该港。科尔特斯一行便骑上这些马和骡子，前往维拉克鲁斯，该镇离那里约有五西班牙里路程，他命令手下不要去通知他已从陆路来到之事。

离天亮尚差两小时，科尔特斯来到维拉克鲁斯镇，便直奔大门洞开的教堂，带部众径直入内。教堂司事（该司事刚从卡斯蒂利亚来）大清早来到教堂，见里面到处是人，又不认识科尔特斯及其随从，便呼喊着冲到街上，说是有许多外乡人闯进教堂，要叫司法当局把他们赶出去。镇长、几个治安法官和三个差人听到喊叫赶来，其他居民也都带着武器跑来，以为发生了什么事情，冲进教堂，厉声命令教堂里的人出去。科尔特斯因旅途劳顿，很是消瘦，直到他开口说话，人们才认出他来。

他们见是科尔特斯，全都上前吻他的手，对他表示欢迎。科尔特斯一一拥抱住在该镇的征服者，还叫出他们的名字，向他们问好，对他们说了很多亲热的话。然后众人做了弥撒，镇上的人把科尔特斯带到最好的房屋住宿，他在那里一住八天，镇上的人为他举行许多欢庆活动，又派人火速前往墨西哥，报告科尔特斯到达的消息。科尔特斯给司库、税务官（虽然他与科尔特斯为敌）以及所有的朋友和圣方济各修道院去信，大家得到他的消息十分高兴。周围地区的印第安人听到消息后，给科尔特斯送来礼物，有金子、布匹、可可、鸡和水果等。

科尔特斯一行随后从麦德林出发，一路上，印第安人用树枝为科尔特斯布置住处，并打扫得干干净净，还给他和他的部下送来许多给养。墨西哥人高高兴兴地做这做那，实在无法一一细说。他们和湖周围的所有村落一起，沿路迎候科尔特斯，献上金饰物、衣服、鸡和当地应时的各色水果等许多礼物，还派人对科尔特斯说，因他来得突然，他们没有更多的东西送给他，请他原谅。等他进了墨西哥城，他们一定尽他们的本分，为他效力，因为他是征服他们的统帅，理当支使他们；其他村子的人也都如此行事。特拉斯卡拉地区的人也不怠慢，所有的首领都跳着舞、带着给养出来迎接。

科尔特斯来到离特斯库科城（该城加上所辖各村，几乎和墨西哥城一般大小）约三西班牙里处时，税务官阿尔沃诺斯出城迎接，他十分惧怕科尔特斯，为讨好科尔特斯专程赶到该城。他把周围所有村子的西班牙人召集起来，带上随行人员和一路耍着舞着的该城的酋长们，走出二西班牙里多路迎接科尔特斯，科尔特斯见了很高兴。抵达特斯库科城时，又有一次盛大欢迎，当夜他在该城宿营，第二天一早即朝墨西哥城进发。该城市政会议成员、司库、所有的绅士、征服者和科尔特斯的好友写信给他，请他在离墨西哥城二西班牙里的一个村子里稍作停留，说他当天本可以进城，不过最好等到第二天上午，因为要热烈欢迎他们全体。

司库率领该城所有的绅士、征服者和市政会议成员出城迎接，全体官员列队整齐，全都穿上最华丽的上衣、裤子和紧身坎肩，带上各种乐器，吹吹打打；墨西哥城的酋长们也都佩戴标志，穿起礼服，边走边表演，湖上满是载着武士的独木船，当初瓜特穆斯时代他们和我们作战时，湖上也都是独木船。那些从堤道上出来欢迎我们的人，要得更加热闹，一时也无法细说，整整一天，墨西哥城内条条街上都在跳舞，入夜以后，房舍门前点起许多灯烛。还有一件事更重要：方济各会的修士们在科尔特斯到达之后的第二天，举行宗教游行，赞美天主施恩，保佑科尔特斯来到墨西哥城。

科尔特斯进城后立即到圣方济各修道院，让修士们做弥撒，感谢天主把他从洪都拉斯遇到的困境中解救出来，保佑他抵达墨西哥城。然后，他来到自己的住处，那座房屋建造精良，有许多华丽的房间，他在那里有众多奴仆服侍，得到王侯般的待遇。各地区的印第安人都来看他，献金子给他，连发动叛乱的科阿特兰山的印第安人，也来对他表示欢迎，并送礼物给他。科尔特斯进墨西哥城的日子是1524或1525年的6月[①]。

科尔特斯休息过后，即下令捉拿不法之徒，并着手调查王家收税官和巡视官的行径，他见一干人犯均已抓获，便想审理此案，将他们处死，认为这样做很有道理，说他如果马上下手，卡斯蒂利亚方面不会有人说这样做不妥，国王陛下也会赞同。这些情况是我在1540年到王家西印度院为自己的事诉讼时听那里的人说的，当时在场的有巴托洛梅·德·拉斯·卡萨斯主教。科尔特斯在这件事上极不谨慎，他们都认为他过于随便、轻率。

① 作者所记日子有讹，科尔特斯出墨西哥城是在1524年10月12日，返回墨西哥城应是1526年6月19日。

第一百六十二章

前来调查科尔特斯的路易斯·庞塞·德·莱昂硕士抵达圣胡安德乌卢阿港

却说控告科尔特斯的许多诉状送到当时的京城托莱多[①]，告他的都是迭戈·贝拉斯克斯一派的人，阿尔沃诺斯的信也起了推波助澜的作用，国王陛下信以为真，拟派圣多明各的远征军司令率大队人马捉拿科尔特斯和我们这些支持他击溃纳瓦埃斯的兵士。贝哈尔公爵堂阿尔瓦罗·德·苏尼加听说后，恳求国王陛下在了解真相之前，不要轻信与科尔特斯为敌的人的报告，远征军司令这才没有前来。

国王陛下于是决定派一名当时在托莱多城的绅士前来，那位绅士名叫路易斯·庞塞·德·莱昂硕士，陛下命他前来调查科尔特斯，若发现对他的控告属实，就对他严加惩处，并将审判结果公告周知。为了掌握控告科尔特斯的全部案情，他把诉状上写的科尔特斯说过的话记下带在身上，并带来有关从何处着手进行调查的指示。

然后他率三条船出发(我已记不清是三条船还是四条船了)，一路顺风，抵达圣胡安德乌卢阿港，登陆后，来到麦德林镇。科尔

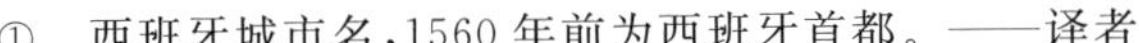

① 西班牙城市名，1560年前为西班牙首都。——译者

特斯的一个叫做格雷戈里奥·德·比利亚洛沃斯的管家,就住在镇上,当获悉来人是要对科尔特斯进行调查的法官时,急忙派人报告科尔特斯;四天后,科尔特斯即在墨西哥城得到了消息。莱昂硕士突然来到,使他很是吃惊,他本希望能更早一点得到消息,以便尽可能予以最隆重、最盛大的欢迎。

信送到科尔特斯手中时,他正在圣方济各修道院内领我主耶稣的圣体,恭恭敬敬地求天主保佑他万事如意。得到这一确实的消息后,他连忙派人前去打听来者是谁,有没有带着诏书。两天之后,路易斯·庞塞硕士派三名信使送信给科尔特斯,其中一封为国王陛下的诏书,科尔特斯从信中得知国王陛下命路易斯·庞塞前来对他进行调查。

科尔特斯读毕国王手谕,恭敬而谦卑地吻过后举到头上,口称国王陛下派人来听他申辩,是给他的莫大恩典。随即派人送回信给路易斯·庞塞,信中甜言蜜语,其殷勤周到非我笔墨所能形容。他请路易斯·庞塞通知他走哪条路前来(因为除一条大路之外,另有一条近道通墨西哥城),以便他做好一切准备,迎接至高至圣的国王派来的臣仆。那位硕士见到这样的回信,回答说,他因海上劳顿,想休息数日,并为科尔特斯表示的好意向他致谢。

镇上有些居民与科尔特斯为敌,他从洪都拉斯带来的那部分人中,有一些曾被他逐出帕努科,因此也对他心怀不满。这些人及其他一些敌对分子从墨西哥给路易斯·庞塞写信,说科尔特斯想在硕士到达墨西哥城之前就将王家收税官和巡视官正法。他们让硕士多加小心,说科尔特斯的信写得如此动听,还想打听硕士从哪条路前来,是为了要结果他的性命,请他不要相信他的好话和许诺。信中还列数科尔特斯对纳瓦埃斯和加拉伊干的所谓坏事，说他如何把兵士丢弃在洪都拉斯，使三千名墨西哥印第安人死在途中，又让一个叫迭戈·德·戈多伊的指挥官带三十名患病的兵士在某地开拓，这些人想必都已死去（这点倒被他们言中）。他们请求路易斯·庞塞速赴墨西哥城，不可作别的打算，要以纳瓦埃斯、海外远征先遣长官加拉伊和克里斯托瓦尔·德·塔皮亚的遭遇为鉴，后者因不愿听从科尔特斯，科尔特斯就迫使他登船原路返回。他们还说了科尔特斯许多别的坏话，使路易斯·庞塞对他不满，甚至相信科尔特斯必将反对他。

路易斯·庞塞硕士的随从中有几个绅士和多明我会的修士，其首领是托马斯·奥尔蒂斯修士，据说此人曾在某地（地名我已记不清）当过几年修道院院长。据与他同来的人讲，这位修道院院长干别的勾当要比担任神职更为谙练。闲话少提，却说路易斯·庞塞与这些绅士商量，是否立即前往墨西哥，所有的人都劝他日夜兼程前往墨西哥，因他们都以为对科尔特斯的那些诬告确有其事。因此，当科尔特斯接到硕士给他的回信之后，立即再派人送信、送许多食物去时，硕士已经来到伊斯塔帕拉帕附近，他在那里受到隆重欢迎，科尔特斯对他的到来表示十分高兴，命人为他举行盛大宴会。

等硕士用过一道道丰盛的佳肴，膳食监督安德烈斯·德·塔皮亚问他是否想尝尝奶酪，当时在新西班牙这可是一种稀罕的美味。所有与硕士一同进餐的绅士全都要了来一饱口福，那奶酪非常可口，有几个人吃得太多，以致反胃、呕吐——这是实话，我吃奶酪也反胃，因为是冷食——其他人并不觉得不舒服。于是那个名叫托马斯·奥尔蒂斯的修道院院长或是教区主教，便说奶酪里放了雄黄，说他因为有此顾虑，所以不愿食用。可是据在那里用餐的人说，明明看见那位修士吃了许多奶酪，还说非常可口。由于膳食监督是安德烈斯·德·塔皮亚，他们便对他无端猜疑。

闲话少叙，且说当时科尔特斯留在墨西哥城，没有去伊斯塔帕拉帕迎接路易斯·庞塞。伊斯塔帕拉帕离墨西哥城二西班牙里，科尔特斯早已安排手下向他报告硕士来墨西哥城的时间，以便出迎。这时，他便率所有在城内的骑士亲往迎接；除他之外，出迎的其他骑士有贡萨洛·德·桑多瓦尔、司库阿隆索·德·埃斯特拉达、税务官、市政会议全体成员和所有墨西哥城的征服者，有豪尔赫·德·阿尔瓦拉多、戈麦斯·德·阿尔瓦拉多（佩德罗·德·阿尔瓦拉多当时去了危地马拉不在墨西哥，他到那里去找科尔特斯）和从卡斯蒂利亚新来的其他许多骑士。

硕士和科尔特斯在堤道上相遇，互相行了大礼，硕士知情达理，科尔特斯向他伸出右手，他再三推让不握，两人客气半天，他才握住科尔特斯的手。进得城来，硕士见该城固若金汤，又见湖上有许多城镇，惊叹不已，说他可以断定，世上再没有别的统帅，能用如此之少的兵力征服如此辽阔的疆土，攻占如此坚固的城池。他们边走边聊，直奔圣方济各修道院，在那里做了弥撒。然后，科尔特斯请路易斯·庞塞出示敕命，着手执行国王陛下的圣命，说他要求惩办王家收税官和巡视官。路易斯·庞塞答道，等第二天再说。

科尔特斯把他领到为他装饰一新的府第住宿，出城迎接硕士的所有骑士一路相随，科尔特斯在那里设盛宴为他接风，用金盏银盘隆重招待。路易斯·庞塞见此情景，私下对总监普罗亚尼奥和一个叫博卡内格拉的人说，从科尔特斯的一举一动、一言一行来看，他确实像个有根底的君子。

第二天，他们来到大教堂，做完弥撒后，路易斯·庞塞让人把该城市政会议的全体成员、王家财政官员、所有指挥官和墨西哥城的征服者召来。等人来齐，他当着两位公证人的面（其中一位是墨西哥城市政会议的公证人，另一位是路易斯·庞塞自己带来的公证人）出示敕命。科尔特斯恭恭敬敬吻过敕命，举到头上，说国王陛下所下诏书，他定将服从并将竭诚执行，其他绅士、征服者、市政会议成员和国王陛下的官员也都表示服从。

于是，路易斯·庞塞硕士从镇长、治安法官、巡查官[①]和其他官吏手中接过各人的权杖，收齐后又一一还给他们，然后对科尔特斯说："统帅大人，您的总督之职国王陛下命令由我接任，并非阁下当不得此任或其他许多更重要的职务，但我们的君王既有此令，我们只有照办。"

科尔特斯恭恭敬敬表示感谢，说他愿意服从国王陛下的一切命令，为国王陛下效劳，又说通过对他的监察和调查，路易斯·庞塞大人将很快了解，他为我们国王效力是何等忠心，一些人编造假话，写恶毒的信诬告他，硕士一定会觉察这些人的恶意。硕士回答道，有好人的地方就有坏人，世界本是如此；又说做好事的人总会受人称道，做坏事的必遭谴责。那一天就这样过去了。

第二天，就在硕士的住处做弥撒，然后，硕士很客气地派一名

---

① 巡查官有两个，每年任命一次，负责调查乡间一切偷盗、凶杀、焚烧庄稼、砍伐树木等罪行。

骑士把科尔特斯叫来。他还把托马斯·奥尔蒂斯修士找来，三个人秘密谈话，其他人都不在场。硕士十分和气地对科尔特斯说："统帅大人，我要告诉阁下，国王陛下命令我把印第安人多多地分给那些从古巴岛过来的为征服这片疆土和城池出过力的征服者和后来到达的其余征服者，让他们当印第安人的委托监护人，并嘱我尤其要优待第一部分人。我之所以这样说，是因为我听说随阁下从古巴岛来的征服者中，有不少人只分得极少的印第安人，您却把印第安人分给新近从卡斯蒂利亚来的毫无战功的人。倘若果真如此，那我要提醒您，国王陛下委您以总督之职，是要您照他的敕令办事，不是让您如此行事。"科尔特斯答道，他早已把印第安人分给所有的人，只不过有人运气好，分得好的一份，有人运气不好，分得的不怎么好就是了，又说路易斯·庞塞既是为此事而来，他可以纠正，再说墨西哥城的征服者们本来也应该得到丰厚的待遇。

硕士还问，随他去洪都拉斯的那些征服者情况如何，他怎能把他们丢弃在那里，任其饿死；又说有人报告他，科尔特斯让一个迭戈·德·戈多伊的指挥官率三四十名兵士开拓卡瓦略斯港，这些人全都有病在身，料定已死于印第安人之手，说他们既然攻克了那么大一座城池，征服了新西班牙，本应留在城里过几天安闲舒适的日子，科尔特斯可以带那些新近来的人去历险开拓；他又问起路易斯·马林指挥官和许多兵士的情况，也问起我。科尔特斯答道，因为是去冒险、打仗，他实在不敢带不熟悉的兵士去远征，不过路易斯·马林的人马很快就要到墨西哥城来，现在当已在前来的途中，他请路易斯·庞塞大人为这些人做主，分给他们上好的委托监护地。

路易斯·庞塞又略微严厉地质问科尔特斯，怎能不经国王陛下允准，弃墨西哥城于不顾，长途跋涉去征讨克里斯托瓦尔·德·奥利德。对此，科尔特斯答道，作为国王陛下的总督和统帅，他认为那样做是对国王陛下效力，以使其他指挥官不敢反叛，并说他向国王陛下禀报过此事。硕士又问起击溃并监禁纳瓦埃斯一事，问弗朗西斯科·德·加拉伊的船队和兵士如何覆没，加拉伊又是如何死的，科尔特斯又因何迫使克里斯托瓦尔·德·塔皮亚登船，原路返回。硕士还当着托马斯·奥尔蒂斯的面，质问他许多别的事，我不想在此提及。对所有这些质问，科尔特斯都据理答复，路易斯·庞塞听后似乎较为满意。他质问科尔特斯的这些事，都是在卡斯蒂利亚时记下来带在身上的，此外，一路上和在墨西哥城内，他又听到了其他不少事情。

硕士质问科尔特斯时，托马斯·奥尔蒂斯修士始终在场，等两人说完，科尔特斯回自己的住处之后，他悄悄把科尔特斯一派的三个征服者叫到一边，告诉他们说，路易斯·庞塞奉国王陛下的命令，要砍科尔特斯的脑袋，所以才质问科尔特斯这许多事情。第二天一大早，他又极其秘密地亲口对科尔特斯说："统帅大人，我很敬爱您，但我的职责和我信奉的宗教，使我不得不对您直言相告，大人，我要告诉您的是，路易斯·庞塞奉国王之命要将您斩首。"

科尔特斯听到这番话，又是在他申诉理由之后，不免闷闷不乐。不过，早已有人对他说过，这个修士心术不正，且爱拨弄是非，叫他不要把他的话当真。

这个修士对科尔特斯讲这番话，似乎是要科尔特斯请他代为说情，求硕士不要执行那道敕令，科尔特斯便将为此送他几条金子。也有人说，是路易斯·庞塞让他说这些话，以使科尔特斯心生畏惧，派人请求不要将他斩首。

科尔特斯看出隐情，便对修士作了不少许诺，说只要回到卡斯蒂利亚，一定要好好酬谢他；并彬彬有礼地说他深信国王是最虔诚的基督教徒，一定会给他许多恩典，奖励他一向为国王所效犬马之劳；说他没有任何失职行为，所以也绝查不出什么事情来，而且他相信路易斯·庞塞一定会严格照国王陛下的命令办事。修士听到这番回答，见科尔特斯并不求他向路易斯·庞塞说情，不免感到尴尬。以后的事情我下面再说。总之科尔特斯从没有付过许诺给他的钱。

第一百六十三章

路易斯·庞塞硕士下令宣告调查科尔特斯及所有被指控的人，不久即病倒去世

路易斯·庞塞出示敕命，科尔特斯、市政会议成员和其他征服者毕恭毕敬地表示服从之后；硕士下令宣告对科尔特斯及其他几个一度当过统帅的被指控的人进行全面调查。许多与科尔特斯不和的人及其他有官司要打的人，忙不迭地投状子、请证人，一时间满城都是与他打官司的人。

一些人说科尔特斯没有把他们应得的那份金子给他们；另一些人指控科尔特斯没有遵照国王陛下的命令分给他们印第安人，

却分给了他自己的亲信、马丁·科尔特斯以及其他没有战功的卡斯蒂利亚的大人先生们的仆人；还有一些人要求他赔偿在战争中被打死的战马，虽然他们早已得到不少金子作为赔偿，但他们不满足于已得的金子；另外一些人则为科尔特斯对他们的凌辱而对他提出指控。

调查刚刚开始，路易斯·庞塞硕士忽然昏迷不醒，这是我主耶稣因我等罪孽深重而作的安排，也是我们的不幸。事情经过如下：那天从圣方济各修道院听完弥撒回来，硕士突然发起高烧，当下卧病不起，一连昏睡四天，神志不清，白天黑夜大部分时间都在沉睡。当时给他治病的是佩德罗·洛佩斯硕士、奥赫达大夫和另一个随同硕士从卡斯蒂利亚来的医生，他们一致认为最好让他忏悔，做临终圣事，硕士自己也十分愿意。硕士谦恭而悔悟地做完临终圣事，立下遗嘱，把代总督之职托付给随他从拉埃斯帕尼奥拉岛来的马科斯·德·阿吉拉尔硕士。立下遗嘱、使灵魂得到安宁之后，在他病倒的第九天上，他的魂魄便归了天。

硕士一死，征服者们个个哀伤，人人悲悼，真是如丧考妣，因为他确实是来救助那些竭诚为国王陛下效力的人，临死前，他已经这样公开宣布；他带在身上的国王陛下给他的弹劾书和指令中也写得明明白白，国王陛下命令他把最好的委托监护地分给墨西哥城的征服者们，并使他们得到各种好处。科尔特斯和城里所有的绅士都为死者服丧，隆重出殡，把他抬到圣方济各修道院安葬，还把当时所能搞到的蜡烛全都点上，就当时的条件来说，硕士的葬礼隆重至极。

我听硕士病倒时在场的几位绅士说，路易斯·庞塞精通音律，而且生性快活，他们为了让他高兴，想给他弹奏比韦拉琴，他吩咐奏一支低沉的曲子，然后就在病床上摆动手指和脚，跟着音乐的节拍，直到曲子终了，这时他已说不出话来。我听说，硕士死后安葬毕，墨西哥城内与科尔特斯和桑多瓦尔为敌的那些人，便飞短流长地说是有人给硕士下了毒，硕士是被毒死的，并说弗朗西斯科·德·加拉伊也是被科尔特斯用同样的办法害死的。那个带几名修士前来的托马斯·奥尔蒂斯修士讲得更加起劲，两个月之后，他也因同样的病死去，除他之外，还有几名修士去世。我要提一下，路易斯·庞塞的船上好像流行瘟疫，因为那条船上有一百多人得了此病，昏迷不醒，死在海上，在麦德林镇登陆后，又有许多人谢世，修士中只有很少几个活了下来，那个为首的修士或者修道院院长也在登陆后几个月死去，据说这种病也在墨西哥城传播开来。

第一百六十四章
马科斯·德·阿吉拉尔硕士出任总督以及由此引起的争斗

却说马科斯·德·阿吉拉尔出任新西班牙总督后，许多和科尔特斯不和的人、科尔特斯的朋友和大多数征服者都希望按路易斯·庞塞·德·莱昂硕士的做法把调查进行下去。科尔特斯说遵照硕士的遗嘱，他不能与闻此事，但如果马科斯·德·阿吉拉尔愿意担此重任，当然很好。

墨西哥市政会议此时提出异议，认为路易斯·庞塞不该在遗嘱中安排由阿吉拉尔硕士一人出任总督，因为一方面他已年迈昏聩，而且身上长疮，行动不便，再说此人没有威望，不熟悉当地情况，也不知道哪些人立过战功，不会受到尊重，也没有人会把他放在眼里，因此最好在国王陛下下达新的敕令之前，由科尔特斯和他一起担任总督之职，这样众人才会有所畏惧，国主陛下的法律才会受到尊重。

马科斯·德·阿吉拉尔则说必须完全依照路易斯·庞塞的遗嘱，由他一人治理，如果硬要再设一个总督，便是违背国王陛下的圣命。不仅马科斯·德·阿吉拉尔这样说，科尔特斯也怕惹来别的麻烦，所以虽然新西班牙各城镇的代表们一再劝他代理总督之职，说他们将对马科斯·德·阿吉拉尔好言相劝，让他首肯，因为他实在病得不轻，又说那样做是为天主和国王陛下效力，科尔特斯始终不肯迈出这一步，只让老阿吉拉尔一人治理。阿吉拉尔一身是病，骨瘦如柴，让一个卡斯蒂利亚女人给他喂奶，还养着几头母羊，喝那母羊的奶。当时，随他来新西班牙的他的一个儿子也染上了昏睡病，像路易斯·庞塞那样死去了。

第一百六十五章

马科斯·德·阿吉拉尔去世，立遗嘱让阿隆索·德·埃斯特拉达司库任总督

话说马科斯·德·阿吉拉尔当了总督，因身体瘦弱又长了疮，

遵医嘱靠吃一个卡斯蒂利亚女人的奶和山羊奶，支撑了将近八个月，终于因病痛和发烧死去，他在遗嘱中命令由阿隆索·德·埃斯特拉达司库单独出任总督之职，享有与路易斯·庞塞·德·莱昂相同的权力。

当时，墨西哥城的市政会议和在墨西哥城的一些城市的代表从阿隆索·德·埃斯特拉达对待努尼奥·德·古斯曼的事上发现他治理不善。古斯曼是两年前从卡斯蒂利亚来这里任帕努科地区总督的，他侵入墨西哥境内，说是他的辖区，而且来势汹汹，全然不顾国王陛下的命令。有一个叫佩德罗·冈萨雷斯·德·特鲁希略的墨西哥居民，是个正人君子，宣称自己是在墨西哥治下，不愿受他管辖，因为他监护的印第安人不是帕努科印第安人。就因他讲了这些话和其他一些话，古斯曼竟不由分说把他处了绞刑，古斯曼恣意妄为，为了威吓众人，还绞死了另一个西班牙人，全不把身为总督的阿隆索·德·埃斯特拉达司库放在眼里。墨西哥市政会议成员和其他绅士见努尼奥·德·古斯曼如此行事，为了让他心生畏惧，并照国王陛下的命令行事，便求司库请科尔特斯与他共同治理，说这样做是为我主和国王陛下效力。但司库不肯，也有人说是科尔特斯不愿接受，以免那些心术不正的人说他用强制手段达到统治的企图，而且当时有人散布流言，说马科斯·德·阿吉拉尔之死是科尔特斯下毒所致。

最后商定的结果是让贡萨洛·德·桑多瓦尔和司库共同治理，桑多瓦尔是总监，而且令人敬畏，司库也同意这样办。不过有人说司库之所以首肯，是想把他的一个女儿嫁给桑多瓦尔，如果真的攀上这门亲，桑多瓦尔的地位也许会更加显赫，或许可能获总督

之职，因为在那时候，这个新西班牙也不像现在那样重要。

于是，司库和贡萨洛·德·桑多瓦尔开始共同治理。世上总有肆无忌惮之人，有个叫普罗亚尼奥的人与阿隆索·德·埃斯特拉达总督争吵，污言秽语，我也不便细说；桑多瓦尔当时也是总督，照理应惩办普罗亚尼奥，予以逮捕，但他没有那样做。相反，据说是他支持普罗亚尼奥犯下此等大罪，并帮助他远走高飞的，司库出动很多人去抓也没有抓到。据说普罗亚尼奥逃出墨西哥后来到哈利斯科，后来发了大财。

此后没几天，又有一件非常严重的事发生，有人在司库府第的大门上贴了几张诽谤总督的很恶毒的揭帖，揭帖是什么人贴的谁都清楚，但总督见无法惩办，只得佯作不知，从那以后，司库对科尔特斯及桑多瓦尔极为不满，像躲瘟神似的躲着他们。

就在商量让科尔特斯和司库共同统治，以及后来让桑多瓦尔协助司库的那段日子里，有人劝阿隆索·德·埃斯特拉达速派一条船去卡斯蒂利亚，把一切经过向国王陛下禀报，还唆使他谎称因他不愿意并不同意由科尔特斯协助治理，有人便强迫他接受桑多瓦尔。不仅如此，那些和科尔特斯不和的人，还亲自写信，说科尔特斯曾命人给路易斯·庞塞·德·莱昂和马科斯·德·阿吉拉尔以及海外远征先遣长官加拉伊下毒，总之，一派胡言，信口雌黄；还说科尔特斯想杀王家收税官和巡视官。正巧这时，素来与科尔特斯不和的税务官阿尔沃诺斯也去了卡斯蒂利亚。

国王陛下和王家西印度院见到上述指控科尔特斯的信件，又从税务官阿尔沃诺斯那里听到许多对科尔特斯不利的话，再加上一些别的谣传，以为所传是实。国王陛下当即做出决定，让阿隆索·德·埃斯特拉达单独担任总督，对他所做的一切，包括对委托监护的印第安人的分配，均表示认可，还命令把王家收税官和巡视官从监狱和牢笼中放出，发还他们的财产。于是，很快有一条带着敕命的船只来到新西班牙。

国王陛下命令一个叫堂佩德罗·德·拉·奎瓦的骑士（是阿尔坎塔拉的骑士团长），带三百名兵士速来惩办科尔特斯（这三百人的费用要由科尔特斯本人承担），若发现他有罪，就砍他的脑袋，那些和科尔特斯一伙对国王陛下不忠的人，也要受到同样的处治，科尔特斯的委托监护地则拿来分给我们这些真正的征服者。国王陛下还命令王家检审法院派人前来，以便作出公正的判决。堂佩德罗·德·拉·奎瓦正准备来新西班牙时，好像发生了一些争执，也可能是拉·奎瓦没有得到他为这次航行索要的几千金币，总之他没有成行。可能宫中认为王家检审法院会明辨是非，而贝哈尔公爵又像历次那样为我们作保。

话说司库见国王对他如此宠幸，他已几次出任总督，现在国王陛下又下令由他单独统治，一些人又对他说他们已向皇上[①]——西班牙君王费尔南多五世的子孙——陈述种种事情，不免踌躇满志（这也难怪）；他着手做的第一件事，就是派他的表兄迭戈·德·马萨列戈斯当指挥官，前往恰帕调查堂胡安·恩里克斯·德·古斯曼，这个古斯曼是马科斯·德·阿吉拉尔委派的指挥官，经查明他在恰帕没做什么好事，只干了些巧取豪夺的勾当。

---

① 西班牙国王卡洛斯一世（1516 年登西班牙王位）即德皇查理五世（1519 年登德国帝座），所以此处称之为皇上，他是西班牙君王费尔南多五世的外孙。——译者

司库还派人征伐、平定萨波特卡人和米赫人的村落，兵分两路，以便更好地平定这些村落。率兵从北路攻打的是一个叫巴里奥斯的人，据说他曾在意大利当过指挥官，非常勇敢，刚从卡斯蒂利亚来到墨西哥。司库拨给他一百来名兵士，其中有不少火枪手和弩弓手。这位指挥官率队伍来到萨波特卡人的一个叫做蒂尔特佩的村落。一天晚上，村子里的印第安人冲出来，袭击这位指挥官和他的队伍，打得他们措手不及，巴里奥斯和七名兵士被杀，其余的人大都受伤，若不是仓皇逃窜，躲进一个和平的村子，一定会全军覆没。读者请看，那些刚从卡斯蒂利亚来的征服者如何不如老征服者，他们不知道和印第安人打仗是怎么回事，也没领教过印第安人的狡诈。对那个地区的征伐就此告终。

再说出兵瓦哈卡的那位指挥官。此人叫菲格罗亚，是卡塞雷斯人氏，据说在卡斯蒂利亚时也是个非常勇敢的指挥官，并且是阿隆索·德·埃斯特拉达的好友。他也统领一百名刚从卡斯蒂利亚来到墨西哥的兵士，包括许多火枪手、弩弓手，和十名骑兵。他们开到萨波特卡人居住的地区，菲格罗亚派人把阿隆索·德·埃雷拉召来，他是马科斯·德·阿吉拉尔任总督时派往该地的指挥官，手下有三十名兵士，菲格罗亚好像是受命将埃雷拉置于自己的统率之下。当下埃雷拉奉召来到，两人大概发生争吵，埃雷拉不愿留在菲格罗亚手下，于是二人拔剑相向，埃雷拉砍伤了菲格罗亚和几名保护他的兵士。

菲格罗亚负了伤，只剩下一条手臂，不敢进入米赫人居住的山区，那山地崎岖难攻，他手下的兵士不知如何攻打，于是他决定去干掘墓的勾当，因该地区的许多酋长墓中发现大量金饰物，按当地古老的习惯,要用许多金子作首领的随葬品。他费尽心机从墓中掘出约值五千金比索的物品,又从两个村子敛得其他一些金饰物,便决定放弃征伐,离开那几个村子。这几个村子中,有几个经他讨伐,不仅没有平息,反而更加动乱。他回到墨西哥,打算返回卡斯蒂利亚,他手下的兵士则各奔东西。这个菲格罗亚带着黄金在维拉克鲁斯登船,想回卡斯蒂利亚,不料运气不佳,他乘的那条船遇到风暴,在维拉克鲁斯附近沉没,菲格罗亚连人带金子没于水中,十五名乘客淹死。

司库派去征讨的两支队伍落得如此下场,那几个村子一直没有平息,后来还是我们这些在瓜萨夸尔科开拓的征服者制伏了他们。那山地又高又陡,马匹无法通行。我先后参加三次讨伐,弄垮了身体,因为我们夏天把他们征服,可是雨季一到,他们便重新暴动,杀死那些行为不端的西班牙人。但我们始终没有停止征讨,终于将他们平定,在那里建立一个镇,叫做圣阿方索。

闲话少叙,言归正传。却说司库获悉他的好友菲格罗亚指挥官被砍伤,立即下令捉拿阿隆索·德·埃雷拉,但没有抓到,因为他已逃往山区。司库派去的差官捉住一个常和埃雷拉在一起的兵士,那兵士被押到墨西哥城,司库不由分说,便下令砍掉他的右手。那兵士名叫科尔特霍,是位绅士。

那时还发生了另外一件事,贡萨洛·德·桑多瓦尔的一个随从与司库的一个仆人发生争斗,把那个仆人砍伤,司库大怒,命人将他的手砍去。当时科尔特斯和桑多瓦尔都不在墨西哥,正在一个叫做科尔纳瓦卡的村落,他们到那里去一来是为了躲开墨西哥城的是非和流言,二来是为了调解该村落酋长们之间的一些争执。

科尔特斯和桑多瓦尔收到信件,得知科尔特霍和那个随从被囚,司库还要砍去他们的手,立即赶回墨西哥城。他们见交涉不起作用,对司库这样不把他们放在眼中十分恼怒,据说科尔特斯当面斥责司库。司库忍受不了,又怕科尔特斯派人杀他,便召集兵士和亲信保护自己,又将王家收税官和巡视官从牢中放出,因为他们都是国王陛下的官员,可以联合起来对付科尔特斯。

这两个人放出来之后,王家收税官和其他几个与科尔特斯不和的人,便唆使司库,无论如何也要把科尔特斯立即逐出墨西哥城,因为只要他留在城里,司库就无法好好治理,也不会有太平,始终会有冲突与不和。八天之后,司库便签发了驱逐科尔特斯的命令,科尔特斯接到命令时说,他一定照办,并说感谢天主的安排,想不到他会被人从这片疆土、这个城市驱逐出去,这个地方是他和他的兄弟们发现并攻克的,他们日日夜夜血洒沙场,死了多少兵士,而驱逐他的那些人既不配得到任何恩典,也不配当国王陛下的官员。他要到卡斯蒂利亚向国王陛下面陈一切,要求对他们进行惩办,又说司库忘恩负义,对他科尔特斯恩将仇报。

他立即离开墨西哥,到他自己的一个镇子去,那镇子叫做库约阿坎,然后又从该镇来到特斯库科,几天后到达特拉斯卡拉。这时,司库的妻子堂娜玛里娜·古铁雷斯·德·拉·卡瓦列里亚(她十分贤良,值得一记),得知她丈夫放出王家收税官并驱逐科尔特斯,十分难过,对丈夫说:“天主保佑,不要因为你做的这些事而降灾祸给我们。”她还列数科尔特斯给他们的许多恩典和好处,让司库不要忘记科尔特斯分给他们的许多印第安村落,劝司库设法与科尔特斯重新和好,让科尔特斯返回墨西哥城,要不然,司库很可能会被人杀掉。据说,由于她苦苦规劝,司库开始后悔驱逐科尔特斯、放出王家收税官和巡视官,因为那两人处处与他作对,又和科尔特斯势不两立。

那时节,堂胡利安·加尔塞斯修士从卡斯蒂利亚来到新西班牙,他是特拉斯卡拉的第一任主教,是个了不起的讲经师,特被派来就任主教之职。他得知司库下令驱逐科尔特斯,极为不满,为了从中调停,他来到特斯库科,那个城市就在湖边,于是他带两名教士、一个修士和随身行李,乘两条大独木船,来到墨西哥城。墨西哥城的教士、修士、市政会议成员、全体征服者、绅士和兵士得到消息,在主教进城之前,带着全副仪仗、十字架,出城迎接。

主教休息两天之后,司库求他到科尔特斯当时所在的地方代为说情,使他们言归于好,并撤销对科尔特斯的驱逐令,让他返回墨西哥城。主教找到科尔特斯,从中调停,但未能达到目的,科尔特斯仍如前述带着许多骑士和其他人,赶往特斯库科和特拉斯卡拉。他尽力凑集金银,打算前往卡斯蒂利亚,除了向他监护的各村收税之外,还典押田庄,向朋友及印第安人告贷。贡萨洛·德·桑多瓦尔和安德烈斯·德·塔皮亚也做好同样的准备,从各自的委托监护地尽量收罗金银,因为这两位指挥官将随同科尔特斯前往卡斯蒂利亚。

科尔特斯在特拉斯卡拉期间,墨西哥城和其他镇子的许多居民以及没有分到委托监护地的兵士,还有墨西哥的酋长都去看他,为他效劳。世上总有一些好事之徒,唯恐天下不乱,这时便有人劝科尔特斯自立为新西班牙的国王,说有他们支持,定能得手。科尔特斯把说这些话的人囚禁了两个,对他们极为痛恨,称他们为叛贼，想把他们处以绞刑。另外还有一些不法之徒，从墨西哥派人送信给他，说了一些类似的话。据说这都是为了试探科尔特斯，以便从他口中掏出几句话来，抓住他的把柄。

科尔特斯在任何事上对国王陛下都是一片忠心，所以他严厉警告那些给他出坏主意的人，不许他们再对他说这些大逆不道的话，说是谁说了就绞死谁，然后又写信给主教，让他去对司库说，司库作为总督，应下令惩办那些给他出那种主意的人。如果司库不惩办，他就要下令把他们绞死。

科尔特斯的情况按下不表，再说说司库、王家收税官、巡视官这边的情况。却说那些喜欢兴风作浪的不法之徒，一面跑去怂恿科尔特斯，一面又去对司库和王家收税官说，科尔特斯表面扬言要去卡斯蒂利亚，实际上正在召集人马，要来杀他们，为此，墨西哥、特斯库科和湖周围其他村子的酋长们都聚集在科尔特斯那里，等候科尔特斯下达进攻的命令。

王家收税官、巡视官和司库得此信息，心中害怕，以为科尔特斯真要来杀他们，便再次求主教前去打听情况，看是否确有其事，还给科尔特斯捎去一封信，信中作了很多许诺，并请他原谅他们。主教欣然应允前往特拉斯卡拉为他们调解。他来到科尔特斯所在的地方，当时在那里的人倾城出动，迎接主教，他见科尔特斯一片忠心，又见他囚禁那些不法之徒，还见到科尔特斯就此事给他写的信，即派信使给司库报信，说科尔特斯是个品格高尚的君子，对国王陛下忠心不贰，可算是王室当今杰出的忠臣之一，说科尔特斯正准备晋谒国王陛下，让他们不必无端猜疑。信上还说，他认为放逐科尔特斯太不明智，是司库的大错。据说，他还在信中写上这样一句话："唉，阿隆索·德·埃斯特拉达司库大人，您可是坏了大事！"

关于信的事，就写到这里。现在我已记不清科尔特斯有没有回墨西哥，安排由谁来照管他的领地和家，并向由他监护的印第安村落收税。他当时收罗到许多鸟类（都是卡斯蒂利亚没有的很稀奇的鸟）、两头豹、好几桶香胶、香脂和其他一种什么油，还有四名会用脚耍棍的印第安艺人（无论在卡斯蒂利亚还是在其他地方，这都是稀奇玩意儿）和其他几个善舞的印第安人，这几个人有一种本事，跳起舞来就像在空中飞那样；他还带去三个印第安驼子，模样奇丑，身体弯曲，异常矮小；此外，他还带去几个肤色奇白的印第安男女，那几个人白得很不中看。当时，特拉斯卡拉的酋长们求科尔特斯把当地几个最显赫的首领的三个儿子带到卡斯蒂利亚，其中一个是那个双目失明的老希科滕加的儿子，后来取名堂洛伦索·德·巴尔加斯。科尔特斯还带去其他几个墨西哥酋长。他正为航行作准备时，从维拉克鲁斯传来消息说，从卡斯蒂利亚来了两条极好、极轻快的船，给科尔特斯捎来信件。

第一百六十六章

科尔特斯收到西班牙的来信后采取的行动

科尔特斯收到王家西印度院主席堂加西亚·德·洛艾萨、贝哈尔公爵和其他几位绅士的信，信上说因他不在西班牙，有人在国王陛下面前指控他做了许多坏事，诬告他下令害死国王陛下派去的许多官员，他们让他无论如何也要回西班牙为自己洗刷罪名，信中又说他父亲马丁·科尔特斯已经去世。科尔特斯读信后痛心之至，一方面因为父亲去世，另一方面是因为有人对他进行无中生有的诬陷，他本来正为亡妻堂娜卡塔利娜·华雷斯·德·拉马凯达服丧，这时又为他父亲戴孝，他沉痛追悼亡父，尽心祭奠一番。

他原先就极想去卡斯蒂利亚，收到信后更加迫不及待，立即命令他的管家佩德罗·鲁伊斯·德·埃斯基韦尔(他是塞维利亚人氏)前往维拉克鲁斯，把那两条刚来的据说是又好又轻快的船买下，同时置备硬饼干、肉干、腌猪肉和供船上食用的一应食品，科尔特斯当时既显赫，又富有，所以食品准备得十分充足，凡是新西班牙能弄到的适合于带在海上的食品以及从卡斯蒂利亚运来的腌渍蔬菜等物，他都尽数采办，他带的各样食物实在太多，到达卡斯蒂利亚后剩下不少，还可以再供两条船比这次航行更多的人食用两年。

那个管家坐一条大独木船沿墨西哥湖往一个叫做阿约辛戈的村落行驶，独木船一般都在那里上下，他因为要尽快赶去买船，所以走运条路线。他带着六个墨西哥印第安桨手、一个黑人和一些金条，不知道一个什么人等在湖上把他杀死，这人究竟是谁，始终不得而知，独木船和划船的印第安人也不见踪影，那个黑人当下也下落不明，四天之后才在一个湖中小岛发现他的尸体，只见他半个身子已被猛禽吞食。

管家的事引起各种各样的猜测，一些人说这人自己吹嘘和一些夫人私通，还做过一些别的坏事，所以结下冤家，另外有人怀疑到别的事情上去，我这里不便直说。总之，这个人死得不明不白，既没查清谁是凶手，更没有将凶手绳之以法。

科尔特斯急忙再派别的管家买船，并装上给养和酒，又命报子宣告，无论是谁想去卡斯蒂利亚，只要总督许可，便可免费登船，食物也由船上供应。然后便与贡萨洛·德·桑多瓦尔、安德烈斯·德·塔皮亚和其他绅士一起前往维拉克鲁斯，做完忏悔，领完圣体之后，登船出海，靠天主保佑，一路顺风，四十二天之后便到达卡斯蒂利亚，中间也没有在哈瓦那和其他岛上停留。他在帕洛斯镇附近离拉拉维达修道院不远的地方上岸，他们安全登陆之后，全都跪在地上，双手举向苍天，感谢天主始终保佑他们。

他们于1527年10月抵达卡斯蒂利亚。贡萨洛·德·桑多瓦尔似乎病得很重，终于乐极生悲，几天之后，在帕洛斯镇被天主带离人世。他当时投宿于一个制索具、缆绳的人开的客栈内，那人在桑多瓦尔临死前偷了他十三根金条，桑多瓦尔亲眼看到他从一个箱子里取出金条。那个家伙趁桑多瓦尔身边没人时下手，也可能是略施小计，打发桑多瓦尔的仆人速去拉拉维达修道院把科尔特斯找来。桑多瓦尔虽然看得明白，却不敢喊叫，因他身体虚弱，病势沉重，见那家伙一副奸徒模样，怕他用垫子或枕头捂住自己的嘴，把自己闷死，那店主立即带着金条逃往葡萄牙，所以赃物无法追回。

却说科尔特斯得知桑多瓦尔情况不妙，立即赶来，桑多瓦尔把店主做的坏事告诉科尔特斯，说那人偷了他的金子，逃之夭夭。科尔特斯连忙派人四处搜寻，但因那人已逃往葡萄牙，无法追回赃物。桑多瓦尔的病一天重似一天，给他治病的医生让他速速忏悔，做临终圣事，然后立遗嘱。桑多瓦尔虔诚地忏悔毕，嘱将财物广施穷人和修道院，并请科尔特斯做他的遗嘱执行人，指定由他的妹妹玛丽亚继承他的财产，玛丽亚后来与麦德林伯爵的一个私生子结婚。桑多瓦尔做完临终圣事、立下遗嘱之后，便把灵魂交还创造它的天主。众人悲悼桑多瓦尔谢世，尽可能隆重地把他葬在拉拉维达圣母院，科尔特斯与跟随他的全体骑士都为桑多瓦尔服丧。愿天主宽恕桑多瓦尔，阿门。

科尔特斯立即向国王陛下、西古恩萨红衣主教、贝哈尔公爵、阿吉拉尔伯爵和其他骑士报信，说他已到达帕洛斯港，并告知桑多瓦尔的死讯，详述他的高尚人品和为国王陛下立下的汗马功劳；说他无论是率兵打仗，还是亲自出征，都是一员虎将。国王陛下收到信，一方面因科尔特斯的到来而欣喜，一方面又因桑多瓦尔之死而难过——桑多瓦尔的英武，他早已风闻；堂加西亚·德·洛艾萨红衣主教、王家西印度院的成员都很高兴，贝哈尔公爵、阿吉拉尔伯爵和其他骑士更感欣慰，不过又为桑多瓦尔的死而痛心。

在国王陛下收到科尔特斯的信之后，贝哈尔公爵又和阿吉拉尔伯爵一起向国王陛下进言，说他很清楚他所担保的人对国王陛下如何忠贞不贰，不仅功勋卓著，而且在一切事上为君王尽忠尽职，这一点现在看得十分明白。公爵之所以说这番话，是因为当有人对国王陛下进谗言诬陷科尔特斯时，他曾三次用自己的身家性命为科尔特斯和全体跟随科尔特斯的兵士作保，担保我们对国王陛下一片忠心，处处为国王陛下效劳，理应得到国王陛下的封赏；这是因为当时秘鲁尚未发现，也没有后来这么大的名声。

国王陛下于是下令，凡是科尔特斯经过的各城各镇，都要对他表示欢迎。梅迪纳西多尼亚公爵在塞维利亚为他举行盛大欢迎，并以骏马数匹相赠。科尔特斯在那里休息两天之后，长途跋涉来到瓜达卢佩修道院[①]，以便在那里做九日祭，正巧莱昂骑士团长堂弗朗西斯科·德·洛斯·科沃斯的夫人堂娜玛丽亚·德·门多萨也来到这个地方，随行的还有许多高贵的小姐和夫人，其中有一位小姐是骑士团长夫人的妹妹。

科尔特斯得知此事，非常高兴，到达该地后，先向圣母祷告，又向穷人施舍钱财，然后吩咐做弥撒，因他当时正为他的亡父、亡妻和贡萨洛·德·桑多瓦尔服丧。事毕，即带领从新西班牙来的骑士和其他前来投靠他的人去向堂娜玛丽亚·德·门多萨夫人和她的妹妹(一位非常美丽的小姐)及伴随他们的其他夫人表示敬意。

科尔特斯一向礼貌周全，生性快活，其英雄业绩又在整个卡斯蒂利亚传扬；而且他谈吐优雅，气度豁达，又非常富有，这时便慷慨地向所有的夫人、小姐赠送打成各种形状的金饰物，之后，又送给她们绿羽毛制作的羽饰，那羽饰用金银线交织，缀有黄金和珍珠。所有的夫人小姐中，堂娜玛丽亚·德·门多萨夫人和她的妹妹得到的礼物最多。送过这些珍贵的礼物之后，科尔特斯又专门赠给夫人的妹妹一些纯金锭，供她打制首饰，然后又命人呈上香胶、香脂，让小姐当熏香使用，又让那几个会用脚耍棍的印第安人为夫人小姐们表演，用双脚把棍子抛来抛去，夫人小姐们看得非常高兴，啧啧称奇。

科尔特斯还得知，夫人妹妹所乘的驮轿，有一头骡子伤了腿，便悄悄命人买下两头极好的骡子，交给侍候小姐的管家们。他在

① 瓜达卢佩镇位于卡塞雷斯省。

瓜达卢佩镇一直待到那些贵妇起程前往建于托莱多的京城，在此期间，他一直陪伴她们，为她们效劳，举行酒宴，真是殷勤备至（他很精通此道），堂娜玛丽亚·德·门多萨夫人便想替他与其妹作伐，若非科尔特斯早已和贝哈尔公爵的侄女堂娜胡安娜·德·苏尼加定亲，必定会得到莱昂骑士团长及夫人堂娜玛丽亚·德·门多萨的照顾，国王陛下也许会授他以新西班牙总督之职。

这门亲事按下不表（凡事都是天意）。却说堂娜玛丽亚·德·门多萨夫人立即给她丈夫莱昂骑士团长写信，极力称赞科尔特斯，说她自从亲见科尔特斯的风采，了解了他的为人和谈吐，以及他的豪爽之后，便觉得以前所闻有关他的那些丰功伟绩都算不上什么了；她还说了科尔特斯许多好处，和他为自己出的力，要求丈夫把科尔特斯当作亲信，并在国王陛下面前为他美言，求国王给他封赏。骑士团长收读夫人来信十分高兴，他本是皇上最宠信的臣子（现今再没有人比他更受宠幸），便把夫人的信直接呈交国王陛下一阅，又亲口求国王施恩于科尔特斯，国王陛下果如所请。此事后文便见分晓。

科尔特斯抵达京城后，贝哈尔公爵和舰队司令同他闲谈时说起，他们曾听见国王陛下在得知科尔特斯已返抵卡斯蒂利亚后说，他很想见见科尔特斯，因为科尔特斯为他竭诚效力；可又有人在他面前指控科尔特斯搞阴谋诡计，干了许多坏事。

科尔特斯到京城后，国王陛下命人为他安排住处。贝哈尔公爵、阿吉拉尔伯爵、其他贵人和科尔特斯的亲友全都出来迎接，给他很大荣耀。第二天，经国王陛下允准他前去谒见君王，卡斯蒂利亚舰队司令、贝哈尔公爵、莱昂骑士团长陪同进见，一方面去替他美言,一方面使他更显威风。科尔特斯请求国王准他禀告,一边下跪,国王陛下命他平身,于是科尔特斯详述他如何为国王陛下效力,如何进行征服,又如何去了洪都拉斯,还说了王家收税官和巡视官如何在墨西哥策划阴谋;总之,把奏折上写的都说了一遍。因为话很长,科尔特斯担心国王陛下不耐烦,便说:"国王陛下想必已经听烦,陛下是天下最伟大的君王,卑臣不敢大胆烦言,况且在此向陛下面陈,卑臣甚感惶恐,只怕讲述这些经过时有对陛下不敬之处。现特呈上奏章,望陛下一阅,所有经过都在上面奏明了。"

他再次跪下,叩谢皇上听他陈述之恩,皇上命他平身。舰队司令、贝哈尔公爵向国王陛下进言,说应给科尔特斯封赏,国王便封他为谷地侯爵①,还赐他不少村落和圣地亚哥的法衣。国王当时未定年金,他本人不便提及,后来如何,我不甚了然。君王又封他为新西班牙及南海统帅。科尔特斯再行跪拜,向国王陛下谢恩,国王陛下再次命他平身。科尔特斯蒙君王施恩之后,没过几天突然病倒,病势日见沉重,众人都以为他将不久于人世,于是贝哈尔公爵、堂弗朗西斯科·德·洛斯·科沃斯骑士团长进谒国王陛下,说科尔特斯为国王立下如此大功,求圣驾临幸科尔特斯住处,在他死前看望他一次。于是国王陛下率公、侯、伯爵、堂弗朗西斯科·德·洛斯·科沃斯等人亲往探视,真是皇恩浩荡——京城中莫不持此看法。

科尔特斯病愈后,自恃受国王陛下宠幸,又仗着有纳萨奥伯爵、贝哈尔公爵和舰队司令的庇护,一个星期天做弥撒时,国王陛

① 指瓦哈卡谷地。

下已在公、侯、伯爵们的簇拥下来到大教堂，照常按身份和地位各就各座，科尔特斯故意晚到一会儿，摆动着丧服的下摆，从好几位尊贵的大人面前走过，在纳萨奥伯爵身旁坐下，而纳萨奥伯爵的座位离皇上最近。众人见他越过那几位大人（都是专有人为之品尝食物以防中毒的贵人），便窃窃私语，说他狂妄自大，目无尊上，又说关于他的那些谣传，看来不全是无中生有。

贝哈尔公爵、卡斯蒂利亚舰队司令、阿吉拉尔伯爵当时就坐在那些公爵、侯爵们中间，便回答他们说，不是科尔特斯有失检点，是国王陛下为了奖赏他而命他坐在纳萨奥伯爵旁边；还说撇开国王陛下的命令不谈，他们应该明白，科尔特斯和他的将士们征服了多少疆土，所有的基督徒都欠着他的情，而他们的封地却是他们的祖先留下来的，并不是他们凭功业获得的；贝哈尔公爵还说科尔特斯因与他的侄女定了亲，所以国王陛下命令给他这样的殊荣。

再说科尔特斯见自己深得君王、贝哈尔公爵、纳萨奥伯爵、舰队司令等人的信任，又获得了侯爵的封号，不禁趾高气扬起来，不合情理地漠视那些帮助他从国王陛下那里讨得爵位的人，不再把红衣主教加西亚·德·洛艾萨、洛斯·科沃斯、堂娜玛丽亚·德·门多萨和王家西印度院的大人们放在眼里，只和贝哈尔公爵、纳萨奥伯爵和舰队司令亲近，以为只要得到这几位地位显赫的大人的宠幸就有了靠山。他再三求国王陛下赐他新西班牙总督之职，为此，又把自己的功劳重摆了一遍，还说一旦他当上总督，便去南海发现新的富庶的岛屿和陆地，并承诺其他许多使命，再次求纳萨奥伯爵、贝哈尔公爵和舰队司令替他说情，国王陛下回答他说，他已得到入息最高的侯爵领地，应该知足，说那些帮助科尔特斯征战的

人，也应得到官爵，他也要给他们以封赏，因为他们既然征服了疆土，就该享用。

从此以后，科尔特斯渐渐失宠，据说，红衣主教——王家西印度院主席——和该机构的其他几位大人同国王陛下一起商讨给科尔特斯封赏等问题，他们主张不让他当总督。也有人说是骑士团长和夫人堂娜玛丽亚·德·门多萨因他疏远他们而对他不满，无论是因为前者还是因为后者，总之，皇上不再理他，虽然有人不断替科尔特斯求情，也没赐他总督之职。

这时国王陛下来到巴塞罗那，欲在那里登船驶往佛兰德，许多公、侯、伯爵和大人先生们陪同前往，当了侯爵的科尔特斯也来到巴塞罗那，他又让那些公爵、侯爵代他求国王赐他总督之职，国王陛下对纳萨奥伯爵说，再不要提起此事，因为科尔特斯已获得了入息丰厚的侯爵领地，其年金比纳萨奥伯爵所有领地的年金还高。

国王陛下航行一事按下不表。却说为庆祝科尔特斯的婚礼，举行了盛大的庆祝活动，科尔特斯送给他的妻子堂娜胡安娜·德·苏尼加夫人一些珍贵的珠宝、首饰，据见到这些首饰、知道首饰价值的人说，卡斯蒂利亚从没有比这更贵重的珠宝。我们尊贵的皇后堂娜伊莎贝尔听宝石商们说起这些珠宝，对其中的几件很是艳羡；还有人说，科尔特斯在向皇后呈献宝石时很是粗率，没有把最贵重的献给皇后，而是给了他的妻子堂娜胡安娜·德·苏尼加夫人。

科尔特斯回到卡斯蒂利亚后在京城期间所发生的事就写到这儿，总之他是春风得意。据从卡斯蒂利亚回来的与他在一起的人说，我们尊贵的皇后堂娜伊莎贝尔后来在对待科尔特斯的事情上不像他初到京城时那样热心，因为她得知科尔特斯对红衣主教及王家西印度院、对莱昂骑士团长和夫人堂娜玛丽亚·德·门多萨无情无义，而且得知他自己留下的宝石比献给她的更为珍贵。

尽管她听到了这些事，仍命令王家西印度院给他一切方便，于是，科尔特斯提出，他要派两条船，带足给养，在南海探察数年，去发现新的岛屿和陆地，船上配备携带各色武器的官兵六十名，一应费用由他自己筹措，如果有所发现，就给他一些封赏。有关这一协议我无法细述，因为我已记不清了。

那时候，阿尔坎塔拉骑士团长堂佩德罗·德·拉奎瓦也在京城，他是阿尔武凯克公爵的弟弟，曾奉国王陛下之命，要带大队人马前往新西班牙，如果发现科尔特斯有罪，便将他斩首；若发现其他人对国王陛下不忠，也要如此处治。当时他见到科尔特斯，知道国王陛下已封他为侯爵，而且就要和堂娜胡安娜·德·苏尼加结婚，非常高兴，天天与埃尔南多·科尔特斯侯爵叙谈。他对科尔特斯说，如果他那时当真带领国王陛下拨给他的兵士前往新西班牙，纵然发现科尔特斯对国王陛下一片忠心，没有罪责，科尔特斯也必须负担兵士们的开销和出兵的费用，这笔数目将达三十万比索之巨，所以还是科尔特斯亲自来见国王陛下最为合适。他们还谈了许多别的事，我不必赘言。当时听见他们谈话的人，从卡斯蒂利亚写信给我们，告诉我们这些事和我上面记述的其他经过；此外，我们派去的代表写回的报告上也谈起那里的事情；侯爵本人也来信告诉我们，他从国王陛下那里获得许多恩典，但不提为何国王陛下没有赐予总督之职。

科尔特斯当上侯爵之后没有几天，便派人去罗马向我们的教

皇克雷芒致意，因为一直庇护我们的阿德里安教皇已于三四年前去世[①]。他派一个叫胡安·德·埃拉达的人作为使者前去，给教皇带去许多宝石和金饰，还带去两个会用脚耍棍的印第安人。科尔特斯向教皇禀报他已抵达卡斯蒂利亚，告诉教皇他征服了多少疆土，说他如何为天主，也为我们伟大的君王效力。他向教皇呈上一份报告，详细描绘被征服的疆土以及那里的情况，说所有的印第安人原先都崇拜偶像，现在都成了基督徒，还写了其他许多应向教皇禀报的事情，我对报告的内容并不详悉，所以只能写到这里，就是上面所记的一切，也都是在胡安·德·埃拉达从罗马到新西班牙来时从他那里听说的。

闲话少叙，再来说说胡安·德·埃拉达在罗马的情形。他谒见教皇，献上科尔特斯赠给教皇的礼物和那两个会用脚耍棍的印第安人，教皇很是重视，说感谢天主让我们及时发现这么大片的土地，并使这么多人皈依了我们的圣教。他下令举行宗教游行，让所有的人都为此感谢并赞美天主，说科尔特斯和我们所有的兵士为天主也为我们的君王堂卡洛斯以及全体基督徒出了很大的力，应该得到极大的恩典。于是赐给我们圣谕，宽恕我们的一切罪孽，医院、教区都得到赦免和极大的宽恕。克雷芒教皇像他的前任阿德里安教皇一样，对科尔特斯在新西班牙做的一切都很赞同。他写了一封回信给科尔特斯，信的内容不详，如前所述，我是在胡安·德·埃拉达和另一个叫坎波斯的兵士从罗马回到新西班牙来时才获悉上述经过的。

① 教皇阿德里安六世于1523年去世，他的继任是克雷芒七世。

据说，埃拉达在罗马待了十天，让那两个用脚耍棍的印第安人在教皇陛下和红衣主教们面前表演，他们看得很高兴，教皇陛下封胡安·德·埃拉达为廷臣，并派人赠他金币，让他作回去的路费，还让他给我们的君王捎去举荐信，让君王封他为指挥官，赏他许多委托监护地。因科尔特斯已无指挥权，无法将教皇下令赐他的东西给他，于是埃拉达前去秘鲁，在那里当上指挥官。

第一百六十七章

科尔特斯在卡斯蒂利亚期间
王家检审法院来到墨西哥

受封侯爵的科尔特斯在卡斯蒂利亚时，王家检审法院遵国王陛下之命来到墨西哥，院长是帕努科总督努尼奥·德·古斯曼，另有四个法官，全是硕士，他们是：马蒂恩索，据说是比斯开或是纳瓦拉一带的人；德尔加迪略，格拉纳达人；还有一个叫马尔多纳多的，是萨拉曼卡人；第四个是一向住在古巴岛的帕拉达硕士。

这四位法官抵达墨西哥，在城门口受到盛大欢迎，在此后的十五天至二十天里，他们执法非常公正，当时他们大权在握，在他们之后的任何总督和院长都没有这样大的权力，他们有权分封世袭领地，并优先分给征服者，因为这是国王陛下的命令。

他们迅速通知当地新西班牙建立的各个城镇，让他们委派代表将每个地区的印第安村落造册，以便分封世袭领地。短短几天，所有城镇的代表，包括危地马拉的代表，都在新西班牙汇集，还有许多征服者也赶到那里。我当时正在墨西哥城，是瓜萨夸尔科镇派在墨西哥城的代表（我那时是瓜萨夸尔科的居民），得知院长及法官们的命令后，立即赶回，让镇上推选分封代表。我到达之后，镇上因推选代表一事发生许多争执，一些人想推选他们的好友，另一些人不同意，最后通过投票选了我和路易斯·马林。

我们抵达墨西哥城后，即和汇集在那里的各个城镇的代表们要求遵国王陛下之命分封世袭领地，不料那时努尼奥·德·古斯曼、马蒂恩索和德尔加迪略态度大变；另外两位法官——马尔多纳多和帕拉达——到墨西哥城之后没过几天便患胸疼病而死，如果当时科尔特斯在那里，那些居心不良之徒又该造谣中伤，说是他把他们毒死的了。闲话少叙，言归正传。据了解内情的许多人说，是王家收税官萨拉萨尔怂恿他们改变主意，不照国王陛下的命令分封领地。萨拉萨尔已和努尼奥·德·古斯曼及德尔加迪略结成好友，两人对他言听计从，他出了这样的主意后，分封的事就此停止。他劝他们绝对不要分封世袭领地，否则他们就会失去权威，征服者和其他居民就不会把他们放在眼里，因为他们再不能给予或剥夺委托监护的印第安人；如果不分，所有的人都会对他们俯首帖耳，他们便有予夺之权，也就会有钱有势。

王家收税官、努尼奥·德·古斯曼和德尔加迪略还商量好由王家收税官去卡斯蒂利亚活动，为努尼奥·德·古斯曼谋取新西班牙总督之职，因为他们已经获悉，科尔特斯已不像初去卡斯蒂利亚时那样受国王陛下宠幸，虽然他求不少人在国王陛下面前为他谋取总督一职，国王陛下始终没有应允。王家收税官遂登上拉索

尔诺萨号船,不料在瓜萨夸尔科沿岸遇到风暴,船被撞到岸上,王家收税官登上一条划子逃命,回到墨西哥,去卡斯蒂利亚一事就此作罢。

努尼奥·德·古斯曼、马蒂恩索和德尔加迪略到墨西哥后做的头一件事,便是调查阿隆索·德·埃斯特拉达司库,调查进行得很顺利。若他始终如我们所期望的那样刚直,他也许会当上总督,因为国王陛下没有下令撤他的职。从另一方面说,他若真正担起总督之职,墨西哥城的全体居民和我们这些在墨西哥城的征服者,也会支持他,因为我们知道国王陛下没有撤他的职,而且他又尽心竭力照国王陛下的命令行事。谁知他没过多久便气得一命归天。

王家检审法院随后做的一件事,便是清算科尔特斯侯爵的所作所为。他们派人去危地马拉,调查豪尔赫·德·阿尔瓦拉多,于是来了一个老奥杜尼亚,是托德西利亚人氏;调查情况如何,我不得而知。然后便对科尔特斯提出诉讼,诉状实在不少,萨拉萨尔王家收税官本人也呈了状子,法庭上宣读的那些诉状,写得极为不敬,用词十分无礼。

状子上写着科尔特斯是暴君和背信弃义之徒,说他做了许多对国王陛下不忠的事情,还写有其他许多恶毒、尖刻的言辞,当下胡安·阿尔塔米拉诺硕士(科尔特斯去卡斯蒂利亚时托他代管他的事情)脱帽起立,就在大堂上很有礼貌地对院长和法官们说,他要求各位大人命令萨拉萨尔王家收税官写状子时要有分寸,侯爵是个君子,是各位大人的忠仆,请他们阻止王家收税官对科尔特斯使用这样的污言秽语,让王家收税官平心静气地提起诉讼。

阿尔塔米拉诺硕士在法庭上提出的请求,丝毫不起作用,第二天，王家收税官递了几份更不像话的状子，阿尔塔米拉诺硕士听不下去，两人竟当着院长和法官们的面，为此事争吵起来，彼此说了些气冲冲的尖刻的话，阿尔塔米拉诺掏出一把匕首要扎王家收税官，若不是努尼奥·德·古斯曼、马蒂恩索和德尔加迪略上前拦住，真要把王家收税官扎伤。一时城里大乱，阿尔塔米拉诺被监禁，王家收税官则被送回自己的住处。我们这些征服者到院长面前替阿尔塔米拉诺求情，三天之后，阿尔塔米拉诺获释，我们又使他们二人言归于好。

此事按下不表，后来又有一场更大的风波。当时，潘菲洛·德·纳瓦埃斯指挥官的妻子玛丽亚·德·贝伦苏埃拉从古巴岛派纳瓦埃斯的一个名叫萨瓦略斯的亲戚到墨西哥城来寻找她的丈夫，她丈夫到帕尔马斯河去当总督，她听说他已经出事或故去了。萨瓦略斯受她委托寻找纳瓦埃斯在各地留下的财产，他料想纳瓦埃斯来过新西班牙。

萨瓦略斯来到墨西哥后，据他本人说，旁人也都这么传，努尼奥·德·古斯曼、马蒂恩索和德尔加迪略与他密谈，让他向所有那些与科尔特斯一起击溃纳瓦埃斯并打瞎他一只眼并烧了他的家的征服者提起诉讼，同时就那次被打死的人提出控告。他受命告了我们，提起大量诉讼，我们在城里的征服者尽数被捕，经查证，参与此事的有三百五十多人，我也遭到拘捕。我们被判缴纳一些低成色的金币，并被放逐到离墨西哥城五西班牙里之外的地方。但放逐令很快撤销，也没有向我们中的许多人索要被判缴的钱，因为数目很小。

这场风波刚刚平息，科尔特斯的仇人又告他一件事，说他侵吞了攻下墨西哥城时获得的许多金银珍宝和瓜特穆斯的那一屋子财宝，只分给征服者们每人八十比索，表面上推说要把财宝献给国王陛下，并以自己的名义把财宝运往卡斯蒂利亚，其实并没有全部运出，却装进了自己的私囊。他运出的那部分，在海上被一个叫胡安·弗洛朗的法国海盗夺去，所以科尔特斯必须偿付胡安·弗洛朗抢去的和他自己侵吞的所有钱财；此外还告他其他几件事。对这几件案子法庭作了如下判决：变卖科尔特斯的财产，以资偿还。又有人怂恿科尔特斯的亲戚胡安·华雷斯到法院控告科尔特斯杀死他的妹妹堂娜卡塔利娜·华雷斯，此人果然受命提出控告，并提出证人，提供科尔特斯如何杀他妹妹的证据。

此后，又发生一件麻烦事，如前所述，有人告科尔特斯侵吞瓜特穆斯的那一屋子财宝和攻克墨西哥城时获得的金银，我们这些科尔特斯的朋友便征得一名治安法官的同意，在一个叫做加西亚·奥尔古因的人的家中聚会，签署一份呈文，说我们不想要那一屋子财宝和金银中属于我们的部分，也不要求科尔特斯偿付任何东西，说我们十分清楚，他确实把这些财宝运去献给了国王陛下我们当时全都赞成为我们的君王效这份力。院长和法官们见我们提出这种请求，下令将我们拘捕，说是没有他们的准许，我们不应聚会，也不应签署任何东西，并把我们放逐到离墨西哥城五西班牙里之外的地方，后来他们见到治安法官的批准书，便撤销了放逐令，不过我们仍觉得是受了极大的侵犯。

院长和法官们虽然作出这些违反常理的判决，但他们执法不严，一般只罚很少几个金币，而且是一种当地称作“特普斯克”的低成色的金子，就是这么几个金币也常常不收，大家也就不缴。他们

对征服者们倒是不错，确实遵照国王陛下的命令，把印第安人分给真正的征服者，所有的征服者都分得印第安村落和无主的印第安人，从法官们那里得到很大的恩典。

有一件事他们做得很糟，便是滥发特许，将印第安人打上烙印，变为奴隶，有时竟向已死的人颁发特许，他们的仆人便拿来出售；在帕努科一带，许多印第安人被打上烙印，整个地区人烟几绝。此外，他们既不住在行署，也不照规矩天天上衙门坐坐，不是大吃大喝，便是找女人，掷骰子，他们中有人竟至于玩得多日不办公事。

努尼奥·德·古斯曼慷慨大度，品格高尚，他给阿尔沃诺斯送去一张敕旨作为圣诞礼物，把一个叫做瓜斯帕尔特佩克的村落封给他。其时，阿尔沃诺斯刚从卡斯蒂利亚回来，还带来国王陛下的特许，要在一个叫森波亚尔的村落辟一个甘蔗园，结果没过几年，便把那个村落给毁了。

努尼奥·德·古斯曼就这样慷慨赏赐，并把许多印第安人打上烙印，变为奴隶，同时又与科尔特斯作对。至于那个德尔加迪略硕士，据说他把印第安人分给那些献他年金的人，还拉帮结派，让他的一个叫贝里奥的兄弟当上瓦哈卡镇的镇长。后来发现他的这个兄弟接受贿赂，欺凌百姓。他还委派另一个人任萨波特卡地区一个镇的城防长官，那人跟他一样姓德尔加迪略，也有贪赃枉法的行为。马蒂恩索硕士年事已高，有人控告他嗜酒如命，常去果园狂饮，还带着三四个能喝能闹的人同行，等大家都手挽手站好，其中一个便高举酒囊往嘴里灌，发出诱捕雀鹰时那样的咕咕的响声，老马蒂恩索即急不可耐地抢过酒囊，举起来便饮。

还有人控告他们整个星期和一些节日都在掷骰子，充当赌博的裁判，玩起骰子来比审理案子更起劲，甚至有人怀疑他们总让他们喜欢的人成为赢家。控告信接二连三，又却有根有据，神职人员和修士们也写信告发。国王陛下和王家西印度院见到这些告他们的诉状和信，命令立即毫不延误地撤换整个王家检查法院，惩办其成员，并重新任命有学识、有人品、执法如山的院长和法官。

国王陛下还下令，立即前往帕努科地区，去了解究竟有几千印第安人被打上烙印；国王陛下令马蒂恩索前去，因为这位老法官罪责最小，比起其他几名法官更为称职。此外，原先颁发的可将印第安人打上烙印变为奴隶的特许一律取消，又令把打烙印用的铁印全部销毁，从此以后不许再抓奴隶，并下令将新西班牙已有的奴隶造册，以防贩卖奴隶，或把他们从一个地区带往另一个地区。

国王陛下还下令，立即不容分说地收回努尼奥·德·古斯曼和其他法官分与其亲属、朋友、亲信及其他没有战功的人的一切印第安委托监护地，将这些委托监护地赐给国王陛下早已下令要赐予的那些人。此处当提及为收回努尼奥·德·古斯曼及其他法官分与的印第安委托监护地一事而发生的许多纷争。一些不是征服者的人自称是征服者，另一些人则自称是老开拓者，说他们经常出入院长和法官们的门庭，是为了替他们出力，跟随他们左右，增添他们的威风，并执行他们下达的为国王陛下效劳的命令，绝不是为了去当他们的仆从和亲信。总之每个人都设法找出最为有利的理由，为自己辩护。他们如此强词夺理，结果只有少数几个人被收回了分得的印第安人。

话说断然撤换王家检审法院的消息从卡斯蒂利亚传到墨西哥，努尼奥·德·古斯曼、德尔加迪略及马蒂恩索立即打算遣代表前往卡斯蒂利亚，带上他们随意找来的证人所提供的证词，去为他们作保，说他们是极好的法官，处处遵从国王陛下的敕令，并说一些其他该说的话，使卡斯蒂利亚方面认为他们是称职的法官。

为了推选去卡斯蒂利亚的全权代表（一方面去为他们说项，另一方面也是为了墨西哥城及新西班牙的其他事情和总督人选的确定），他们命令我们这些当时在墨西哥城的各城镇代表，都到大教堂集合，当时和我们在一起的还有其他几个重要的征服者。他们原以为通过我们的表决，会选出萨拉萨尔王家收税官当代表去卡斯蒂利亚，正如前面所述，努尼奥·德·古斯曼、马蒂恩索和德尔加迪略固然做了许多不当之事，但对所有的征服者和开拓者确实不错，把无主的印第安人分给了我们，所以对我们很放心，以为定会选王家收税官，他们想派他代表他们前往。

我们遵命在墨西哥城大教堂集合，许多没让来投票的人强行闯入教堂，高声叫喊，大吵大闹；我们命令他们出去，他们不听，也不肯安静下来，真像乌合之众，吵闹不休。

我们这些参加表决的人见此情形，便去对院长和法官们说，最好是第二天在院长官邸（也就是王家检审法院的所在地）推选我们认为合适的代表。后来我们发现，他们只想推举努尼奥·德·古斯曼、德尔加迪略和马蒂恩索的同伙，便决定由法官方面和科尔特斯方面各出一人。

最后，我们选出贝纳尔迪诺·巴斯克斯·德·塔皮亚为科尔特斯方面的代表，安东尼奥·卡拉瓦哈尔为法官们的代表，并由后者率领船队。我当时觉得，无论是贝纳尔迪诺·巴斯克斯·德·塔皮亚，还是卡拉瓦哈尔，都偏袒努尼奥·德·古斯曼而不向着科尔特斯，这也不无道理，因为那些法官比起科尔特斯来，给了我们更大的好处，在一定程度上执行了国王陛下的命令，赐印第安人给我们，科尔特斯当初有权时，明明可以比其他官员分给我们更多的印第安人，却没有这样做。然而我们西班牙人很讲义气，只因科尔特斯做过我们的统帅，我们便偏袒他，他却没想着给我们什么好处，虽然国王陛下曾命令他这样做，他当时身为总督，也完全可以这样做。

代表选出之后，为拟请求书，又发生了不少争执，因为院长说，为了天主和国王陛下的利益，不能让科尔特斯回新西班牙，并说这是全体代表的一致意见，因为只要他在这里，便会有朋党和骚乱，便不能好好治理，科尔特斯说不定还会篡权，可我们大多数代表不同意这种说法，说科尔特斯非常忠诚，是国王陛下的忠仆。

这时被任命为危地马拉总督及圣地亚哥海外远征先遣长官和骑士团长的堂佩德罗·德·阿尔瓦拉多从卡斯蒂利亚来到墨西哥城。当他得知院长和法官们拟就的请求书时，决定由他自己及各城镇的代表和其他一些征服者共同给国王陛下写呈文，报告王家检审法院的全部企图。

两名选出的代表带上担保书和请求书前去卡斯蒂利亚之后，王家西印度院了解到反对科尔特斯的人无不出于仇恨，便不愿答应努尼奥·德·古斯曼及其他法官的要求，因为国王陛下有令定要撤他们的职，当时科尔特斯也在卡斯蒂利亚，就处处拆他们的台。他已打算为了自己的名誉和领地返回新西班牙，于是立即做好准备，携其妻侯爵夫人一同返回。

第一百六十八章
谷地侯爵、新西班牙及南海统帅堂埃尔南多·科尔特斯从西班牙返回[①]

科尔特斯在卡斯蒂利亚度过不少时日，而且在那里结婚，获得侯爵、新西班牙及南海统帅的头衔，亟盼返回在新西班牙的家和领地，去领有他的侯爵封地。当他获悉墨西哥城的上述情况时，加紧准备，与全家登船启程，一路顺风，驶抵维拉克鲁斯港，在那里受到盛大欢迎。他随即动身去要求得到他的侯爵领地。

他到达墨西哥城时再次受到欢迎，但没有以往那样热烈。他做的头一件事便是出示他受封侯爵的敕命，令报子传告他的新西班牙及南海统帅的身份，并要求总督和王家检审法院查点该向他纳税的臣民的人数[②]。看来他是遵从国王陛下之命来要求查点人头的。据我所知，他被授予侯爵衔时，曾要求国王陛下赐给他拥有几千臣民的一些镇子和村落。科尔特斯认为一户就算一个人头，应作一个纳税人看待，并以此向王家检审法院申报（他当时求陛下赐给他侯爵领地时，如果讲明他要哪个镇连同镇上的所有居民，国王陛下想必也会赐给他）；科尔特斯确信要求查点臣民一事做得

---

① 科尔特斯于1528年3月17日离开新西班牙，1530年7月15日返回。

② 科尔特斯终其后半生为这桩公案奔走。1531年，一个新的王家检审法院来到墨西哥；1535年堂安东尼奥·德·门多萨被任命为总督。

对，不料事与愿违，他的诉讼纠纷从未止息。并因此事与负责查点人头的克萨达博士不和，与总督及王家检审法院也时有摩擦。王家检审法院向国王陛下禀报此事，询问应如何查点；臣民的人数查了好几年，侯爵总是不管三七二十一向臣民们收税。

闲话少叙。却说此事过后几天，科尔特斯便从墨西哥城前往属于他领地的一个叫做科尔纳瓦卡的镇子，他把侯爵夫人带往该镇，在那里安了家，以后再也没有把夫人带到墨西哥城。此外，由于他曾向我们尊贵的皇后堂娜伊莎贝尔（愿她安息）和王家西印度院提出他将派船下南海，继续发现新的陆地，一应费用由他筹措，便在当时属于他领地的一个叫做特旺特佩克的镇子的港口和萨卡图拉及阿卡普尔科港建造船只。下面我将谈到科尔特斯派出的船队以及他如何事事背运，接连受挫。

第一百六十九章

堂埃尔南多·科尔特斯侯爵为派船队出海探察花费无数且事事背运

为了让读者明了底下要说的事情，需回叙一下前几年发生的事。话说谷地侯爵科尔特斯去卡斯蒂利亚之前，在马科斯·德·阿吉拉尔任总督期间（路易斯·庞塞·德·莱昂硕士去世前委他以总督之职），曾派在萨卡图拉地区建造的四条船出海，船上装足给养，配备大炮、优秀的水手和二百五十名兵士，还带上不少换金银用的卡斯蒂利亚的商品和零碎东西，及足够一年食用的干粮和木薯面饼。他委派一位名叫阿尔瓦罗·萨亚韦德拉·塞龙的绅士任这四条船的统帅。

这支船队要驶往摩鹿加群岛和香料岛[①]或中国，这是国王陛下的命令，国王陛下曾于1526年6月22日从格拉纳达城下手谕给科尔特斯，他曾拿出来给我和在他左右的其他征服者看过，所以在此写上一笔。国王陛下还命令科尔特斯，责成他派出的指挥官们去寻找一支从卡斯蒂利亚驶往中国的船队，那支船队的指挥官是圣胡安·德·罗达斯骑士团长堂加西亚·德·洛艾萨修士。

萨亚韦德拉正准备出海航行时，我上面提到的由那位骑士团长率领的船队中的一条船驶抵特旺特佩克海岸，这条船上的指挥官叫奥图尼奥·德·兰戈，是波尔图加莱特人氏。阿尔瓦罗·萨亚韦德拉·塞龙从这位指挥官和驾驶这条船的司舵们那里打听到所要知道的一切，还用重金雇下这条船上的一名司舵和两名水手，让他们再随他从原路驶回。他详细询问了他们一路上的情形，以及必须选择的航线。

1527年或1528年[②]12月，船队指挥官和司舵们下达完出海探察前通常要向全体人员下达的命令和通知，大家听过弥撒并向天主祷告毕，便在西古阿塔内霍港扬帆起航（该港是在科利马地区还是萨卡图拉地区，我不甚清楚）。天主指引他们驶抵摩鹿加群岛和其他岛屿，一路上他们遇到多少艰难险阻，死了多少人，我不清

① 为印度尼西亚岛屿。

② 应为1527年。

楚。但是那次航行过去三年之后，我在墨西哥遇到一名随萨亚韦德拉航行的水手，听他说起他们所到的那些岛屿和城市的情形，很是惊异。科尔特斯现在要从墨西哥派船队去探查的便是这些岛屿。我还听说，那支船队的几名葡萄牙人指挥官把萨亚韦德拉或手下的人抓起来，带到卡斯蒂利亚，所以国王陛下也获悉了此事。因事过多年，除我前面提及的见过国王陛下手谕一事外，其余的实在记不起来，只好就此打住。

话说科尔特斯从卡斯蒂利亚回来之后，于 1532 年 5 月从阿卡普尔科港派出另外两条船，船上各种给养应有尽有，还准备了必要的水手、大炮、换金银用的物品及八十名火枪手和弩弓手，并派迭戈·乌尔塔多·德·门多萨为统帅。科尔特斯派这两条船沿南海岸探察，寻找新的岛屿和陆地，因为他在国王陛下前往佛兰德时曾与王家西印度院达成这一协议。

再来说说这两条船的情形。乌尔塔多指挥官刚开始航行不久，尚未开始找寻岛屿，也未驶离海岸多远，更未做其他值得一提的事，他统率的兵士便有一多半（这些人坐的是另一条船）发生哗变。据说该船指挥官和哗变兵士一致商定，将船掉头，驶回新西班牙；所谓指挥官允许他们这样做，很难让人相信，其实是那些兵士的主意。他们掉头之后，遇到逆风，被推向陆地，灌了不少海水，好不容易来到哈利斯科。消息从哈利斯科传开，又很快传到墨西哥城，科尔特斯获悉后很是伤心。迭戈·乌尔塔多继续沿海岸航行，但始终没有他和那条船的消息，人和船再也没有出现。

这支船队既已消失，有关之事按下不表。却说科尔特斯很快又派出已在特旺特佩克港造好的另外两条船，船上装足面饼、肉和当时所能置办的一切必备食品，并配备多门大炮、优秀水手和七十名兵士，带上换金银用的物品，又命一个叫迭戈·贝塞拉·德·门多萨的绅士任统帅。另一条船上的指挥官叫埃尔南多·德·格里哈尔瓦，归贝塞拉指挥。两条船上为首的司舵是个比斯开人，名叫奥图尼奥·希门尼斯，精通天象。

科尔特斯命贝塞拉出海寻找迭戈·乌尔塔多，倘若找不到，就尽可能向远洋进发，探寻新的岛屿和陆地，因为传说海上有丰饶的岛屿和珍珠。奥图尼奥·希门尼斯司舵在出海前与其他司舵聊起海上事情时，十分肯定地说要带他们到满地财宝的幸运之地（他们当时就这样称呼那些土地），并说大家都要发财，直说得天花乱坠，一些人便信以为真。

他们驶出特旺特佩克港后，第一晚便刮起逆风，把两条船吹得各自东西，再也见不到彼此的踪影。那两条船本可以靠拢，因为天气很快转好，但是埃尔南多·德·格里哈尔瓦因不愿受制于贝塞拉，立即拨转船头向大海驶去。贝塞拉为人十分孤傲，脾气暴躁，他的下场容以后再说。埃尔南多·德·格里哈尔瓦之所以与他分开，还为了要发现个把岛屿，以便为自己争光，他向大海驶出二百多西班牙里，发现一个无人居住的小岛，取名为圣托梅。

格里哈尔瓦之事按下不表。却说迭戈·贝塞拉和奥图尼奥·希门尼斯司舵二人在航行途中争吵起来；因贝塞拉和船上大部分兵士均有龃龉，奥图尼奥便同其他几个比斯开水手以及与贝塞拉争吵过的几个兵士密谋，定在一天夜晚袭击他，把他杀死。他们果然做出此事，趁他入睡，结果他及其他几名兵士的性命，若非船上两名方济各会修士把他们拉开，必定会干出更糟的事来。

希门尼斯司舵及其同伙占了那条船，经修士们要求，让修士和伤员在哈利斯科登岸。奥图尼奥·希门尼斯随即张帆起航，驶抵一个据说有珍珠的岛屿，取名为圣克鲁斯[①]，岛上居住着未开化的印第安人。他们上岸后，遭到那个海湾或岛上土著的袭击，全被杀死，只有那几个留在船上的人得以逃命。这几个人见其他人都被打死，即驾船返回哈利斯科，并讲了航行的经过，人们于是确知，那里确实是一片人口众多、盛产珍珠的富庶之地。这个消息很快传到墨西哥。

科尔特斯获悉后，对发生的事深感痛心，但他是个坚毅的人，并没有因发生那种事而罢休，他决定不再派遣指挥官，由他亲自出海。那时节，有三条很大的船在特旺特佩克港造好，科尔特斯一方面因为获悉奥图尼奥·希门尼斯被杀害的地方有珍珠，另一方面又因为他始终想在南海发现大村落，便想去那里开拓，因为他在国王陛下前往佛兰德时曾同尊贵的皇后堂娜伊莎贝尔(愿她安息)和王家西印度院达成过这样的协议。

当新西班牙的人得知侯爵要亲自出马时，都以为确实要去富庶的地方，一时间兵士们纷纷来投他麾下，其中有骑兵，也有火枪手、弩弓手，还有三十四名有家室的人，总共聚起约三百二十人(包括一部分兵士的妻子)。

科尔特斯命令三条船上装足木薯面饼、肉、油、酒、醋及其他需带的食品，并带上许多换金银用的东西，三个铁匠和打铁用的全套工具，两名带上全副工具的造船工，还有其他许多东西，我就不一

① 即下加利福尼亚半岛。

一细说，此外又配备了有经验的优秀舵手和水手。他下令凡愿意到那三条船的所在地特旺特佩克港登船的，可自行前往，他这样做是为了走陆路时避免大队人马的拖累，然后他自己和安德烈斯指挥官及其他一些官兵从墨西哥出发，还带上教士和修士，为他做弥撒，又带上医生和药品。

他们抵达出海的港口时，从特旺特佩克来的三条船已经泊在那里。所有骑兵、步兵都聚齐后，科尔特斯挑选那些他认为适合于第一批出发的官兵和他一起登船，驶往那个据说有珍珠的被命名为圣克鲁斯的岛屿或海湾。科尔特斯一路顺风，于 1536 年或 1537 年[①] 5 月驶抵该岛，立即打发船只驶回，接其他兵士、家眷和马匹前来，这些兵士和安德烈斯·德·塔皮亚指挥官一起等在出发地点。他们登船后，张帆起航，驶到半路忽遇风暴，把船刮进一条大河，他们把那条河命名为圣佩德罗-圣巴勃罗河。

风平浪静之后，他们继续航行，不料又遇到一场风暴，把三条船刮散，一条船驶往科尔特斯所在的圣克鲁斯港；另一条船搁浅，在哈利斯科一带撞到岸上，船上的兵士对这次航行和所受的磨难很是不满，便返回新西班牙，还有一部分人留在哈利斯科；第三条船驶抵一个海湾，他们命名它为番石榴林，因为那里长满番石榴。

由于船撞到岸上，他们迟迟未能到达科尔特斯所在的地方。科尔特斯和兵士们等得急不可耐，因为给养已经告罄，而肉、面饼和大部分食物又都在那条在哈利斯科一带搁浅的船上。科尔特斯和他船上的所有兵士都非常心焦，因为他们已经断粮；当地人不种

① 应为 1535 年。

玉米，是些不开化的野人，只食当地生长的果实及捕捞到的鱼、海贝等物。科尔特斯手下的兵士饿死、病死的已达二十三人，病倒的人数更多，全都诅咒科尔特斯和他的岛屿、海湾及这次探察。

科尔特斯见此情形，决定带上五十名兵士、两名铁匠、造船工和船缝填塞工，乘坐那条驶抵该港的唯一的船，亲自去找另外两条船，因为从风向、水流来判断，他明白船必定是撞到了岸上。他一路寻找，结果发现一条船如前所述在哈利斯科沿岸搁浅，船上没有任何兵士；又在一处礁石附近发现了另外一条船。他们花了很大气力，将船修好，填塞好船缝，然后驾起这三条船，带着给养，回到圣克鲁斯岛，等着食品的兵士因多日没食用有养分的东西，身子虚弱，一下子吃下许多肉，一个个腹泻不止，于是又死掉一半兵士。

科尔特斯不忍目睹种种不幸，又去探察新的疆土，于是来到加利福尼亚海湾。科尔特斯当时体弱多病，想回新西班牙去，但又感为难，怕有人说他白花许多金币，既没有发现有用的疆土，又事事背运，兵士们也会议论纷纷，所以没有回去。

此时，他的妻子堂娜胡安娜·德·苏尼加侯爵夫人，因得不到他的半点消息，只知有一条船在哈利斯科沿岸撞毁，很是伤心，怕他已出事或死去，立即打发两条船去寻找，其中之一便是那次与贝塞拉一起出海的格里哈尔瓦驾回新西班牙的那条船；另一条是新船，刚在特旺特佩克港建造完毕。两条船装上当时所能置办到的一切食物，侯爵夫人让一个姓乌略亚的人任两条船的统帅，并修书一封给她的丈夫科尔特斯侯爵，信写得情意绵绵，请求丈夫立即返回墨西哥的领地和侯爵封地，要他想想自己的儿女，不要再去碰运气，说他已有许多英雄业绩，名声传遍天下，也就可以满足了。尊贵的总督安东尼奥·德·门多萨也给他写了情真意切的信，请求他回新西班牙。

两条船一路顺风，来到科尔特斯所在的地方。科尔特斯见到总督的信和妻子侯爵夫人及儿女们的恳求，便让弗朗西斯科·德·乌略亚统领留在那里的人员，并把乌略亚为他带来的给养全部留下，然后登船返航，驶抵阿卡普尔科，上岸后急急赶路来到侯爵夫人所在的科尔纳瓦卡，侯爵夫人喜出望外。墨西哥所有的居民和征服者们见他来到都很高兴，总督和王家检审法院也是一样，因为墨西哥城内已经风传，新西班牙所有酋长见科尔特斯不在都想叛乱。

此外，留在那个叫做加利福尼亚的岛屿或海湾的全体官兵，很快也回到新西班牙。他们回来的情况不详，可能是他们自己做主回来，也可能是总督和王家检审法院准许他们回来的。

科尔特斯休养几个月之后，又派出两条装足面饼和肉的船，船上配备水手、六十名兵士和优秀的司舵，并派前面提过多次的弗朗西斯科·德·乌略亚作统帅。他这次派船出海是因为墨西哥王家检审法院明确命令他如此行事，以履行他与国王陛下达成的协议。

两条船不知于哪一年的6月[①]（年份我常记不得）从拉纳蒂维达德港出发，科尔特斯命令船队统帅沿海岸前进，绕加利福尼亚设法寻找下落不明的迭戈·乌尔塔多。此次航行历时七个月，然后回到哈利斯科港，据我所知，没做什么值得一提的事。

乌略亚上岸休息没几天，一个随他出海的兵士埋伏在一个地

① 应为1539年。

方，用剑将他刺死。

侯爵进行的航行和探察就此结束，我多次听他说起这几支船队花去他约三十万金比索。为了让国王陛下对他做些补偿，也为了解决查点臣民的问题，科尔特斯决定去卡斯蒂利亚。从以上这些事情看来，科尔特斯从我们攻克新西班牙起，可说事事背运。

第一百七十章

墨西哥城举行盛大庆祝和宴会，欢庆我们最虔诚的皇帝和君主（愿他安息）与法王法兰西斯一世修好

1538年，墨西哥城得到消息，说我们最虔诚的皇帝和君王（愿他安息）亲赴法国，在一个叫做阿瓜斯穆埃塔斯的海港受到法国国王法兰西斯一世的盛大欢迎，两位君王握手言和，热烈拥抱，法王法兰西斯一世的妻子——我们君王的妹妹、法国王后莱昂诺尔夫人——也在场。为庆祝两国修好，该城举行了盛大庆典和欢庆活动。

堂安东尼奥·德·门多萨总督、谷地侯爵、王家检审法院和一些有身份的征服者为庆祝此事组织了盛大的娱乐活动。那时节，谷地侯爵与堂安东尼奥·德·门多萨已言归于好，他们过去不和，一是因为查点侯爵所辖臣民一事，二是因为总督袒护努尼奥·德·古斯曼，不叫他赔偿他在墨西哥任院长期间欠科尔特斯的金

比索。这次他们决定好好庆祝、娱乐一番，庆祝活动包括马上比武、掷棍游戏、斗牛、骑士对打和其他大型化装表演，我在卡斯蒂利亚从未见过如此热闹的活动。

墨西哥大广场一夜之间出现了一座林子，各种树木与真的一样，好像早就生长在那里。林子中有的树像枯木，有的则盖满苔藓，细细的茎叶有如树上长出的那样；一些树上挂下一些毛茸茸的东西，另外一些树又挂下别的东西，全都布置得十分巧妙，令人赞叹。

林子里还有许多鹿、野兔、狐狸、胡狼和其他许多种当地的小兽，另有两头小狮、四头小豹，全都圈在林中围起来的畜栏里，等时候一到，放出来加以猎杀。墨西哥印第安人善于摆弄这些东西，据闯荡过世界的许多人讲，世上再没有其他人像他们那样精于此道。树上还有新西班牙饲养的各种各样的小鸟，数量及种类之多，只怕讲也讲不完。

离树林不远另又布置一些茂密的树丛，每个树丛中各有一队土人，有的握着带疙瘩的扭曲的大棒，有的手持弓箭。这时，畜栏打开，野兽放出来，那些土人便在林中追赶猎物，一直追到大广场；几群土人为捕杀猎物，吵得不可开交。他们打得很是热闹，过了一会儿又回到树丛中去。

这还不算什么，更精彩的是那些骑士、黑人男女以及他们簇拥的国王、王后的种种表演。表演者共五十多人，一律骑马，通身金银珠翠，十分华丽，他们随即冲向那群土人，又为打猎之事争吵起来。这拨人戴着形形色色的假面，黑女人们给她们的黑孩子喂奶，众人向王后欢呼；所有这些都妙不可言。

次日一早，大广场中央又布置成罗达斯城的模样，尖塔、雉堞、炮口、圆形塔楼和围墙全与罗达斯城毫厘不爽。城内有一百名骑士团长，个个佩戴镶珍珠的金质骑士章，有的足踩短镫，手持矛和盾；有的足踩长镫，专门冲击持矛和盾的骑士；还有一些徒步，手持火枪。他们的统帅——罗达斯城的大统领，便是科尔特斯侯爵。此时“开”来四条船，船上帆樯、桅杆等装备一应俱全，非常逼真，看得许多人啧啧称奇。只见那几条张着帆的船在广场中央转了三圈，从船上频频开炮，船上还有几个印第安人，他们的穿着犹如刚从卡斯蒂利亚来的多明我会修士，这些人有的在斗鸡，有的在捕鱼。

这几条鸣炮、吹号的船按下不表。却说有两支装扮成土耳其人的伏兵，通身土耳其人打扮，化装得惟妙惟肖，身穿洋红、暗红色绸服，佩戴许多金饰物并戴着土耳其人那种华丽的尖帽。两支伏兵全都骑马，伺机发起进攻并俘获几个在泉边放牲口的牧人，其中有一个逃出来，向罗达斯城的大统领禀告。土耳其人正欲带走牧人和牲口时，骑士团长们冲出城来，双方激烈格斗，骑士团长抢下牲口。这时又有几支土耳其人队伍从别处向罗达斯城攻来，又和骑士团长们厮杀一阵，结果许多土耳其人被俘。后又放出凶猛的公牛，把他们冲散。

我还要提到在广场四周的窗户前观看演出的许多夫人，她们全是征服者和墨西哥其他西班牙居民的妻子，一个个花团锦簇、珠光宝气。还有一些服饰华丽的夫人在阳台上观看，一些潇洒的男子侍候左右。这些在窗前和阳台上观看的夫人，全都受到盛情款待，有人给她们端来各种甜食：蜜饯香橼、杏仁、糖果以及印有侯爵和总督纹章的甜食，这些甜食都用金银箔包裹，有些包着很厚的金箔，因为没有其他保存办法。用以招待她们的当地的水果更是不胜枚举，葡萄酒也都是当地最好的；此外还有蜂蜜水，冒泡沫的可可茶，外加鸡蛋卷，所有食品全都盛在金银餐具里；招待会从夕祷过后一小时开始，一共持续两小时，然后人们才各自回家。

表演和庆祝之事按下不表，再来说说举行的宴会。侯爵和总督在各自的府第分别举行一次晚宴；侯爵的晚宴先举行，总督以及所有有身份的绅士、征服者和全体夫人——绅士、征服者们的妻子和其他一些贵妇——都出席了宴会，宴会隆重至极。席面的细节说起来须大费唇舌，总之非常丰盛。

另一次晚宴由总督举办，宴席设在总督府的庭院内，那地方布置成花果园，许多枝叶交织的树搭成凉棚，树枝上缀有鲜果，如同树上结的一般。树梢头有当地的各种小鸟；庭院里布置了逼真的查普尔特佩克泉，有几处还喷出几股细细的泉水来。泉水边用链子拴着一头大豹，泉水的另一边有一个骡夫打扮的大汉，像是困乏得沉沉睡去，身旁放着两个大皮囊；另有四个印第安人正解开一个皮囊痛饮，看上去真像是在眉飞色舞地喝酒。所有这些模型都做得像真的一样，引得各色人等都带他们的妻子前来观看。

餐桌已经摆好，安排了两个宽舒的首席，由侯爵与总督分坐。各人的摆膳侍从、侍童，侍候左右，各种餐具摆得整整齐齐。至于那次宴会上的菜肴，我不想全写出来，只拣记得的说一说，因为我也出席了那次丰盛的宴会，先上的是双拼或三拼的冷盘，接着是羊羔和热那亚式烤肘子，再就是鹌鹑肉和鸽子肉做的饼，然后是肥公鸡和填膛母鸡，还有烩鸡脯、蛋黄酱煨鸡、饼、小鸡和当地的一种石鸡及卤鹌鹑。

这几道菜上毕，换过两次桌布，又铺上干净的桌布和餐巾，然后端上用各种野味做的馅饼。这些东西，还有前面上的许多菜，都没有人吃，接着又上鱼肉馅饼，也没有人吃，然后又上煮羊肉，还有牛肉、猪肉、萝卜、洋白菜、鹰嘴豆，也都没人品尝。在这些佳肴中间，还放着各色水果，使人看了喜欢；然后又上当地产的一种母鸡，鸡是整鸡，喙和爪都包上银箔，然后又上整鸭、整鹅，鸭和鹅的嘴包上金箔；接着又上整个猪头、鹿头、牛头，以示气派。

餐桌的一端都有人吹拉弹唱，小号、竖琴、比韦拉琴、笛子、六孔竖笛、笛号，应有尽有，当摆膳侍从给出席晚宴的夫人们端上饮料时，吹奏得更加热闹（参加这次宴会的夫人比上一次更多），饮料全都斟在金杯里，有蜂蜜水、葡萄酒、清水、可可茶、淡色葡萄酒等。这时又有人给另外一些夫人送上几张极大的馅饼，有几张馅饼上放着两只活兔，另外几张馅饼上有几只小活兔，还有的放着鹌鹑、鸽子和其他活鸟，这些东西同时送上，揭开罩子后，兔子在餐桌上乱跑，鹌鹑、鸽子全飞了起来。餐桌上还有橄榄、萝卜、干酪、刺儿菜和当地的各色水果，总之，佳肴满桌。席间还有专说笑话的丑角不时说些赞颂科尔特斯和总督的凑趣话。那些盛白葡萄酒、西印度雪梨酒、红葡萄酒的大盆和酒瓶也应提上一笔。

参加这次宴会的共有三百多位绅士、二百多位夫人，院子里另外摆席招待这些绅士的随从、马弁和仆人。我刚才忘了提一提整头的烤小牛，牛肚子里塞满小鸡、母鸡、鹌鹑、鸽子和腌猪肉，这是在院子下首用来招待随从、穆拉托人[①]和印第安人的菜肴。

① 即黑白混血人。——译者

这次宴会从入夜一直延续到半夜之后两小时，夫人们连声喊吃不下，有一些还难受起来，这才撤去桌布，因为还要上别的东西。所有这些珍馐佳肴，都用金盘银盏、极珍贵的餐具盛放。我注意到一件事，尽管总督府的各个厅堂挤满没被邀请的西班牙人——赶来看热闹的人实在太多，庭院里都无法容纳——晚宴进行期间，银器一件都没有丢失；而侯爵举行的那次宴会上，却丢失一百多马克[①]银器。

总督举办的宴会之所以没丢失餐具，是因为总督的大管家阿古斯丁·格雷罗命令墨西哥的酋长们指派印第安人分管每件器皿，所以虽然给在墨西哥城的各家送去一盘又一盘的烩鸡脯、肉饼、馅饼和其他各种菜肴，总是由一个印第安人端着一个银盘去，端着一个银盘回。那天只丢失一些银盐瓶和许多桌布、餐巾，这是阿古斯丁·格雷罗第二天亲口对我说的。而侯爵则自称丢失一百多马克银器，并以此炫耀。

宴会的事就此打住。却说次日举行斗牛和掷棍游戏，侯爵被击中脚面受了伤，走起路来一瘸一拐。又过一天，举行跑马比赛，从一个叫塔特卢尔科的广场跑到墨西哥大广场，跑得最快、最先到达广场的可得若干天鹅绒及绸缎作为奖品。一些女士也参加了赛马，从阿隆索·德·埃斯特拉达司库家门口跑到总督府，先到目的地的可得金饰物作为奖品。除此之外，还上演许多闹剧，剧目很多，我已记不太清。入夜以后，又有化装表演、唱歌及说笑话等等。

---

① 金银衡，合 230 克。——译者

庆祝活动结束后，侯爵即命人备船、备给养，打算前往卡斯蒂利亚，要求国王陛下对他派船队探察所花的大量金币给予部分补偿，另外还要对努尼奥·德·古斯曼提出诉讼，为查点臣民人头一事也有官司要打。

科尔特斯于是求我同他一起前往，说到京城后可以要求王家西印度院分我印第安村落，这比向墨西哥王家检审法院提出要好；我立即登船前往卡斯蒂利亚。侯爵耽搁两个月方动身，据他说是因为未凑足他想携带的金子，加之棍子击伤的脚面也一直未愈。那是1540年的事，我们最尊贵的皇后堂娜伊莎贝尔（愿她安息）于前一年去世，新西班牙沉痛哀悼，全体征服者为皇后服丧。

我作为瓜萨夸尔科的镇政会议成员和资格最老的征服者，也为皇后服丧，并随带丧服前往卡斯蒂利亚，到京城便依例穿起来，以示对皇后的哀悼。当时，埃尔南多·皮萨罗亦已从秘鲁来到京城，他也为皇后服丧，并带来四十名随从。不久科尔特斯也带着仆从，身穿丧服，抵达京城。

王家西印度院的大人们得知科尔特斯已安抵马德里附近，立即派人相迎，让他在堂胡安·德·卡斯蒂利亚骑士团长家下榻。科尔特斯前往王家西印度院时，总有一名法官到王家西印度院议事厅门外相迎，把他领到主席堂加西亚·德·洛艾萨修士、西古恩萨红衣主教和其他法官所在的厅堂，那几位大人让科尔特斯坐在离他们不远的一个专为他设的座位上，听他陈述。

科尔特斯从此以后再没有返回新西班牙，因为那时又在对他进行调查，国王陛下不肯放他回新西班牙，他请卡斯蒂利亚舰队司令、贝哈尔公爵和莱昂骑士团长为他求情也无济于事。他还托堂娜玛丽亚·德·门多萨夫人替他说情，但国王陛下始终不允，还授意王家西印度院拖延时日，直至对他的调查结束。怎奈调查旷日持久，王家西印度院给他的答复是国王陛下出席根特公审从佛兰德回来之前，无法允准他的请求。

此时，努尼奥·德·古斯曼也被勒令离开他的领地，返回京城，并被罚一笔金比索，不过仍保留在哈利斯科的委托监护地，他和他的仆从也都为皇后服丧。京城居民见我们——科尔特斯侯爵、皮萨罗、努尼奥·德·古斯曼及所有从新西班牙和秘鲁前来打官司的人——身穿丧服，打趣地把我们叫作在西印度和秘鲁发了财的戴孝人。

闲话少叙。当时埃尔南多·皮萨罗[①]也在梅迪纳德尔坎波城的拉莫塔城堡被擒；我恰好在那时返回新西班牙，到达后得知，几个月之前哈利斯科地区一个叫诺奇斯特兰的山村发生暴动，堂安东尼奥·德·门多萨总督派几名指挥官和一个叫奥尼亚特的人前去平定。印第安人与从墨西哥派去讨伐的西班牙兵士展开激战，西班牙军队被围，派人向正在普里菲卡西翁港船上的堂佩德罗·德·阿尔瓦拉多海外远征先遣长官求援（他当时筹建一支大船队正欲驶往中国，这支船队泊在该港）。他带领许多兵士前去增援被困在上述那个山村里的西班牙人，不料被马踩伤，不几日便一命呜呼。

---

① 埃尔南多·皮萨罗为秘鲁印加帝国征服者弗朗西斯科·皮萨罗的弟弟，也曾参加秘鲁的征服战。弗朗西斯科·皮萨罗与其过去的伙伴阿尔马格罗争权夺利，后者被他俘获处死，其余党于 1541 年 6 月 21 日将皮萨罗杀死于他的住所，又在梅迪纳德尔坎波城擒获埃尔南多·皮萨罗，把他监禁在该城达二十多年之久。——译者

第一百七十一章
谷地侯爵在卡斯蒂利亚期间所做的事

国王陛下亲临根特公审之后返回卡斯蒂利亚，筹建一支大舰队前去攻打阿尔及尔，谷地侯爵带着他的长子（领地继承人）、他与堂娜玛里娜生下的堂马丁·科尔特斯及许多侍从、仆役、马匹和大批随行人员参加舰队，为国王陛下效力，当时他和堂恩里克·恩里克斯一起登上了一条大帆船。

不料他们遇到大风暴（这是天主的安排），王家舰队不少船只沉没，科尔特斯同他两个儿子所乘的帆船也被撞毁，他们三人和船上大部分骑士历经莫大艰险，方得以死里逃生。当时他们见死到临头，不免乱了方寸。科尔特斯的仆人说见到他把一些很珍贵的珠宝（他随身带这些东西以示显赫）包好，系在胳膊上，当时他们慌慌张张弃船逃命，许多人挤作一团，科尔特斯所带的珠宝尽数丢失，据说值很多金币。

却说许多骑士和兵士在那场大风暴中丧命。当下组成王家军事法庭的总领和指挥官们劝国王陛下立即拔营，不要再去攻打阿尔及尔，走陆路取道布希亚返回，说这场风暴是天主的意旨，他们无能为力。他们作出这一决定并向国王陛下进言时，并没有把科尔特斯叫来，问问他的意见；科尔特斯得知后，便说只要国王陛下恩准，他将仰仗天主保佑，托我们君王的洪福，靠那些久经沙场的兵士去攻占阿尔及尔。说毕这番话，他又极力称赞我们这些跟随他攻克、征服墨西哥城的他的官兵们，说我们如何耐得饥饿，受得辛苦，只须他一声号令，我们就跟随他去创立英雄业绩，受了伤，包扎一下，照样打仗，说我们无城不克，无坚不摧，牺牲性命也在所不惜。

许多骑士听到他这番豪言壮语，便对国王陛下说真应该叫他来军事法庭议事，没有叫他甚为不妥；其他几位骑士则说：之所以不叫他，是因为他们预感到科尔特斯会有不同意见，当时风浪正猛，无法找许多人来议事，只能以国王陛下和王家舰队其他成员的安全为重，因为当时实在危险；他们又说来日方长，靠天主保佑，他们还可以再去攻打阿尔及尔。于是大队人马取道布希亚返回。

话说他们千辛万苦回到卡斯蒂利亚，侯爵当时在卡斯蒂利亚京城感到十分腻烦，从布希亚回来后更是劳顿不堪，意欲一得到允准便返回新西班牙。他当时已派人去墨西哥接他的大女儿堂娜玛丽亚·科尔特斯，因为他已把她许给堂阿尔瓦罗·佩雷斯·奥索里奥，此人是阿斯托尔加侯爵的儿子，是侯爵爵位继承人，科尔特斯曾答应以十万金币及许多服饰、珠宝为妆奁，这时他正前来塞维利亚迎接女儿。

这门婚事没有成功，据许多绅士说是因为堂阿尔瓦罗·佩雷斯·奥索里奥的缘故。侯爵非常恼火，加上发烧、腹泻，终于一病不起。他的病势一天重似一天，便决定离开塞维利亚，躲开那些不断来探望并以琐事打扰他的人。他来到卡斯蒂列哈德拉奎斯塔，在那里安排后事，写遗嘱，立过遗嘱、受过圣礼之后，我主耶稣基督便把他带离艰辛的尘世。科尔特斯于 1547 年 12 月 2 日去世。

他的遗体被抬到梅迪纳西多尼亚公爵的小教堂殡殓，出殡隆重至极，有许多教士参加，塞维利亚的许多绅士沉痛哀悼。后遵他的遗嘱，把他的遗骨运回新西班牙，葬在库尤阿坎或特斯库科的一处陵墓（详情我不清楚）。

我还要提一下他活了多大岁数，按照我的记忆可以这样推算：我们随科尔特斯从古巴来到新西班牙是1519年，那时他同我们这些伴随他左右的伙伴聊天时常说他有三十四岁，从那时到他去世一共过了二十八年，所以他去世时应是六十二岁。

他的合法儿女是继承了侯爵爵位的堂马丁·科尔特斯、前面提到的曾与阿斯托尔加侯爵继承人堂阿尔瓦罗·佩雷斯·奥索里奥订婚的堂娜玛丽亚·科尔特斯（堂娜玛丽亚后来嫁给卢纳德莱昂伯爵），还有嫁给塔里法侯爵继承人堂埃尔南多·恩里克斯的堂娜胡安娜和没有出阁便在塞维利亚夭亡的堂娜卡塔利娜·德·阿雷利亚诺。科尔特斯还有一个女儿在墨西哥，叫堂娜莱昂诺尔·科尔特斯，她和一个叫华内斯·德·托洛萨的比斯开人结婚，此人很是富有，约有十万比索财产和几座矿，科尔特斯回新西班牙时对这门婚事十分恼火。

他留下两个私生子，一个是与通译堂娜玛里娜生下的堂马丁·科尔特斯，是圣地亚哥骑士团长。还有一个是与另外一个叫埃莫西利亚的夫人生下的堂路易斯·科尔特斯，也是圣地亚哥骑士团长。科尔特斯还有三个私生女，一个是一名叫皮萨罗的古巴印第安女子所生，另一个为一名墨西哥印第安妇女所生，第三个生下来就是畸形儿，是科尔特斯与另一位墨西哥印第安女人所生。据我所知，科尔特斯的这几个女儿都有丰厚的嫁妆，因为还在她们很小的时候，科尔特斯便把一个叫做奇南塔的村落的许多印第安人分在她们名下。

科尔特斯的遗嘱我不详悉，但据我猜想，科尔特斯很英明，又有许多时间考虑此事，而且他年事已高，立遗嘱时想必经过深思熟虑，一定会使良心得到安宁。科尔特斯嘱咐在墨西哥修建一座医院和一所学校，又让在属于他的一个叫做库尤阿坎的镇上(该镇离墨西哥城二西班牙里)建一所女修道院，还嘱咐把他的尸骨移葬新西班牙。他拨出许多财产来执行他的遗嘱和遗赠，他的遗嘱内容很多，而且极为明智，符合一个好基督徒的身份，我不便赘述遗嘱细节，而且我也记不得所有条文，所以就此打住。

他的纹徽和挂纹徽的帷幔上题有关于他的英武和英雄业绩的文字，因为是拉丁文，我不懂，所以无法记述；纹徽上是用链子拴在一起的七个印第安君王头像，依我看来，是下列几个君王：墨西哥君王蒙特苏马，蒙特苏马的侄子、特斯库科君王卡卡马津，伊斯塔帕拉帕和其他一些村落的大酋长奎特拉瓦克，还有塔库巴的酋长、库约阿坎的酋长和另外一个掌管马塔尔辛戈附近图拉帕两个地区的大酋长，最后一个是瓜特穆斯，就是我们攻占大墨西哥城和附近地区时同我们作战，死守该城的那个君王。侯爵的纹徽和纹章上就是这七个君王的头像，因为我不记得还有其他哪个印第安君王被擒。

我再说说科尔特斯的身量和脾性。他长得十分魁梧，身材匀称，孔武有力，脸色有些发灰，神情不太明朗，脸部略短，他的目光和眼神既亲切又严肃。胡须稀少，近乎黑色，头发和胡须一样。他胸脯宽厚，背部挺得笔直，人很瘦，肚子不大，两腿略往外弓，大腿和小腿都很匀称；他骑术高明，诸般武艺样样精通，不论是徒步作战还是骑马，使用各种武器都很在行，尤其重要的是他英勇无畏，一身是胆。

听说他年轻时在拉埃斯帕尼奥拉岛上，常有拈花惹草之事。多次与一些强悍、武艺高强的人斗殴，可每次都是他获胜。他下唇边有一道刀疤，细看不难察觉，不过他总是用胡须盖住，那就是他在那些纠葛中被人打伤落下的疤痕。

他的仪表、谈吐、膳食、服饰，总之，一言一行，都表现出是个很体面的绅士。他服饰入时，不常穿绫罗绸缎，却穿得简单大方，也不佩带很粗的金链，只戴一条打造精良的细金链和一件小饰物，那饰物一面是圣母玛利亚和手里抱着的圣婴，底下有拉丁文题铭，饰物的另一面是施洗约翰像和另一条铭文。他戴一枚很贵重的钻石戒指，头戴当时流行的天鹅绒帽，帽上有一枚徽章，图案我已记不真切，上面有他的姓名字母，后来他只戴毡帽，也不别帽徽。

他奴仆成群，排场很大，有两个膳食侍从、几个管家和许多侍童，家里管理得井井有条，用的都是金银餐具。他正餐吃得不错，要喝一大杯掺水的葡萄酒，大约半升左右；也用晚餐，但并不奢靡，除非确有必要破费，否则不吃山珍海味。

他对手下所有官兵，尤其是我们这些最初随他从古巴岛来的伙伴，非常亲热。他懂拉丁文，我还听说他是法学学士，当他和律师及懂拉丁文的人交谈时，也用拉丁文作答，他还略通诗韵，会写各种格律诗，说起话来娓娓动听，很善于辞令。

他早晨祈祷几小时，做弥撒十分虔诚；他笃信圣母玛利亚——所有虔诚的基督徒都应把圣母当作保护神；也相信圣彼得、圣地亚哥和施洗约翰。他乐善好施。当他赌咒时，总是说："凭我的良心起誓。"当他对我们这些追随他的兵士中的哪一个发火时，就说："唉！你会后悔的！"他非常生气的时候，脖子上的筋和额角的青筋会暴出来，也有几次气急了，不由得怨声冲天，但他从不辱骂官兵，而且他很能容忍，因为有些兵士极其不恭，说话非常放肆，但他明明有理，也不气势汹汹地回骂，顶多说一句："闭嘴！"或是："走开，快走开，请你以后说话当心点，你会付出代价的！"

他很固执，尤其表现在打仗的事上。他若命令我们去攻打什么地方，那无论我们怎么劝，怎么骂，也不能使他改变主意。当我们在湖边的几个大村落和那个现在叫侯爵山的山下时，我们对他说，不要往筑有工事的山上冲，最好包围他们，因为他们从山上推下许多巨石，我们无法躲避猛落下来的石头。我们好说歹说，讲了所有的道理，他就是不听，一意孤行，我们只好冒着极大的危险往上冲，结果死了八个兵士，其余的人全都受伤，而且一无所获，最后不得不改变主意。

还有，当克里托瓦尔·德·奥利德率船队哗变，我们前往伊格拉斯讨伐时，我多次劝他从山地走，他却执意要沿海前进，结果也受到挫折，若按我说的路线走就全是有人居住的地区。

这些事就说到这里。另外，我要提一提当我们的船队到达比利亚里卡并在那里修筑工事时，率先挖土、打地基的是科尔特斯；在战场上，他总是和我们一起战斗。我们的侯爵堂埃尔南多·科尔特斯立下的累累战功和他的大智大勇，实在不胜枚举，我也无法一一道来。我再来说说他的脾性，他喜欢玩纸牌，掷骰子，他玩起来兴味甚浓，还常常说些玩骰子的人常说的俏皮话。他过于喜欢女人，对自己的女人，他看管极紧。我们每征服一地，他都不敢大意，总是日夜防范，常常夜晚巡视，查哨，还要到兵士的住处查铺，发现谁没把武器带在身上，或脚上没穿鞋，就要训斥，说是好一头劣羊，连身上的毛都压不起，这时他说话很难听。

当我们远征伊格拉斯时，我还发现他多了一个毛病(过去打仗时，他从不这样)，就是每当吃过午饭，如果不小睡一觉，他就觉得胃里翻腾。为了不至于难受，每当我们行军时，他总要让人在树下或其他背阴处铺一条专门为他准备的毯子或斗篷，不管太阳多么灼人，他总要小睡片刻再行军。我还发现，当我们在新西班牙征战时，他很瘦，肚子也不大，可是从伊格拉斯回来后他便发了福，肚子也挺了起来。我还发现他把发白的胡须染黑。我还要说到，他在新西班牙时，一向非常慷慨，可是他第一次去卡斯蒂利亚并于1540年再次返回那里时，却有悭吝的名声；他的一个叫乌略亚的仆人甚至告他未付工钱。

细想起来，自从我们打下新西班牙之后，他的处境一直不妙，为筹建去加利福尼亚的船队，他花去了许多金比索，远征伊格拉斯也很不顺利。现在看来，他的儿子堂马丁·科尔特斯运气也很不好，虽有不少财产，却和他的兄弟们一起卷进了那场骚乱[①]。愿我主基督耶稣保佑堂埃尔南多·科尔特斯侯爵，愿天主宽恕他的一切罪过。有关英武的科尔特斯的脾性一定有不少遗漏，我只写了我见到的和记得的事情。

① 指1566年科尔特斯的儿子参与的一次不成功的叛乱。

第一百七十二章 整个新西班牙地区的印第安人一向用许多活人作牺牲并有其他许多丑行，我们革除这些恶习，让他们接受我们的圣教

必须提一提我们赫赫有名的征服为天主和国王陛下所立的大功，我们为此付出巨大的代价，大多数兵士献出了生命，幸存者寥寥可数，死者都成为献祭的牺牲，他们的心和血被拿去祭祀墨西哥的偶像[①]。

我要说一说我们在所征服的疆土和地区见到的活人祭祀和其他恶行，据方济各会修士们的统计，每年仅墨西哥城和湖周围一些村落，就要宰杀大约两千名大人和小孩，再加上其他地区，数目更要多得多。

他们还有其他许多丑恶的祭祀方法，花样繁多，我也无法细述，只把亲眼所见记载于此。他们往往割下自己的额、耳、舌、唇、胸脯、胳膊、四肢的肌肉、腿，乃至生殖器，祭他们的偶像。

遍地都是印第安人称之为“库”的神堂（真是罪该万死），数量之多无异于我们遍布卡斯蒂利亚各城的神圣的教堂、修道院和村

① 作者此处所作记述严重歪曲事实。

口十字架。在新西班牙这些供奉偶像的庙宇里，满是凶神和恶魔的像，除了这些神堂之外，每个印第安男女都有两个祭坛，一个放在睡觉处，一个放在房门旁，祭坛上放置许多小盒、小箱（他们称之为“佩塔卡”），里面是大大小小的偶像、小石块、燧石和用一种他们称之为“阿马特尔”的树皮纸订成的薄本，上面用符号记载时间和所发生的事情。

除此之外，大部分印第安人都有鸡奸行为，尤以沿海和热带地区为甚，有的青年男子甚至穿起女人衣服，干那种丑恶、可憎的营生。他们吃人肉就像我们去肉铺买牛肉那样习以为常，在所有的村落内，都有用粗木条钉的房子般的牢笼，里面喂养许多印第安男女及少年，养肥后就予以宰杀，吃他们的肉。除此之外，各村、各地区打仗时抓到的俘虏，也都杀了吃掉。

印第安人放纵肉欲，母子、兄妹或其他亲属间的乱伦现象极为普遍。他们更酗酒滋事，干出种种丑事，真不知如何形容是好。印第安人随意占有多个女人，还有其他许多恶习和丑行。

是我主耶稣基督保佑我们，让我们这些身经百战、出生入死的真正的征服者，对上述陋习加以禁止，使印第安人懂得礼仪，并把我们的圣教传给他们。两年之后，在我们平定所有的疆土并如前所述，使印第安人懂得礼仪，改变以前的行为之后，一些称职的方济各会修士来到新西班牙，这些人身体力行，宣传圣教；又过四年，另外一批多明我会修士也来到新西班牙，于是彻底革除了这些陋习，使圣教得以推行。这一点自然确凿无疑，但若细想起来，除天主之外，所有这一切，应归功于我们这些发现、征服这片土地的真正的征服者，而不是修士们或其他人，因为我们一开始便毁掉他们的偶像，向他们宣传圣教，凡事只要开头好，中间和结果自然也都会成功。好奇的读者底下便可看到我们如何使新西班牙的印第安人懂得礼仪，笃信基督，学会执法。另外还要说到新西班牙的印第安人还得到其他什么好处，所有这一切，除天主之外，都应归功于我们。

第一百七十三章

我们使新西班牙的印第安人接受圣教，把卡斯蒂利亚的宗教仪式教给他们并教会他们依法治理

在革除偶像崇拜和一切恶习之后，我们给所有的印第安男女和后来出生的印第安孩子施洗礼（从征服那片疆土时起我们就如此行事）；过去他们的灵魂堕入地狱，现在有如许称职的方济各会、多明我会和其他教团的修士，在各个村落为他们讲道，并在婴儿满了神圣罗马教廷规定的日子后为他们施洗。此外，由于不断向他们布道，圣教教义已在他们心中扎根，他们每年都要忏悔；一些对我们的圣教了解吏深的印第安人还参加领圣餐仪式。所有这一切都是靠天主的庇佑，是托了我们最虔诚的皇帝堂卡洛斯（愿他安息）和他的爱子——我们的国王和君主，洪福齐天、无往不胜的西班牙国王堂费利佩——的福（愿天主保佑我们的君主长命百岁，疆土日增，安享其神圣天年）。

印第安人把教堂的祭坛装饰得非常精美，圣教所用的一切圣器，如十字架、高低烛台、大小圣餐碟（全用银子打造）、精雕细刻的银香炉等，一应俱全；一些富裕的村子都有法袍、十字褡和祭坛帷布，一般村落都用天鹅绒、锦缎、绸子缝制这些东西，颜色、花纹各不相同；十字架的罩子用金缕、丝线精心绣制，死者身上用绣有十字架的缎子覆盖，十字架上还绣有骷髅似的死神的脸和骨头；圣像架子上的罩子，有的村落做得很精致，有的稍差。

因村落有大有小，有些村子的教堂有钟，有的没钟；教堂唱诗班各种声部相配，男高音、女高音、女低音、男低音，应有尽有；有些村落有管风琴，大部分村落有笛子、笛号、拉管、六孔竖笛；危地马拉地区的高音、低音喇叭简直比我的家乡旧卡斯蒂利亚还多。这真要感谢天主，看着这些印第安人如何协助做弥撒，实在让人欣喜，他们尤其愿意协助那些在他们村落任教区神父的方济各会或多明我会的教士做弥撒。

还有一件善事，就是印第安男男女女及稍大一些的小孩，都能按教规用他们自己的语言背祈祷词；还有许多其他表示虔诚的好习惯，如当他们从祭坛或十字架旁边走过时都谦卑地低下头，双膝跪下，念天主经，这都是我们这些征服者教会他们的。过去他们不懂得用蜡做蜡烛，现在他们在祭坛和十字架前燃起长明的蜡烛。此外，我们还告诫他们对所有的修士和教士都要恭顺，当修士和教士到他们的村落去时，要敲钟并手持点燃的蜡烛相迎，还要好好款待，印第安人对修士们果然毕恭毕敬，对教士起先他们也很恭敬，可是后来看到他们大部分人都很贪婪，在村内胡作非为，便不愿让他们在村内当教区神父，而愿意让方济各会或多明我会的修士任神父，这些可怜的印第安人向教长提出这个要求，但无人理睬。

除上述这些好习惯之外，还有其他善行。每当基督圣体节、圣母节和其他我们通常要举行宗教游行的重大节日，危地马拉城附近大部分村落的印第安人都举着十字架和蜡烛出村游行，他们的村子以哪个圣徒的名字命名，便用架子抬着哪个圣徒的圣像游行，而且尽可能把圣像装扮得非常精美，一边念着应答祈祷或其他祷文，一边吹着笛子和号，村子里也举行同样的活动。每逢星期日和圣诞节，特别是万圣节，他们总要供神，供奉的事印第安人决计忘不了，因为那些任教区神父的教士在各自的村内总是拼命催促，追得很紧，节前两三天就命令他们准备供品，那些任神父的修士也让供神，不过不像那些教士那样。

我还要说到这片疆土的所有印第安人学会了我们卡斯蒂利亚的各种行业，有了工匠，开起了各种铺子，并以此为生。金银匠有的锻造，有的用模型浇铸，而且全都是能工巧匠；宝石匠和画匠也不逊色；雕刻匠人用纤细的铁钻雕出精美的作品，还在金刚砂上刻出救世主耶稣基督受难的整个过程，若不是亲眼看见，真无法相信是印第安人所做。依我看来，古代那位最有名的画家阿佩莱斯和当代的两位画家贝鲁格特和米开朗琪罗以及另一位布尔戈斯[①]的与阿佩莱斯齐名的现代著名画家，也无法用他们的妙笔画出三位墨西哥印第安雕刻匠人刻在金刚砂和圣物盒上的作品，这三个印第安人名叫安德烈斯·德·阿基诺，胡安·德·拉克鲁斯和埃尔克雷斯皮略。

① 西班牙城市名。——译者

除此之外，大部分印第安首领的儿子都通文法，而且学得很好，可惜教士会遵照最尊敬的墨西哥大主教之命，下了禁令[①]。许多首领的子女识文断字，还能谱宗教歌曲。新西班牙有了织绸缎、呢绒的工匠（不过只有两千四百根经线的织布机），此外也织其他种类的粗呢、布匹和毯子；梳理机、拉绒机和织机都和卡斯蒂利亚的塞哥维亚和昆卡所用的一样。此外，还有制造帽子和肥皂的工匠。他们只缺两种行业，就是制造玻璃和制药，他们也想学着做，但没有成功，我看印第安人心灵手巧，终能学会，因为他们之中有会开刀和采草药的人，他们会手技，会做木偶，还会做很好的比韦拉琴。

我们来到新西班牙之前，他们早就会种田，现在他们饲养各种牲畜，驯牛耕地，种植小麦然后收割、出售，制成面包、饼干，还在他们的地里和园里栽上我们从西班牙带来的果树，然后出售收获的水果。他们到处种树，由于桃子吃了伤人，而香蕉树倒可以遮阳，于是他们把许多桃树砍掉，种上他们更喜欢的榅桲树、苹果树和梨树。

闲话休提。我还要说到我们教会了他们依法办事，他们每年选举治安法官、镇政会议成员、公证人、差官、检察官和总管，每周两天在镇政会议厅开会，会议厅前有人守门，他们作出判决，勒令欠债人还债，对有些罪行处以笞刑或其他惩罚，如果事关人命或其他残酷的罪行，便将凶犯交王家检审法院，没有检审法院的地方就

① 可能指 1555 年的教士会，那次会上作出决定，禁止印欧混血人、印第安人和黑人接受教职。

听凭大头领发落。据了解内情的人说,在特拉斯卡拉、特斯库科、乔卢拉、韦霍辛戈、特佩亚卡和其他一些大的城池,当印第安人举行镇政会议时,也有手持镀金权杖的侍从,在大头领和镇长前面站立,那排场竟与新西班牙的总督无异。他们执行法律也像我们那样一丝不苟,而且极想了解卡斯蒂利亚的法律以作判决的依据。

除此之外,所有的酋长都有打扮得很漂亮的马,他们给马配上马具和讲究的马鞍,骑着它在自己的城池、镇上和村子里溜达,或是到别的镇上去,还带着印第安仆役和侍童。在有些村落,他们还玩掷棍游戏,斗牛,而且也戴戒指,特别是在基督圣体节、圣胡安节、圣地亚哥节、八月的圣母节和各村教堂的命名日。许多人见了公牛不躲,虽然公牛很凶猛,印第安人中有许多人会骑马,尤其是一个叫做恰帕的村落,那个村子不仅酋长有马,大多数印第安人也都有马,并且还有成群的母马和骡子。他们用马驮着柴、玉米、盐以及诸如此类的东西,到广场上去卖,还有许多印第安人当脚夫,就像在我们卡斯蒂利亚那样。我不想赘述,总之,各种行当他们都干得很像样,甚至学会了织毯子。

第一百七十四章

我们声震四海的征服和经历的辛苦带来许多好处

我要提到自从我们征服这片疆土之后,每年都要从新西班牙把大量金银珠宝及其他财富，如胭脂虫、菝葜、牛皮等，运回卡斯蒂利亚，献给我们的国王和君主，其中既有五一税也有我们进贡的礼品。此外，商人和旅客也带回大量财富；自从贤明的所罗门国王[①]命人把从塔尔西斯、奥菲尔和示巴岛运来的金银兴建耶路撒冷圣殿以来，任何史籍也没有记载过有哪个地方像这片疆土那样，向卡斯蒂利亚源源不断地运去金银财富。我之所以这样说，是因为从秘鲁运回卡斯蒂利亚的金银虽然也无法计数，但在我们征服新西班牙之时，秘鲁的名字还从来没有听说过，当时那个地方还没有发现，十年之后才被征服。

我们从征服一开始，便向国王陛下呈献极其贵重的礼品，正因为这个缘故和我下面要讲的其他原因，我要把新西班牙放在首位。我们清楚地知道秘鲁发生的事情，官兵、总督之间始终内战不休，流血事件从未间歇，许多不法兵士被杀，因为他们没有尽臣民应尽的责任，去服从我们的国王和君主；那里的印第安人也大大减少。在新西班牙，我们现在和将来永远尽我们的责任，服从我们的国王和君主，只要是为国王陛下效力，我们不惜牺牲性命和财产。

此外，请好奇的读者注意，西班牙人在这片疆土上开拓的城镇和其他地方，实在多得不胜枚举，我记不得那些地名，只好略而不谈；我只提一下这片疆土上设的主教管区，除大墨西哥城的大主教辖区之外，一共是十个主教管区；此外还有三个王家检审法院、许多教堂、修道院（在那里修道的有多明我会、方济各会、施恩会及圣奥古斯丁教派的修士），还有获教会赦免的许多医院；在特佩亚基

① 所罗门（公元前十世纪），古代以色列国国王。——译者

利亚(就是我们征服墨西哥时,贡萨洛·德·桑多瓦尔扎营的地方)修建了瓜达卢佩圣母院,圣母天天显灵。这一切都要感谢天主和圣母玛利亚,让我们赞美天主给予我们这样的恩典,保佑我们征服这片如此笃信基督的疆土。

还要请读者注意,墨西哥城创立了大学[①],开设文法、神学、修辞学、逻辑学、哲学和其他学科,并授以硕士、博士学位;有工匠制版印书(有拉丁文也有卡斯蒂利亚文),还有其他许多了不起的事情可讲,另外还有许多宝藏,如已经发现并还在不断发现的银矿,正因为如此,我们的卡斯蒂利亚才能强盛并享有崇高地位。

我们英勇的征服所带来的好处就讲到这里,我只请从头至尾读毕本书的贤明读者注意,世上再没有别的文字记载过,也没有人干过这样的英雄伟业,没有人像我们这些真正的征服者那样,为我们的国王和君主赢得如此广袤的疆域。我们这些威武的征服者中,有许多人英勇无比,我就是其中之一,而且是资格最老的一个。

我要一而再、再而三地重复,我是资格最老的征服者,曾为国王陛下效犬马之劳。我讲这些话时,心里不免感到辛酸,因为我现在贫困潦倒,且已到了风烛残年,一个女儿即将出阁,有几个儿子已长大成人,还有几个尚未成年。我无法前去卡斯蒂利亚晋见国王陛下,面陈我为国王陛下效力的业绩,并求国王陛下赐恩,因为我是当之无愧的。

这些事就此打住,若是再写下去,难免又招来嫌忌之徒的嫉恨。我只想再以对话形式提一件事情:慈善、尊贵的荣誉女神见我

① 墨西哥大学创建于1551年。

们为天主、国王陛下和所有基督徒做了许许多多高尚的好事，不禁为我们高声疾呼，说我们理当比那些没有参加征服也没有在别处为国王陛下效劳的人，得到更优厚的报酬。她问我们的宫殿和府第在何处，我们有什么样与众不同的纹章，上面是否刻有我们的英雄业绩和纹徽，因为西班牙昔日为历代国王效劳的骑士都是这样做的，我们的战功不仅丝毫不比他们逊色，而且光前裕后，是天下最伟大的英雄业绩之一。尊贵的荣誉女神还打听我们这些出生入死的征服者的近况，问英烈安葬在何处，坟墓上有什么样的纹章。

对于这些问题，我只能这样如实回答："啊！尊敬、高贵的荣誉女神，善良、高尚的人企求您，赞美您，而那些企图抹杀我们英雄业绩的居心不良的人，都不愿见到您，也不愿听到您的名字，因为他们不愿让您给我们以应有的弘扬！女神，我要告诉您，我们随科尔特斯从古巴岛过来的五百五十名兵士中，到现在（1568 年）我记述这些事情时，全新西班牙只剩下了五个人，其他人有的在我前面讲述的战斗中，死于印第安人之手，被他们杀了祭神，其余的人因各种各样的原因而死去。您问他们的坟墓在哪里，我说印第安人的肚子就是他们的坟墓，印第安人吃了他们的大腿、小腿、胳膊、四肢的肌肉、脚和手，其余的部分被掩埋，内脏喂了豹、蛇和猎鹰（他们当时把这些动物喂养在坚固的房屋里以示气派）。那就是他们的坟墓，他们的纹章就在那里。可是我认为应该用金字写下他们的名字，因为他们遭此惨死，是为天主和国王陛下效劳，是给生活在黑暗中的人带来光明，当然也是为了能够发财，我们所有的人都是为了寻找财富而来到这片疆土的。

人名译名表

Adriano 阿德里安

Aguilar, Hernando de 埃尔南多·德·阿吉拉尔

Aguilar, Jerónimo de 赫罗尼莫·德·阿吉拉尔

Aguilar, Marcos de 马科斯·德·阿吉拉尔

Alaminos, Antón de 安东·德·阿拉米诺斯

Albornos 阿尔沃诺斯

Alderete, Julián 胡利安·阿尔德雷特

Almíndez Chirinos, Pedro 佩德罗·阿尔明德斯·奇里诺斯

Altamirano, Diego de 迭戈·德·阿尔塔米拉诺

Alvarado, Gómez de 戈麦斯·德·阿尔瓦拉多

Alvarado, Gonzalo de 贡萨洛·德·阿尔瓦拉多

Alvarado, Jorge de 豪尔赫·德·阿尔瓦拉多

Alvarado, Juan de 胡安·德·阿尔瓦拉多

Alvarado, Pedro de 佩德罗·德·阿尔瓦拉多

Alvarez, Juan 胡安·阿尔瓦雷斯

Alvarez Chico, Juan 胡安·阿尔瓦雷斯·奇科

Alvarez Piñeda, Alonso 阿隆索·阿尔瓦雷斯·皮涅达

Amaya 阿马亚

Archilaga 阿奇拉加

Arbenga 阿文加

Armenta 阿门塔

Avalos 阿瓦洛斯

Avila, Alonso de 阿隆索·德·阿维拉

Avila, Pedro de 佩德罗·德·阿维拉

Axayaca 阿哈亚卡

Badajoz, Gutiérrez de 古铁雷斯·德·巴达霍斯

Baena 巴埃纳

Barba, Pedro 佩德罗·巴尔瓦

Barrios　巴里奥斯
Becerra de Mendoza, Diego　迭戈·贝塞拉·德·门多萨
Bejarano, Cerván　塞尔万·贝哈拉诺
Benítez, Juan　胡安·贝尼特斯
Bermúdez, Agustín　阿古斯丁·贝穆德斯
Berrio　贝里奥
Bocanegra　博卡内格拉
Briones　布里奥内斯
Burgos, Juan de　胡安·德·布尔戈斯

Caballero, Pedro　佩德罗·卡瓦列罗
Cacamatzin　卡卡马津
Cáceres, Juan de　胡安·德·卡塞雷斯
Camacho　卡马乔
Campos　坎波斯
Canillas　卡尼利亚斯
Caravajal, Antonio　安东尼奥·卡拉瓦哈尔
Carlos　堂卡洛斯
Carlos de Austria　奥地利的堂卡洛斯
Carmona, Antón de　安东·德·卡蒙那
Carranza　卡兰萨
Casquete, Solis　索利斯·卡斯克特
Catalán, Juan　胡安·卡塔兰
Catalina　卡塔利娜
Cermeño, Juan　胡安·塞梅尼奥
Cervantes　塞万提斯
Clemente　克雷芒
Coadlavaca　见 Cuitlahuac
Coanacochitzin　科阿纳科奇津
Coate　科阿特
Cocoyoacín　科科约阿辛
Conde de Aguilar　阿吉拉尔伯爵
Conde de Luna de León　卢纳德莱昂伯爵
Conde de Nasao　纳萨奥伯爵
Contreras, Alonso de　阿隆索·德·孔特雷拉斯
Coria, Bernaldino de　贝纳尔迪诺·德·科里亚
Corral, Cristóbal del　克里斯托瓦尔·德尔·科拉尔
Cortejo　科尔特霍
Cortés, Catalina de Arellano　卡塔利娜·德·阿雷利亚诺·科尔特斯
Cortés, Hernando　埃尔南多·科尔特斯
Cortés, Juana　胡安娜·科尔特斯
Cortés, Leonor　莱昂诺尔·科尔特斯
Cortés, Luis　路易斯·科尔特斯
Cortés, Martín　马丁·科尔特斯

Cuauhpopoca　夸乌波波卡
Cuauhtémoc　夸乌特莫克
Cuedlavaca　见 Cuitlahuac
Cuenca,Simón de　西蒙·德·昆卡
Cuesco　奎斯科
Cuitláhuac　奎特拉瓦克
Cuitlalpitoc　奎特拉尔皮托克
Chichimecatecle　奇奇梅卡特克莱

Dávila,Alonso　阿隆索·达维拉
Dávila,Pedrarias　佩德拉里亚斯·达维拉
Delgadillo　德尔加迪略
Días,Juan　胡安·迪亚斯
Días del Castillo, Bernal　贝尔纳尔·迪亚斯·德尔·卡斯蒂略
Días del Castillo,Francisco　弗朗西斯科·迪亚斯·德尔·卡斯蒂略
Diez Rejón,María　玛丽亚·迭斯·雷洪
Domínguez,Gonzalo　贡萨洛·多明格斯
Dorantes,Martín　马丁·多兰特斯
Duero,Andrés de　安德烈斯·德·杜埃罗
Duque de Medina Sidonia　梅迪纳西多尼亚公爵
Duque de Alburquerque　阿尔武凯克公爵
Duque de Béjar　贝哈尔公爵

(doña)Elvira　堂娜埃尔维拉
Enciso　恩西索
Enríquez,Hernando　埃尔南多·恩里克斯
Enríquez de Guzmán,Juan　胡安·恩里克斯·德·古斯曼
Escalante,Juan de　胡安·德·埃斯卡兰特
Escobar　埃斯科瓦尔
Escudero,Pedro　佩德罗·埃斯库德罗
Estesuchel　埃斯特苏切尔
Estrada,Alonso de　阿隆索·德·埃斯特拉达
Estrada,María de　玛丽亚·德·埃斯特拉达

(don)Fernando　堂费尔南多
Figueroa　菲格罗亚
Flamenco,Juan　胡安·弗拉门科
Florín,Juan　让·弗洛朗
Francisca　弗朗西斯卡
Francisco　弗朗西斯科
(don)Francisco　法兰西斯一世

Galleguillo　加列吉略
Garay,Francisco de　弗朗西斯科·德·加拉伊

Garcés, Julián　胡利安·加尔塞斯
Carcía, Bartolomé　巴托洛梅·加西亚
García de Loaisa　加西亚·德·洛艾萨
García Holguín　加西亚·奥尔古因
Garro, Pedro de　佩德罗·德·加罗
Godoy, Diego de　迭戈·德·戈多伊
González　冈萨雷斯
González de Avila, Gil　希尔·冈萨雷斯·德·阿维拉
González Sabiote, Pedro　佩德罗·冈萨雷斯·萨维奥特
González Trujillo, Pedro　佩德罗·冈萨雷斯·特鲁希略
Grado, Alonso de　阿隆索·德·格拉多
Grijalva, Juan de　胡安·德·格里哈尔瓦
Guatemuz　瓜特穆斯
Guaxolocín　瓜豪洛辛
Guerrero, Agustín　阿古斯丁·格雷罗
Guerrero, Gonzalo　贡萨洛·格雷罗
Guevara　格瓦拉
Guinea　吉内亚
Gutiérrez de la Caballería, Marina　堂娜玛里娜·古铁雷斯·德·拉·卡瓦列里亚
Guzmán, Cristóbal de　克里斯托瓦尔·德·古斯曼
Guzmán, Luis de　路易斯·德·古斯曼
Guzmán, Nuño de　努尼奥·德·古斯曼
Guzmán, Pedro de　佩德罗·德·古斯曼

Heredia　埃雷迪亚
Hernández de Córdoba, Francisco　弗朗西斯科·埃尔南德斯·德·科尔多瓦
Hernández, Pero　佩罗·埃尔南德斯
Hernández Puertocarrero, Alonso　阿隆索·埃尔南德斯·普埃托卡雷罗
Herrada, Juan de　胡安·德·埃拉达
Herrera, Alonso de　阿隆索·德·埃雷拉
Hinojosa　伊诺霍萨
Huichilobos　维奇洛沃斯
Hurtado de Mendoza, Diego　迭戈·乌尔塔多·德·门多萨

Ircio, Pedro de　佩德罗·德·伊尔西奥
(doña) Isabel　堂娜伊莎贝尔
Ixtlixochitl　伊赫特利霍奇特尔

Jaramillo,Juan 胡安·哈拉米略
Jaso,Juan de 胡安·德·哈索
Jerez,Pedro de 佩德罗·德·赫雷斯
Jiménez,Francisco 弗朗西斯科·希门尼斯
Jiménez,Ortuño 奥图尼奥·希门尼斯
Juárez,Catalina 卡塔利娜·华雷斯
Juárez,Juan 胡安·华雷斯
Juárez de la Marcaida,Catalina 卡塔利娜·华雷斯·德·拉·马凯达
Juan 胡安(医官)
Julián 胡利安
Julianillo 胡利亚尼略

la Cueva,Pedro de 佩德罗·德·拉·奎瓦
la Loa,Guillén de 纪廉·德·拉·洛亚
Lango,Ortuño de 奥图尼奥·德·兰戈
Lares,Amador de 阿马多尔·德·拉雷斯
las Casas,Francisco de 弗朗西斯科·德·拉斯·卡萨斯
las Casas,Bartolomé de 巴托洛梅·德·拉斯·卡萨斯
Laso de la Vega,Pedro 佩德罗·拉索·德·拉·韦加
Lázaro 拉萨罗
Lencero 伦塞罗
(madame)Leonor 莱昂诺尔夫人
Lerma 莱尔马
Limpias Caravajal,Juan de 胡安·德·林皮亚斯·卡拉瓦哈尔
López,Martín 马丁·洛佩斯
López,Pedro 佩德罗·洛佩斯
López,Pero 佩罗·洛佩斯
López,Vicente 比森特·洛佩斯
López,de Avila,Hernán 埃尔南·洛佩斯·德·阿维拉
los Angeles,Francisco de 弗朗西斯科·德·洛斯·安赫莱斯
los Cobos,Francisco de 弗朗西斯科·德·洛斯·科沃斯
Lugo,Francisco de 弗朗西斯科·德·卢戈
(doña)Luisa 堂娜路易莎

Macedonio,Alejandro 亚历杭德罗·马塞多尼奥
Maldonado 马尔多纳多
Malintzin 玛林津
Mansilla,Juana de 胡安娜·德·曼西利亚
Mañueco,Rodrigo 罗德里戈·马纽埃科
Marín,Luis 路易斯·马林
(doña)Marina 堂娜玛里娜

Marmolejo, Francisco　弗朗西斯科·马莫莱霍
Marta　玛尔塔
Martín, Francisco　弗朗西斯科·马丁
Martín, Rodrigo　罗德里戈·马丁
Martínez　马丁内斯
Maseescasi　马塞埃斯卡西
Matienzo　马蒂恩索
Mazariegos, Diego de　迭戈·德·马萨列戈斯
Medel, Francisco de　弗朗西斯科·德·梅德尔
Medina, Antonio de　安东尼奥·德·梅迪纳
Medina, Francisco de　弗朗西斯科·德·梅迪纳
Medina, Tello de　特略·德·梅迪纳
Medina Sidonia　梅迪纳·西多尼亚
Mejía, Gonzalo　贡萨洛·梅希亚
Melchor　梅尔乔
Melchorejo　梅尔乔雷霍
Melgarejo de Urrea, Pedro　佩德罗·梅尔加雷霍·德·乌雷亚
Mendoza, Antonio de　安东尼奥·德·门多萨
Mendoza, María de　玛丽亚·德·门多萨
Mesa　梅萨
Mexía, Gonzalo de　贡萨洛·德·梅希亚
Millán, Juan　胡安·米连
Monjaraz, Andrés de　安德烈斯·德·蒙哈拉斯
Montejo, Francisco de　弗朗西斯科·德·蒙特霍
Montezuma　蒙特苏马
Moreno Medrano, Pedro　佩德罗·莫雷诺·梅德拉诺
Morla, Francisco de　弗朗西斯科·德·莫拉
Moron, Pedro de　佩德罗·德·莫龙
Motolínea, Toribio　托里维奥·莫托利内亚
Murcia　穆尔西亚

Nao, Rodrigo de　罗德里戈·德·纳奥
Narvaéz, Pánfilo de　潘菲洛·德·纳瓦埃斯
Nezahualpinzintle　内萨瓦尔平辛特莱
Nieto, Antonio　安东尼奥·涅托
Nortes, el Ginés　埃尔希内斯·诺尔特斯
Núñez, Andrés　安德烈斯·努涅斯
Núñez de Balboa, Vasco　巴斯科·努涅斯·德·巴尔沃亚

Núñez de Mercado, Juan　胡安·努涅斯·德·梅尔卡多

Oblanca　奥夫兰卡
Ocampo, Gonzalo de　贡萨洛·德·奥坎波
Ojeda　奥赫达
Olea, Cristóbal de　克里斯托瓦尔·德·奥莱亚
Olid, Cristóbal de　克里斯托瓦尔·德·奥利德
Olintecle　奥林特克莱
Olmedo, Bartolomé de　巴托洛梅·德·奥尔梅多
Oñate　奥尼亚特
Ordaz, Diego de　迭戈·德·奥尔达斯
Orduña　奥尔杜尼亚
Orozco, Francisco de　弗朗西斯科·德·奥罗斯科
Ortega　奥尔特加
Orteguilla　奥尔特吉利亚
Ortiz　奥尔蒂斯
Ortiz, Alonso　阿隆索·奥尔蒂斯
Ortiz, Tomás　托马斯·奥尔蒂斯

Papayeca　帕帕耶卡
Parada　帕拉达
Paz, Rodrigo de　罗德里戈·德·帕斯
Pedraza, Diego de　迭戈·德·佩德拉萨
Peña　培尼亚
Peñates　佩尼亚特斯
Pérez Osorio, Alvaro　阿尔瓦罗·佩雷斯·奥索里奥
Pineda　皮内达
Pitalpitoque　皮塔尔皮托克
Pizarro, Hernando　埃尔南多·皮萨罗
Ponce de León, Juan　胡安·庞塞·德·莱昂
Ponce de León, Luis　路易斯·庞塞·德·莱昂
Porcallo, Vasco　巴斯科·波卡略
Portilla　波蒂利亚
Proaño　普罗亚尼奥

Quesada　克萨达
Quetzalcoatl　克查尔科亚特尔
Quetzalpopoca　克查尔波波卡
Quiauit　基奥伊特
Quintalbor　金塔尔博尔
Quiñones, Antonio de　安东尼奥·德·基尼奥内斯

Ramos, Martín　马丁·拉莫斯
Rangel, Rodrigo　罗德里戈·兰赫尔
Rodríguez, Alonso　阿隆索·罗德里格斯

Rodríguez de Fonseoa,(don)Juan 堂胡安·罗德里格斯·德·丰塞卡
Rodríguez de Ocampo,Gonzalo 贡萨洛·罗德里格斯·德·奥坎波
Rubios,Palacios 帕拉西奥斯·鲁维奥斯
Ruiz de Esquivel,Pedro 佩德罗·鲁伊斯·德·埃斯基韦尔

Salamanca,Juan de 胡安·德·萨拉曼卡
Salazar 萨拉萨尔
Salazar,Gonzalo de 贡萨洛·德·萨拉萨尔
Salvatierra 萨尔瓦铁拉
Sánchez Farfán,Pero 佩罗·桑切斯·法尔范
Sandoval,Gonzalo de 贡萨洛·德·桑多瓦尔
San Martín 圣马丁
Santiago 圣地亚哥
Saucedo,Francisco de 弗朗西斯科·德·绍塞多
Sayavedra 萨亚韦德拉
Sayavedra Cerón,Alvaro 阿尔瓦罗·萨亚韦德拉·塞龙
Sedeño,Juan 胡安·塞德尼奥
Soto Valdenebro,Diego de 迭戈·德·索托·巴尔德内夫罗
Suárez,Catalina 卡塔利娜·苏亚雷斯

Tapia 塔皮亚
Tapia,Andrés de 安德烈斯·德·塔皮亚
Tapia,Cristobal de 克里斯托瓦尔·德·塔皮亚
Tarifa 塔里法
Tatacul 塔塔库尔
Tatelulco 塔特卢尔科
Tecapaneca 特卡帕内卡
Tendile 滕迪莱
Tepaneca 特帕内卡
Tepeaquilla 特佩阿吉利亚
Tescatepuca 特斯卡特普卡
Tlatecuhtli 特拉特库特利
Tlatlacolli 特拉特拉科利
Tobilla 托维利亚
Tochel 托切尔
Tolosa,Juanes de 华内斯·德·托洛萨
Tonatio 托纳蒂奥
Torres de Córdoba,Juan de 胡安·德·托雷斯·德·科尔多瓦
Tría,Jaime 海梅·特里亚
Tría,Jerónimo 赫罗尼莫·特里亚

Ulloa,Francisco 弗朗西斯科·乌略亚

地名译名表

Acacingo 阿卡辛戈
Acala 阿卡拉
Acalteca 阿卡尔特卡
Acapistla 阿卡皮斯特拉
Acapulco 阿卡普尔科
Acolman 阿科尔曼
Aculman 阿库尔曼
Agualulco 阿瓜卢尔科
Aguas Muertas 阿瓜斯穆埃塔斯港
Ajaruco 阿哈鲁科
Alacranes 阿拉克拉内斯
Alvarado 阿尔瓦拉多河
Ateapán 阿特亚潘
Atitán 阿蒂坦
Atoyac 阿托亚克河
Ayagualulco 阿亚瓜卢尔科
Ayocingo 阿约辛戈

Baeza 巴埃萨
Balahama 巴拉阿马河
Bandera 摇旗河
Barcelona 巴塞罗那
Bayamo 巴亚莫
Blanca 白岛
Boca de Términos 界河口
Bujía 布希亚

Caballos 卡瓦略斯港
Cáceres 卡塞雷斯
Cachula 卡丘拉
Campeche 坎佩切
Canaria 加那利群岛
Canarreo 卡纳雷奥
Carenas 卡雷纳斯
Castilblanco 卡斯蒂尔布兰科
Castilla 卡斯蒂利亚
Cempoal 森波亚尔
Cingapacinga 辛加帕辛加
Cintla 辛特拉
Citlaltepec 西特拉尔特佩克
Coatepec 科阿特佩克
Coatlán 科阿特兰
Coatzacoalcos 夸萨夸尔科斯河
Colima 科利马
Copilco 科皮尔科
Cornavaca 科尔纳瓦卡

Cotastan　科塔斯坦
Cotoche　科托切岬
Coyoacán　科约阿坎
Cozumel　科苏梅尔岛
Cuba　古巴岛
Cuéller　奎利亚尔
Culua　库卢阿
Culuacán　库卢阿坎
Cuyoacán　库约阿坎
Cuyuacán　库尤阿坎
Chalco　查尔科
Champotón　昌波通
Chamula　查穆拉
Chapultepec　查普尔特佩克
Chiapa　恰帕
Chilapa　奇拉帕
Chimaloacán　奇马洛阿坎
Chimaluacán　奇马卢阿坎
Chinanta　奇南塔
Chipiona　奇皮奥纳
Cholula　乔卢拉
Chontalpa　琼塔尔帕
Churubusco　丘鲁布斯科

Darién　达里安
Dos Bocas　双口河

Ecija　埃西哈
Escapuzalco　埃斯卡普萨尔科
Extremadura　埃斯特雷马杜拉
Eztapa　埃斯塔帕

Flandes　佛兰德
Florida　佛罗里达

Golf Dulce　戈尔福杜尔塞
　戈尔福杜尔塞湾
　戈尔福杜尔塞河
Granada　格拉纳达
Gran Cairo　大开罗
Gredos　格雷多斯山脉
Grijalva　格里哈尔瓦河
Guadalupe　瓜达卢佩
Gualtitán　瓜尔蒂坦
Guanajes　瓜纳赫斯
Guaniguanico　瓜尼瓜尼科岬
Guaxtepeque　瓜赫特佩克
Guaolipar　瓜奥利帕尔
Guazacalco　瓜萨卡尔科河
Guazacualco　瓜萨夸尔科镇
　瓜萨夸尔科河
Guazpaltepeque　瓜斯帕尔特佩克

(la)Habana　哈瓦那
Higueras　伊格拉斯
Honduras e Higeras　洪都拉斯-伊格拉斯角
Huaxtepeque　瓦赫特佩克
Huayacala　瓦亚卡拉
Huehuiztlán　韦维斯特兰

Huexocingo　韦霍辛戈
Hueyatasta　韦亚塔斯塔
Hueyotlipan　韦约特利潘
Huichilobusco　维奇洛布斯科

Iquinuapa　伊基努瓦帕
Iscalpan　伊斯卡尔潘
Izcuintepeque　伊斯奎因特佩克
Iztapa　伊斯塔帕
Iztapalapa　伊斯塔帕拉帕

Jalapa　哈拉帕
Jalisco　哈利斯科

La Española　拉埃斯帕尼奥拉岛
La Especería　香料岛
la Natividad　拉纳蒂维达德
La Rambla　拉兰布拉
Lázaro　拉撒路
Linares　利纳雷斯
La Malucos　摩鹿加群岛
Los Angeles　洛斯安赫莱斯
los Jardines　洛斯哈尔迪内斯
los Mártires　洛斯马蒂雷斯浅滩

Malinaltepeque　马利纳尔特佩克
Maniani　马尼亚尼
Matalzingo　马塔尔辛戈
Matanzas　马坦萨斯
Mecameca　梅卡梅卡
Medellín　麦德林
Medina del Campo　梅迪纳德尔坎波
Mezquique　梅斯基克
Michoacán　米却肯
Mitlanquita　米特兰基塔

Nacajujuyca　纳卡胡胡伊卡
Naco　纳科
Navarra　纳瓦拉
Nito　尼托
Nochistlán　诺奇斯特兰
Nombre de Dios　农布雷德迪奥斯
Nueva España　新西班牙

Oaxaca　瓦哈卡
Olancho　奥兰乔
Orizaba　奥里萨瓦
Otumba　奥通巴

Painala　派纳拉
Palmas　帕尔马斯河
Palos　帕洛斯
Panganequita　潘加内基塔
Panuco　帕努科
Papaloaba　帕帕洛亚瓦河
Papalote　帕帕洛特
Perú　秘鲁
Pico　皮科隘口
Pichín　皮钦河
Pinos　松树岛

Popocatepeque 波波卡特佩克
Portugalete 波图加莱特
Potonchán 波通昌
Puebla 普埃布拉
Purificación 普里菲卡西翁

Quecholac 克乔拉克
Quespán 克斯潘
Quetzaltenango 克萨尔特南戈
Quiahuiztlán 基阿维兹特兰
Quimiztlán 基米斯特兰
Quismistán 基斯米斯坦

Rodas 罗达斯

Sacrificios 牺牲岛
Salamanca 萨拉曼卡
Saltocán 萨尔托坎
San Antón 圣安东岬
圣安东河
San Alfonso 圣阿方索
San Gil de Buena Vista 圣希尔德布埃纳维斯塔
San Juan de Baracoa 圣胡安德巴拉科阿河
San Juan de Rodas 圣胡安德罗达斯
San Juan de Ulúa 圣胡安德乌卢阿
San Martín 圣马丁山脉
San Pablo 圣巴勃罗河
San Pedro 圣佩德罗河
Santa Cruz 圣克鲁斯
Santa María de la Victoria 圣玛丽亚德拉维多利亚
Santiago de Cuba 古巴圣地亚哥城
Santispiritus 桑蒂斯皮里图斯
Santo Domingo 圣多明各
Santo Tome 圣托梅岛
Sevilla 塞维利亚
Socochima 索科奇马
Soconusco 索科努斯科
Suchimilco 苏奇米尔科

Tabasco 塔巴斯科河
Tacotalpa 塔科塔尔帕
Tacuba 塔库巴
Talatcingo 塔拉特辛戈
Talatupán 塔拉图潘
Talchinalchapa 塔尔奇纳尔查帕
Tamanalco 塔马纳尔科
Tanhuijo 坦维霍河
Tania 塔尼亚
Tanpaniquita 坦帕尼基塔
Tapelola 塔佩洛拉
Tatelulco 塔特卢尔科广场
Tayasal 塔亚萨尔
Teapa 特亚帕
Tecamachalco 特卡马查尔科
Tecomajayaca 特科马哈亚卡
Tecomayacate 特科马亚卡特
Tecuacinpacingo 泰夸辛帕辛戈

Tehuantepeque　特旺特佩克
Tejutla　特胡特拉
Temaztepeque　特马斯特佩克
Tenayuca　特纳尤卡
Tepeaca　特佩亚卡
Tepeaquilla　特佩阿吉利亚
Tepetezcuco　特佩特斯库科
Tepetitán　特佩蒂坦
Tepotzotlán　特波佐特兰
Tepuzuntlán　特普松特兰
Tepuztlán　特普斯特兰
Tezcuco　特斯库科
Tiltepeque　蒂尔特佩克
Tlacotalpan　特拉科塔尔潘
Tlascala　特拉斯卡拉
Toledo　托莱多
Tonalá　托纳拉村
托纳拉河
Topoyanco　托波扬科
Tordesillas　托德西利亚
Totonaca　托托纳卡
(la)Trinidad　特立尼达
Triunfo de la Cruz　特里温福德拉克鲁斯镇
特里温福德拉克鲁斯湾
Troya　特洛伊
Trujillo　特鲁希略
Tulapa　图拉帕
Tustepeque　图斯特佩克
Tuzpa　图兹帕
Tuzpan　图兹潘
Tuztla　图兹特拉

Ulapa　乌拉帕
Utlatán　乌特拉坦
Uluta　乌卢塔

Valladolid　巴利阿多利德
Venezuela　委内瑞拉
Veracruz　维拉克鲁斯
Verde　绿岛
Villa de Segura de la Frontera　边安镇
Villa Rica　比利亚里卡
Villa Rica de la Veracruz　比利亚里卡德拉维拉克鲁斯
Villaviciosa　比利亚比西奥萨
Vizcaya　比斯开

Xalancingo　哈兰辛戈
Xicalango　希卡兰戈
Xocotlán　霍科特兰

Yaguarama　亚瓜拉马
Yautepeque　亚乌特佩克
Yecapixtla　耶卡皮斯特拉
Yucatán　尤卡坦

Zacatula　萨卡图拉
Zacualco　萨夸尔科

Zapotitán　萨波蒂坦
Ziguatanejo　西古阿塔内霍
Ziguatepecad　西古阿特佩卡德
Zimatán　西马坦
Zinacantencintle　西纳坎滕辛特莱
Zinacantlán　西纳坎特兰
Zumpancingo　苏姆潘辛戈

图书在版编目(CIP)数据

征服新西班牙信史:全2册/(西)贝尔纳尔·迪亚斯·德尔·卡斯蒂略著;江禾,林光译.—北京:商务印书馆,2017
(汉译世界学术名著丛书:120年纪念版:珍藏本)
ISBN 978-7-100-14309-7

Ⅰ.①征… Ⅱ.①贝… ②江… ③林… Ⅲ.①墨西哥—历史—1519-1810 ②殖民制度—墨西哥 ③殖民主义—西班牙 Ⅳ.①K731.3

中国版本图书馆CIP数据核字(2017)第139449号

汉译世界学术名著丛书
(120年纪念版·珍藏本)
征服新西班牙信史
(全二册)
〔西〕贝尔纳尔·迪亚斯·德尔·卡斯蒂略 著
江禾 林光 译

商 务 印 书 馆 出 版
(北京王府井大街36号 邮政编码100710)
商 务 印 书 馆 发 行
北京中科印刷有限公司印刷
ISBN 978-7-100-14309-7

2017年12月第1版 开本710×1000 1/16
2017年12月北京第1次印刷 印张44½
定价:230.00元